マネジメント・コントロール・システムとアメーバ経営

古 田 隆 紀 著

東 京　森 山 書 店　発 行

ま　え　が　き

　マネジメント・コントロール・システム（management control system，以下 MCS）の目的や定義も，R. N. Anthony によって提唱されてきたように戦略の効果的な実施にあることに基本的に変わりはない。しかし，Anthony（1965）を起点とする MCS は，今日までの企業環境の激変に応じる組織におけるコントロールや経営戦略に関する研究分野の進展に確実に影響をうけ，変遷をみてきている。近年の MCS 研究のトピックに，Anthony を起点とする MCS の概念的な拡張を図る議論あるいはそれを意識した研究課題が突出してきたこともその 1 つであろう。こうした議論は，もともと主に Anthony 理論のその限界を指摘する方向からのものであったが，実証的かつ経験的な研究の蓄積をもって MCS の新たな理論の構築に影響を及ぼし，今日の MCS を形成するものと理解される。

　この中で，Simons（1995）の唱えた LOC モデルの影響は際立つものであった。モデルは，これまでの公式的会計システムだけでなく，他の人材や文化というどちらかといえばインフォーマルなコントロールを含むパッケージとして機能する MCS の組織における存在を明かにする。また，4 つのコントロール・レバーのうち，インターラクティブ・コントロール・システムは，戦略の策定を含む戦略プロセス全体における MCS の果たすの役割を強調することにつながるものである。

　また，Anthony によれば，マネジメント・コントロールの伝統的な見方は，MCS は企業の戦略に適合しなければならないという前提に立つ。しかし，Simons のインターラクティブ・コントロール・システムの効果は劇的で，Anthony は，MCS はまた，新たな戦略の展開（創発）にも影響することができるというマネジメント・コントロールのオルタナティブな視点を採用する。

今日の Anthony のマネジメント・コントロール理論は，これらの双方から MCS の設計と業務に関するインプリケーションを考察するもので，確実に MCS の拡張化の方向を盛り込むことになってきた。

　こうしたマネジメント・コントロールの理論やアイデアはまた，2022 年ハーバード・ビジネス・レビュー誌の 100 周年記念でデジタル化されたこれまで取り上げてきたトピックの特徴に顕著に現れる。ここからの発見の 1 つは，初期の財務・会計とオペレーションからマーケティングとりわけ戦略に関するトピックが爆発的に増えたことである。オペレーションでは大量生産からシックスシグマ，財務・会計では原価計算からバランスト・スコアカードへ，また，戦略は 2010 年代に入ってイノベーションと価値提案のカテゴリーへといった具合である。

　わが国に転じても，同様の関心が高まり，関連する経験的，実証的な研究が増えてきた。例えば直近に限って，2023 年度の会計学関係学会の研究報告にみるとき，MCS の現状整理と今後を展望する中で，効果的な MCS の構築・利用と MCS の拡張化を目指す研究や課題に関心がいく。バランスト・スコアカードやアメーバ経営の研究は依然堅調であるが，そこには変化が生じている。製造業から異業種に広がるといった導入事例から，例えばバランスト・スコアカードと LOC モデルのコントロール・レバーとの関係性，アメーバ経営における幹部会議の役割や報酬制度によるコントロール効果が取り上げられる。さらに，MCS の学習とイノベーションとの影響関係は，MCS と両利きの経営との関係性にまで及び，学会の統一論題のテーマとなる。これらの実現に対していかなる MCS の要件がもとめられるか，マネジメント・コントロール理論の一層の進化が問いかけられる。

　このように，確かに状況は当初と比べて大きく変化した。はるかに多様化する。しかし，たとえば伝統的な MCS の核をなしてきた予算システムを廃止するといったような日米の企業は少ない。業績の測定への財務尺度としての重要性は減り，非財務尺度が重要性を増す。この間，脱予算経営も唱えられ，その

遠因となったかもしれない。また，組織構造もよりフラットとなり，内部の組織上の関係もアウト・ソーシングなどの浸透，普及とともに重要性が増加した。にもかかわらず，ほとんどの企業は総合的な組織の管理手段として企業予算システムを採用している。

　この背景をさぐるならば，1970 年代は，A. Hopwood や G. Hofstede などを中心に，研究者が予算のコントロールの実証的な研究に目覚めた時期であった。予算参加の効果，予算目標の達成の困難性のポジティブな効果と業績，また管理者による予算情報の利用スタイルが業績結果に及ぼす行動など，ビヘイビア視点からの研究成果が蓄積された。これらに基づく基礎的アイデアや知見が，依然継続して重要性を保ち，今日の MCS 実践が組織に根付いてきたことを物語るものであろう。

　以上のように見てくるとき，関心を単に MCS の拡張化を図る議論あるいはこうした研究の成果に限定するだけではいかにも短絡的すぎるといえよう。むしろ，Anthony を起点に進展を見てきている MCS がいかに MCS の拡張化を意図した議論や研究成果を新たな MCS の理論として盛り込み，今日の（そして今後の）MCS の知識（理論）のベース（地層）を形成する（あるいはそうであろう）ものであるか，その全体を俯瞰することが求められように思われる。

　この観点から，本書は 2 部構成をとる。第 1 部は，MCS の拡張化を意図した議論や研究成果が MCS の知識地層を形成するという想定のもと，Anthony を起点に今日拡張化を見てきている MCS の全体像を俯瞰する。本書では，これを Anthony を起点とする今日の MCS の全体像と呼び，本書のタイトルの前半のマネジメント・コントロール・システムを示す。

　この第 1 部の組み立てにあたって，以下のロジックを描く。しばしば，それは Anthony（1965）の MCS の定義からみて伝統的なものであるとか，またそれは伝統的なマネジメント・コントロールの理論あるいはフレームワークを超えるものではない，などのフレーズをみる。これらは，MCS の拡張化を意図した議論を伝統的な MCS の構造から区別する必要性のあることを言外ににお

わすものであるようにとれる。それでは，ここに伝統的とは，なにをもってさすものであろうか。

　本書は，MCS の拡張化を意図した議論をキー・コンセプトに据え，個別に検討を試みる。この視点からここに伝統的な MCS の構造をみるとき，以下のように，以上に記されるロジックに達するのである。すなわち，あくまでもAnthony を起点に今日拡張化を見てきている MCS の全体像を念頭におくもとで，MCS の拡張化を意図した議論が登場する以前まで（の内容と範囲）をもって伝統的な MCS の構造と範疇づけるものである。

　ところで，MCS の拡張化は，上述されるように Anthony の限界にかかわるものであったように，主として Anthony のマネジメント・コントロール理論に関連づけて展開されてきた部分をもつ。くわえて，Anthony を起点とするという議論に一貫性を持たせる意味でも，ここに伝統的な MCS の構造という範疇づけを，より Anthony に引き付けた，Anthony を中心とする MCS の内容（と範囲）に重ねてみる試みが有益であるように思える。ここから，以上の伝統的な MCS の構造を「伝統的な MCS の構造― Anthony を中心に―」と呼んで括り直すことにする。

　こうして改めて，第 1 部は，Anthony を起点とする今日の MCS の全体像を，つぎの 2 つのパート，伝統的な MCS の構造― Anthony を中心に―とMCS の拡張化を図る議論から構成されるものをもって考える。

　以下，伝統的な MCS の構造― Anthony を中心に―は，つぎのような各章からなる。第 1 章（伝統的な MCS の構造― Anthony を中心に―の要点）で，つぎの 2 つのポイントを整理する。伝統的な MCS の構造―Anthony を中心に―の具体的な内容（と範囲）を引き出すための作業を試みる。つぎにコンティンジェンシーのフレームワークや理論の基礎モデルに基づいて，MCS の設計について説明をおこなう。これによって，明らかにされる MCS のエレメントが，第 2 章（戦略的計画），第 3 章（予算編成），第 4 章（責任センターにおける業務と測定）および第 5 章（業績評価）において検討されることになる。

　Anthony の（あるいは Anthony を中心とする）MCS は，企業戦略の実施に関

連してその実施を実現するためのツールとして登場するものであった。第6章は，企業戦略と区別されるSBU戦略（事業戦略）の実施のためのMCS設計を議論する。第7章は，コンティンジェンシー理論の基礎モデルに応じるとき，その最終のステージにおいて会計システムが組織の業績の効果に関連すると仮定される点に着目する。この最終ステージを考慮してMCSの成功事例を取り上げる。

　第1部のつぎのパートで，MCSの拡張化を図る議論をとりあげる。第8章でMCSの拡張化の方向を提示し，第9章は，第8章をうけてより深堀する形でバランスト・スコアカードとMCSの拡張化との関係について検討を試みる。

　以上，第1部では，伝統的なMCSの構造— Anthonyを中心に—と拡張化を図る議論を個別にとりあげる。これによって，この双方の議論の共有・蓄積が，Anthonyを起点に今日拡張化を見てきているMCSの全体像の俯瞰につながるという理解に達する。第2部は，その具体的なMCSの実践例として京セラ株式会社のアメーバ経営を取り上げる。これが，本書のタイトルの後半となっている。

　第2部における第10章は，最初のイシューとしてMCSの拡張化を中心に，それがいかにアメーバ経営の実践に取り込まれ関係するものであるか追跡する。第11章は，第10章でMCSの実践例としてイメージされるアメーバ経営のオルタナティブな見方を取り上げる。第12章において，アメーバ経営が，探索と活用をコンセプトとする「両利きの経営」といかに関係性をもつシステムであるか，検討する。

　本書ができるに当たって，以上の本書の構成に明らかなように，Anthony（1965）を出発点にその後連綿として発表されてきた著作に大きく依拠することになる。その内容は，机上のアイデアではなく，企業において実施されるMCS実践に基づくものであった。同様に，Simons（1995）からも大きく影響

をうけている。マネジメント・コントロールは変化のインスツルメントであるという強力なアイデアを発信し，MCSの拡張化に大きく影響をもたらしてきている。AnthonyとSimonsのマネジメント・コントロール理論は，これまでその立ち位置を異にしてきたが，今日互いにすり寄りながら，今後のマネジメント・コントロール研究の発展をリードするものであることにいささかの疑いはない。この意味において，本書で取りげる機会に巡り合えたことは幸運であり，心から感謝したいと思う。もとより，全体を通じてどこまでまとめきることができているか，そしてなによりもその理解が果たして正確かつ妥当なものか，おもわぬ誤解や間違いを犯しているのではないかなど，懸念材料はつきない。ご容赦を願うばかりである。

　また，本書の執筆に当たって，多くの方々のご指導をいただいてきた。いちいちお名前をあげることはできないが，身近では谷武幸先生（神戸大学名誉教授），三矢裕先生（神戸大学教授）からは，様々な機会で事業部制組織からアメーバ経営までの小集団の管理会計について多くのことをお教えいただいてきた。伊藤嘉博先生（早稲田大学名誉教授），横田絵理先生（慶応義塾大学教授）には，マネジメント・コントロール技法やわが国のマネジメント・コントロール理論とMCS実践の体系を教わることができた。沼上幹先生（一橋大学教授）には著作を通してではあるが，経営戦略論の奥深さと面白さの両面を学ばせていただいた。記して深く感謝の意を表したい。

　また，京セラ株式会社（本社）の企業調査に応じてくださった稲盛ライブラリーの皆様のご協力とご支援にも感謝したい。当時のアーカイブ課責任者岩崎友彦氏（現フィロソフィ推進部責任者），研究・出版課責任者粕谷昌志氏（現鹿児島大学稲盛アカデミー客員教授）および現研究課責任者の井上友和氏からは，貴重な意見と有益な示唆を受けることができた。またアーカイブ係責任者宮田昇氏には，調査の始めから毎回懇切なお世話をうけ，また資料の提出やアドバイスなど研究上のサポートをいただいてきた。心から感謝を申し上げたい。

　勤務校であった大阪学院大学の庶務関係および図書館の皆様には，原稿の打ち込み，研究資料の検索，収集などに献身的なサポートをいただいた。この場を借りてお礼を述べるものである。

　最後に，以上のお礼の締めくくりとして，田舎者をその都度論し，この道に導いてくださった恩師故阪本安一先生（神戸商科大学名誉教授），半世紀にわたる今も研究者としての矜持をお示しいただいている小林哲夫先生（神戸大学名誉教授）に対して深甚な感謝の意を表すものである。

　末筆ながら，森山書店・菅田直文代表取締役社長には，出版事情の厳しい中で本書出版の機会を与えていただいた。また，こうしてどうにか出版にこぎ着けるまでのこの間にいただいた過分なご支援とご協力に対して深く感謝を申し上げる。

令和 6 年初夏

故郷，山口県仙崎にて

古　田　隆　紀

目　　次

第1部　Anthony を起点とする今日の MCS
（マネジメント・コントロール・システム）の全体像

第2部　MCS の実践例としてのアメーバ経営

第1部

Anthony を起点とする今日の
MCS（マネジメント・コントロール・システム）の全体像

　第1部は，伝統的な MCS（マネジメント・コントロール・システム）の構造——Anthony を中心に——と MCS の拡張化を図る議論とを区分し，これらの個別の検討を試みる。この双方の議論の共有・蓄積が，Anthony を起点に今日拡張化を見てきている MCS の全体像（の俯瞰）につながると考える。

　ここでは，MCS の拡張化がこれまでの（伝統的な MCS の）議論にとって代わるとか，あるいはそれによって淘汰されるといったようなことを考えてはならない。拡張化の方向は，経験的研究，実証研究から得られた知見の累積である。これらがすべてではないが，これまでの議論に確実に取り入れられ，研究者や実務家の「常識」となり，共有されて新たな MCS の知識（理論）のベース（知層）を形成するのである（沼上 [2010]）。Anthony を起点とする今日拡張化を見てきている MCS の全体像とは，こうして形成される，その全体が MCS という知識（理論）の総体になっているものを指す。

第1章　伝統的な MCS の構造 —Anthony を中心に— の要点

　本書の第1部は，「まえがき」に述べられるように Anthony を起点とする今日の MCS の全体像を俯瞰することである。つぎの2つのパートから構成されるものを考える。伝統的な MCS の構造—Anthony を中心に—と MCS の拡張化を図る議論が，それである。

　本章は，最初のパートである伝統的な MCS の構造—Anthony を中心に—の検討にあたって，その要点を次の2つのポイントにまとめる。

　1つのポイントは，伝統的な MCS の構造—Anthony を中心に—の内容（範囲）を引き出し，議論の俎上にあげるための作業をおこなうことである。もう1つのポイントに，コンティンジェンシーの概念的フレームワークの視点から，Anthony に展開される MCS 設計のグランド・デザインを検討することである。

第1節　伝統的な MCS の構造—Anthony を中心に—の内容（範囲）

　最初のポイントである伝統的な MCS の構造—Anthony を中心に—の内容（範囲）を引き出すための具体的な作業として，「まえがき」において記されるロジックの応用を試みる。ここにロジックは，今日までの MCS の全体像を念頭におくもとで，MCS の拡張化を意図した議論の登場する前まで（の内容と範囲）をもって伝統的な MCS の構造の範疇と規定づけるものであった。これに対して，このロジックの応用とは，今日まで展開される Anthony のマネジメ

ント・コントロール（management control，以下 MC）理論を軸にその全体をスケッチする，多少おおげさであるが鳥瞰することに大きく依存する。すなわち，これにより MCS の拡張化を目指す（と思われる）議論が追求できるかもしれない。仮にそれが可能であるとしよう。当面のロジックの応用は，このとき，スケッチされる Anthony の MC 理論の展開においてこの部分が受け入れられる前までの内容（と範囲）をもって伝統的な MCS の構造—Anthony を中心に—の範疇づけが可能になると考えるのである。いうまでもなく，Anthony の MC 理論の全体のスケッチが即そのまま，伝統的な MCS の構造—Anthony を中心に—の内容（範囲）に相当するものではない。

（1）Anthony の MC 理論の全体

　Anthony の MC 理論の全体を，以下の Anthony の著作群に限定して，MC の定義，MC のプロセスおよび MCS の特徴という3つの構成要素に絞ることにする。MC のフレームワークを最初に論じた Planning and Control System [1965] と，The Management Control Function [1988]，それに MCS の内容を議論した Management Control Systems, 1th [1965] ― 12th [2007] をとりあげる。ここでは，以上の著作を順次，P&CS，MCF および MCSs と表記する。このうち，時系列でみると MCF は P&CS の改訂版であることから，P&CS を外し MCF を選択の対象に据えることにする[1]。また，これによって，MCSs は，この MCF の出版年度以降に発表された MCSs の7版 [1992] から12版 [2007] に絞ることができよう[2]。

① MCF

　さて，MCF において MC の定義は，P&CS の MC の定義からの変更をみる。P&CS をみると，Anthony の理論は，企業の計画・統制の活動のフレームワークが次のような階層的な3つからなることに基づく（Planning and Control System [1965]，pp.16-18）。

「戦略的計画とは，組織の目的，これらの目的に用いられる諸資源，および
これらの資源の取得し，使用・処分に際して準拠すべき方針を決定するプロ
セスである。」

「MC とは，管理者が組織の目的達成のために資源を効果的に取得し，使用
することを確保するプロセスである。」

「オペレーショナル・コントロールとは，特定の企業が効果的かつ能率的に
遂行されることを確保するプロセスである。」

　Anthony の理論は，この3つのレベルのうちの MC について特に論じるも
のである。ここで Anthony のいう戦略の概念は，代表的な企業戦略論者であ
る A. Chandler にならったものである。Chandler は戦略を「企業の基本的な
長期目的を決定し，これらの諸目的を遂行するための必要なアクションの道筋
を採択し，諸資源をわりあてること」（Chandler［1962］, p.13）と定義する。こ
こから，Anthony の MC は，定義に示されるように管理者が戦略の実施のた
めに向けて経営資源の効果的な取得と能率的な使用を確保するプロセスとして
とらえられるのである。

　この MC の概念が，MCF では，「戦略を実施するために管理者が他の組織
のメンバーに影響を及ぼすプロセス」と定義し直される。この定義は，以降，
MCSs の12版［2007］まで変わることはない。

　つぎに，MCF では，MC のプロセスはプログラミング，予算編成，実行お
よび評価のステップからなる。そして，MCS は，つぎのような性質をもつと
される。

　　・財務的コアに基礎を置き，計画と結果が貨幣金額で表される。
　　・貨幣的財務情報だけでなく，非貨幣的財務情報を含む。
　　・資本利益率，利益額などボトムラインに焦点が当たるよう設計される。
　　・財務目標だけでなく，目標管理システムと呼ばれる非財務目標を含む。

② MCSs の 7 版［1992］以降

　以上の MCF における MC の定義と MC のプロセスは，MCSs の 7 版［1992］にそのまま踏襲される。一方 MCS は，MCF の財務的コアの内容にボトムラインへの焦点を含ませる。新たに，トータル・システムとしての性質が加わる。MC のプロセスで展開される計画は，全組織を囲むもので組織の各部署の計画は様々種々な部署が互いにバランスするように調整されなければならないとされる。

　さて，8 版［1995］で変化が生じる。MC のプロセスの最初のステップに位置づけられていたプログラミングが戦略的計画に変更される（Anthony and Govindarajan［1995］p.xiii）。また，MCS の性質を戦略を実施するためのツールとして明確に特徴づける。さらに財務業績尺度と非財務業績尺度を含むとされる（Anthony and Govindarajan［1995］, p.10）。

　特筆すべき点は，9 版［1998］になって MCS の性質に 2 つの追加がおこなわれることである。1 つは，新たな戦略の展開を促進する可能性をイメージする MCS の役割に注目する。Simons［1995］によって唱えられたインターラクティブ・コントロール（interactive control, IC）がとりいれられるのである。具体的に，MC 情報をインターラクティブ・コントロール・システム（interactive control system, 以下 ICS）として利用する新たな戦略を展開するコントロールの方法がそれである（Anthony and Govindarajan［1998］, p.xiv, 9）。これは，7版から V. Govindarajan が共著者に加わったことにも影響されるものであるが，決定的なことは，Anthony が自身の MC 理論に新たに受け入れることになったことである

　もう 1 つは，財務尺度と非財務尺度の統合（blend）である。具体的に，これらの双方を統合する（incorporating）方法としてバランスト・スコアカード（balanced scorecard, 以下 BSC）が追加されるのである（Anthony and Govindarajan［1998］, p.xiv, 8）。Anthony は，BSC を業績測定システム（performance measurement system）の一例としてとりあげている。

　図表 1-1 は，以上を今日までに展開をみる Anthony の MC 理論の全体のス

図表 1-1　Anthony の MC 理論の構成要素

	MCF（1988）	7th ed. (1992)	MCSs 8th ed. (1995)	9th ed. (1998)	12th ed. (2007)
MC の定義	組織の戦略を実施するために管理者が他の組織メンバーに影響を及ぼすプロセス	→			→
MC プロセス	プログラミング	→	戦略的計画		→
	予算編成	→			→
	実行	→			→
	評価	→			→
MCS の特徴	財務的コア ボトムラインに焦点	財務的コア（ボトムラインに焦点）			→
	非貨幣的情報と非財務目標を含む		財務業績尺度と非財務業績尺度とを含む	財務尺度と非財務尺度との統合（BSC）	→
		トータル・システム			→
			戦略実施のツール		→
				新たな戦略展開の促進（IC）	→

ケッチとしてまとめたものである。図表1-1中に挿入される→は，例えば MC の定義は MCF 以来，あるいは MC の各プロセスの活動は MCSs の8版以降，それぞれ12版まで基本的に踏襲され変更はおこなわれていないということを指している。

(2) MCS の拡張化と Anthony の MC 理論

　本書では，Anthony を起点とする MCS の概念的な拡張化について，つぎのように2つの方向を示唆するものを考える。1つ目の方向は，公式的会計システムだけでなく，他のコントロール・システムを含むパッケージとして MCS の拡張化を図るものである。2つ目は，インターラクティブ・コントロールによる，戦略の実施だけでなく戦略の策定をも含む戦略プロセス全体に焦点を当てる MCS の拡張化の方向である。こうした内容を，改めて本書では多少野暮ったいけれども MCS の拡張化を図る議論ないし研究成果と呼ぶ。議論は，後の第8章において詳細に検討される。

　ここで，最初のポイントである伝統的な MCS の構造—Anthony を中心に—の内容（範囲）を引き出すためのロジックの応用の続きに移ろう。

　前述される9版で MCS の性質にインターラクティブ・コントロールと BSC が追加されることに最大な関心がいく。仮にもしここで，インターラクティブ・コントロールと BSC が以上のような MCS 拡張化を意識した議論と何らかの関係をもつという推測が可能であるとするならばどうであろうか。当面のロジックの応用は，これらの MCS 拡張化の部分を図表1-1にスケッチされる Anthony の MC 理論の全体にスポット的に当てはめることにほかならない。それは，インターラクティブ・コントロールと BSC が追加される9版の前，8版までが伝統的な MCS の構造—Anthony を中心に—の具体的な内容ないし範囲に実質相当するものとみることができるように思われる。

　こうして，本書での伝統的な MCS の構造—Anthony を中心に—の範疇は，Anthony による MCSs の8版までの範囲，つまり8版までの MCS の内容をもつて構成されるものと考える。

　これには異論があるかもしれない。8版における変化はプログラミングだけではない[3]。これまでの，すなわち MCF でのトップの階層に位置する計画と統制の活動のレベルの戦略的計画が，戦略策定（strategy formulation）へと変更を見るのである。こうした変更を考慮に入れるなら，7版までを伝統的な MCS の構造—Anthony を中心に—の範疇に重ねることも可能と考えられるからである。取り急ぎ，以下のように付言しておこう。

　MC のプロセスのプログラミングの戦略的計画への変更，また戦略的計画から戦略策定への変更にせよ，これらはいずれも定義の変更をともなうものではない。定義はそのままである。このことは，これらが形式上の変更で，実質的なものではないことを含意する。それでは，その変更の意図はどこにあったのであろうか。それは，9版からの実質的変更に先立って，8版において戦略策定と策定された戦略の実施を目的とする活動である MC との間の関係に一層の理解を深めかつ関心を集めること，この一点につきるといえよう。同時に，この8版において，MCS は戦略を実施するためのツールと発信される。

このことは，あくまで Anthony の MC 理論の MCS をここに位置づける必要があったのである[4]。

第2節　コンティンジェンシーのフレームワークと Anthony の MCS 設計

　伝統的な MCS の構造—Anthony を中心に—の検討にあたって，その要点のもう1つのポイントは，MCS の設計に係る問題である。そのためには何らかの概念的フレームワークが必須である。Anthony の特徴は，その選択に 70 年代に入って登場するコンティンジェンシー（contingency）のフレームワークの視点を取り入れるものである[5]。ここから，以下は，Anthony では詳細にとりあげられないが，管理会計のコンティンジェンシー理論の嚆矢である Otley [1980] にもとづいて進めていく。

(1) 管理会計のコンティンジェンシー理論と基礎モデル

　Otley [1980] は，今日までコンティンジェンシー理論は組織論に重視を置いてきた関係から，組織構造のコンティンジェンシー関係に大きく依存する傾向にあったと指摘する。これに対して，会計システムの設計と組織構造のタイプは不可分で，相互依存関係に重きをおくものと思考されてきたという。ここから Otley [1980] は，管理会計のコンティンジェンシー理論の基礎モデルを図表 1-2 のように表す。

　ここでは，特定のコンティンジェンシー関係が特有の配列を直線的，垂直的に形成するものとなっている。要約すれば，まず，いくつかのコンティンジェント変数（環境と技術など）が定義され，測定され，これらが組織の構造ないしそのプロセスに影響すると仮定される[6]。すなわち，組織構造の選択に影響を及ぼすコンティンジェント変数（contingent variable）があげられる。次に，こうして規定された組織に適応した会計情報システムに共通するコマンタリティ，つまり設計（のタイプ）を確認することが可能となる。その結果，最後にこれらの会計情報システムが組織の業績の効果に関連すると仮定されるので

図表 1-2　管理会計のコンティンジェンシー理論の基礎モデル

コンティンジェント変数
（技術，環境など）

↓

組織上の設計
（分権化，集権化，相互依存性など）

↓

会計情報システムのタイプ
（技術的および行動上の特徴）

↓

組織の効果

Otley ［1980］, p.420

ある（Otley ［1980］, p.419）。

　なお，第 8 章でとりあげられる Otley ［2016］, p.48 では，コンティンジェント変数は，独立変数であって，さらに外部変数と内部変数に分けられる。外部変数としては技術，環境不確実，市場競争など，内部変数は組織の規模，組織構造，戦略などが検討の対象とされる。これに対して，従属変数は，図表 1-2 に示されるように多くの場合財務業績をもって表わされる組織上の効果をさすものである。以上の点から，基礎モデルは，Fisher ［1995］ によれば，複数のコンティンジェント変数の 1 つの従属変数への効果を検討する管理会計のコンティンジェンシー理論と分類される。

　ちなみに，環境と技術のコンティンジェント変数は，コンティンジェンシー研究の初期から最も関心の寄せられてきたものである。Bruns and Waterhouse ［1975］，Gordon and Miller ［1976］ および Waterhouse and Tissen ［1978］ は，その代表的な研究である[7]。

(2) Anthony の MCS 設計

　以上の管理会計のコンティンジェンシー理論の基礎モデルに基づいて，Anthony に展開される MCS の設計が，いかにコンティンジェンシーのフレー

ムワークの視点を取り入れるものであるかが明らかとなる。

①企業戦略と事業戦略

　MCS の目的は，戦略を実施するために役立つことである。ここに戦略は，時代の変遷を通じてみると，経営戦略の議論として大きく2つの潮流があるとされてきた。企業戦略（全社戦略）と事業戦略である。Anthony は，これを1つの組織に2つのレベルにおける戦略があるという前提から展開する（pp.264–280）[8]。組織全体の戦略である企業戦略（corporate strategy）と組織内の事業単位（business units）に対する戦略である事業単位戦略（business units strategy）ないし事業戦略である（図表1–3参照）。

　50年代は企業戦略の議論が生じ，MCS はこの企業戦略にかかわって登場することになる。この企業戦略の議論は，組織（組織構造）が企業戦略を執行し，またその中から新たな戦略を作り上げてゆくというダイナミックスなプロセスを中心に理解された。要するに戦略と組織とを二分法的にとらえるもとで，トップ・マネジメントが戦略を策定し，組織がそれを執行するという明快なものであった。それを象徴するのが，Chandler［1962］によって経験的に検証された「組織は戦略に従う」という命題である。以降，企業戦略を効果的に実施するためにまず組織構造をとりあげ，いかに戦略に連携させるかその対応関係が検討されることになる。

　Anthony もまた，Chandler に従って「戦略が組織に重要な影響をもつ」いう命題を掲げて，組織構造が戦略にコンティンジェントであるというコンティンジェンシー関係を採用する（pp.604–605）。「企業の戦略は，その組織構造に重要な影響をもつ」というごとくである（p.61）。前掲の管理会計のコンティンジェンシー理論の基礎モデルに引き付けてみるとき，戦略がここでの組織構造に影響を及ぼすコンティンジェント変数となる。Anthony では，環境，技術，組織の規模の他に戦略がコンティンジェント変数に加えられている（p.603）。

　なお，Ferreira and Otley［2009］，p.270 によれば，戦略がコンティンジェント変数として考察され始めたのは，80年代より前で，他のコンティンジェン

図表1-3 企業戦略と事業戦略との関係性

	鍵となる戦略問題	戦略オプション	組織レベル
企業レベル	われわれは正しい事業の組み合わせにいるか。 われわれはどの事業集合—特定の産業か下部の産業—にいるべきか。	専業戦略 関連多角化戦略 非関連多角化戦略	本社
事業単位レベル	事業単位の戦略使命はどうあるべきか	成長 維持 収穫 撤退	本社や事業単位管理者
	事業単位は戦略使命を実現するためにいかに競争すべきか	コスト・リーダーシップ 差別化	事業単位管理者

Anthony and Govindarajan［1995］, p.267

ト変数と少しおくれてからである。

②企業戦略と組織構造

　以上，異なる企業戦略のタイプは，これに対応する組織構造を要求することになる。この点は，日米においてかなり明確に検証されてきたところである。70年に入ってコンティンジェンシー研究は，多角化に特徴づけられる戦略（多角化戦略）が，分権化された事業部制組織構造を要求するという検証結果を報告する（Chenhall［1979］）。

　Anthony は，これらに加えて，企業戦略で最も重要なデメンションの1つは採用される多角化の程度とタイプであることを引き出す（p.267）。これに応じて，企業戦略は，1つの連続体であるとする。一方の極に専業戦略を，他方の極の非関連多角化戦略を表わすものである。大抵の会社は，この連続体のどこかに位置づけられる。図表1-4は，このジェネリックな企業戦略の特徴を示している。

　つぎに，Anthony は，組織構造について3つの一般的なカテゴリーに分割する。職能別構造，事業単位構造およびマトリックス構造である（p.61）。この

図表 1-4　3 つの企業戦略の要約

企業戦略のタイプ	専業事業企業	関連多角化企業	非関連多角化企業
戦略の視覚表象	□→	□→ ↕ □→ ↕ □→	□→ □→ □→
特徴	1 つの事業でのみ競争	事業間のコア技術の共有	異なる市場での完全自立的事業

Anthony and Govindarajan [1995], p.271

図表 1-5　企業戦略と組織構造の対応

	専業戦略	関連多角化戦略	非関連多角化戦略
組織構造	職能別	事業単位	持株会社

Anthony and Govindarajan [1995], p.605 より作成

図表 1-6　企業戦略と組織構造の対応

専業戦略	垂直統合戦略	本業集約型・本業拡散型・関連集約型戦略	非関連・関連拡散型戦略
職能別	職能別組織あるいは事業部制	特定が困難かなり自由度がある事業部制	事業部制（持株会社）

吉原他 [1981], 204-207 頁より作成

うち, 事業単位構造は, これまでの事業部制構造を指すものである (p.62)。

　こうして, Anthony は, 異なる企業戦略のタイプは, 異なる組織構造を伴うと主張する (p.604)。図表 1-5 に示されるように, 専業戦略を効果的に機能させるためには職能別組織が適している。これに対して, 非関連多角化戦略には多くの割合で持株会社方式による組織がふさわしい。中程度の多角化戦略は関連多角化戦略とよばれ, これに対応する組織構造として事業単位組織が適し, またある程度自由度が在るものを指す (pp.604-605)。

　同様に, わが国の吉原他 [1981] による検証結果も参考になる (図表 1-6 参

照)[9]。

③組織構造と MCS 設計

　以上に続いて，Anthony は，どんな組織も採用された企業戦略に組織構造を連携させても適合する MCS なしでは戦略を効果的には実施できないと指摘する（p.605）。これを象徴するのが，前掲の命題（「戦略が組織に重要な影響をもつ」）につづいて「組織構造のタイプが MCS の設計に影響をもつ」という命題の表明になる（p.61, 604）。図表 1-2 の基礎モデルに重ねるとき，以上の組織のタイプに適応した会計情報システムに共通するコマンタリティである，設計を確認することができる。組織構造が戦略にコンティンジェントであり，こんどはこの会計システムの設計が組織のタイプにコンティンジェントであることが示されるのである。

　ところで，どんな組織構造でも，組織では自らの存続のために戦略を実施や目的に適合するために MC のプロセスが稼働している。これが，Anthony の MC 理論に対する究極の姿勢である。MCS は，この MC プロセスを効果的に確保するために管理者が利用するシステムないしデバイスとしてイメージされるのである。Anthony において，当初から公式的な MC のプロセスが念頭におかれてきたのも，このためである。Anthony によるとき，8 版において図表 1-7 に示されるような公式的 MC のプロセスが採用される（p.59）。これは，12 版まで変更を見るものではない。本書では，図表 1-7 に依拠して，MC のプロセスを「戦略的計画」，「予算編成」，「責任センターにおける業務と測定」および「業績評価」の各プロセスに分解できるものと理解する。

　図表 1-7 の MC のプロセスでは，上層に組織目的とこれを達成するための戦略を示している。この戦略を実施するために，MC のプロセスは戦略的計画にはじまる。戦略的計画は，戦略実施に向けた具体的なアクション・プログラムである。つぎに，戦略的計画にもとづいて，予算編成において戦略実施の責任部門である製造・販売などの部門（責任センター）ごとに予定された収益や費用（原価）をわりあてる年度予算が編成される。責任センターにおける業務

図表 1-7　MC の公式プロセス

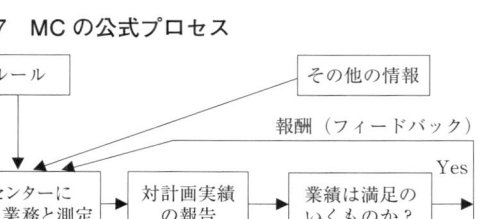

Anthony and Govindarajan［1995］, p.59

と測定では，ルールや原則を指針に予算を遂行，つまり業務が執行され，その実績が測定される。そして，この実績が予算と比較され，それが満足のいく業績であったかどうかが評価される。ここでの業績評価は，従業員の報酬目的と責任センターでの是正的行動（上司による例外管理を含む），予算編成や戦略的計画に向けたフィードバックをともなう。すなわち，戦略実施のシステムにもかかわらず，戦略を見直したり，必ずといえないが新たな戦略を策定するためのフィードバックも重要となるのである（pp.59-60）。

　こうして，Anthony において MCS と呼ばれるものは，マネジメント（上級管理者）がこれらの各プロセスをコントロールするために利用するツールとなるものであり，その全体のシステムの総称をいう。すなわち，MCS は，戦略的計画，予算編成，責任センターにおける業務と測定および業績評価の MC の各プロセスを支援する各エレメントからなる。マネジメントは，この MCS を利用することで組織の管理者に影響を及ぼし戦略の実施を達成することになる。

　それでは，マネジメントはこのオン・ゴーイングな MCS を組織（組織構造）に応じて設計し，実施するために関連する知見，洞察そして分析的スキルをいかに展開してきたであろうか。その具体的な検討が，次の第2章（戦略的計画），第3章（予算編成），第4章（責任センターにおける業務と測定），第5章

（業績評価）に予定されることになる。

④事業戦略と MCS 設計

　以上の Anthony の MCS は，この企業戦略の実施に関連してその実施を実現するためのツールとして登場するものであった。しかし，伝統的な MCS の構造に係る設計の問題は，これだけで終わるものではない。60 年代年代から 70 年にかけて，戦略と組織とは相互依存的であって，既述されるようなこれまでの戦略と組織という二分化概念ではなく，両者をより包括的なもので相互作用的なものとしてとらえようとする考えが登場してくる[10]。

　その顕著な研究として，製品差別化—コスト・リーダーシップ型（Porter [1980]）と成長—維持—収穫型（Gupta and Govindarajan [1984a]）をあげることができよう。ここでは，事業単位が，これまでの戦略の実施だけでなく戦略策定単位である SBU（strategic business units，戦略的事業単位）として設定され，議論の前提となる。SBU には異なる戦略使命があたえられ，SBU は戦略のための組織となる。マトリックス組織とよばれるものがこれで，明らかに戦略と組織との関係が相互浸透的である。

　以上，Porter [1980] や Gupta and Govindarajan [1984a] を契機に，MCS は，SBU レベルの戦略の策定と実施のためのツールとして注目される。Anthony においても，SBU レベルの戦略（事業戦略）に適合する MCS の設計が企業戦略と区別されて議論に収められる。第6章（SBU 戦略と MCS）で検討される。

⑤コンティンジェンシーの基礎モデルと成功例

　図表1-2の基礎モデルに戻るとき，モデルの最終のステージで会計システムが「組織の効果」に関連すると仮定されている。第7章（MCS の成功事例）は，この点を重視して取り上げられている。

　以上が，伝統的な MCS の構造—Anthony を中心に—の要点である。

(注)

（1）わが国において，この P&CS から MCF までの Anthony の議論の内容を取り上げ，その論点を整理した先行研究がある。例えば，豊島［1972］や門田［1976a］，［1976b］は，P&CS における企業の計画・統制の活動のフレームワークの 3 つのレベルを情報システムとしての管理会計に関連づける。管理会計システムの設計は，3 つのレベルを統一することは不可能である。そこで，MC を中心に限定し，MC のシステムがどこまで意思決定の手段になるか，そのいかんによって MC の業績管理会計としての体系的思考が影響されると指摘する。

　　近藤［1977］，［1978］は，P&CS で MC が「プランへの合致」ではなく，「資源の有効かつ能率的利用」と定義される点に着目する。さらに，MCSs の 2 版［1972］において MC プロセスの公式化を重視し，企業規模，多角化，組織形態を考慮に入れたシステムであることを確認する。

　　豊島［1994］は，旧版の P&CS に対して新版の MCF における「組織の戦略を実施する」という変化が持つ含みについて言及する。これに伴って，曖昧であった MC の一部であるプログラミングを中心に MC が計画・統制活動のトップのレベルである戦略的計画の方向に拡大されていくと述べる。

（2）MCSs において，MCF の直後に発表されたものといえば，7 版より 6 版［1989］であろう。しかし，6 版の内容は MCF を引き継ぐものではなかった。蛇足ながら，それは，6 版の発表年度からみても時間的に不可能である。

（3）8 版では，その他にこれまでの古い理念に代えて文献や実務で発見された新しい用語が採用される。これまでの利益センターのタイプのいくつかに係る事業部制組織を事業単位組織に言い換えて採用する。また，個別原価計算における配賦基準に対してコスト・ドライバー，業務改善という組織の活動努力のための品質管理や価値連鎖分析，権限の委譲に対するエンパワーメントがあげられている（p.xii）。

（4）8 版における戦略的計画から戦略策定の活動への変更についてもう少し補足しておこう。8 版［1995］の発行時点の段階では，後述されるように 90 年に入ってからの Simons の一連の研究はかなり浸透をみていた。とりわけ，インターラクティブ・コントロールの利用により戦略の展開の領域にまで MCS が果たす役割が広がることを予見できた。Anthony が，自身の MC 理論に受け入れざるを得ない状況といえるのである。ところが，これを受け入れるためには，7 版［1992］までの戦略的計画の考えでは MC のフレームワーク上無理があり，限界がある。なぜなら，このままでは，策定された戦略を実施に移すための計画と戦略を作る，策定することとの間の区別が困難に陥る可能性を否定できないからである。いいかえれば，戦略の実施と策定の双方が明確に区別でき，このもとで互いに絡み合う戦略の思考過程を最低限許容する必要性がフレームワーク上避けられないのである。8 版での戦略的計画から戦略策定への変更は，このためのものであったとみてとれる。そして，この具体的かつ実質的な変更が，9 版におけるインターラクティブ・コントロールの追加であり，MCS が新たな戦略の展開を促進するためのツールであるという表明につながるである。同時に 9 版でも，MCS は戦略を実施するためのツールであると宣言されている。ここには，にもかかわらず MCS は，あくまで戦略の効果的な

実施に向けて管理者が利用するツールであるという Anthony の普遍的 MC 観が根底にあることを忘れてはならない。谷 [2010], 19-20 頁も示唆に富む。

(5) 会計システム（会計情報システム）における近年の研究は，ワン・ベスト・ウェイな視角よりむしろコンティンジェンシーを活用する傾向にある。つまり，どの環境のどの組織にも等しくあてはまる普遍的に（universal）ベストな会計システムは存在しないという前提である。むしろ適切な会計システムの固有の特徴は特定の状況に依存すると思考されるのである（Otley [1980], pp.413-416）。

(6) 環境の不確実性は組織構造に影響を及ぼし（Burns and Stalker [1961], Lawrence and Lorsch [1965]），技術は組織行動と関連する（Thompson [1967], Perrow [1970], Galbraith [1973]）。この点，Khandwalla [1972], Hayes [1977], Daft and MacIntosh [1978] は例外である。

(7) Bruns and Waterhouse [1975] は，組織構造が，環境，サイズ，技術や従属性（ある組織が他の組織と関連する自律性の度合）などの組織コンテクストにコンティンジェントであり，予算関連行動は，集権化，自律性，また活動が構造化される度合といった組織構造の種々の視点にコンティンジェントであることを主張する。例えば，安定した組織環境で，分権化され，構造化された組織業務は，予算によるコントロールの活用に最適であるといった具合である。

　Gordon and Miller [1976] は，環境をダイナミズム，異質性，敵意の3つの流れで特徴づける。これらの度合が増すことで組織上の特質，分権化，差別化，統合，官僚化などが生まれる。次にこれらの特質に応じて要求される会計情報システムの特徴が焦点となる。

　Waterhouse and Tissen [1978] は，2つの主要なコンティンジェント変数に，環境，技術をあげる。このもとで，管理会計システムは組織のサブユニットのコントロール要求に依存することを明らかにする。すなわち，このサブユニットはオペレーショナル機能とマネジエリアル機能のいずれかを持つ。前者は Anthony のオペレーショナル・コントロールに類似するもので，後者のマネジエリアル機能は Anthony の MC と戦略的計画を含むものであると述べる。そして，ここで前者のオペレーショナルなサブユニットの構造とプロセスはより直接的に技術変数に関連し，後者のマネジエリアルなサブユニットは環境変数に焦点を当てることによってベストに理解されると提案する。

(8) 以下，本書において，Anthony という（3人称による）単独での表記は，引用文あるいは主旨などの出所が原則，MCSs の8版，Anthony and Govindarajan [1995] であることを指す。このため引用も頁数のみで示す。

(9) 教科書では，例えば単純に職能別組織の持つ欠点を克服するために事業部制組織が成立されてきたと理解される。しかし，ここでの吉原他 [1981] による検証結果からは，職能別組織から事業部制組織への進化は，内部成長を代表する多角化をその経路として考えるものである。石井他 [1996], 134 頁では，組織は戦略の深化によってその構造を変えていくという組織形態変容説に関連して説明されている。

(10) さしあたり，わが国では石井他 [1985], [1996] が参考になる。

第2章　戦略的計画

　戦略的計画（strategic planning）は，MC のプロセスにおける最初の活動であり，MCS のエレメントとなる。戦略的計画は，日米において基本的に違いはないけれど，以下 Anthony をよりどころに，つぎのような順序で進める。まず戦略的計画の性質について説明する。つづいて，提案される新たなプログラムの分析と決定のための技法と，オン・ゴーイングなプログラムを分析するための有用な技法についてそれぞれ取り上げる。最後に戦略的計画プロセスについて述べる。

第1節　戦略的計画の性質

　実際に戦略的計画を取り入れている企業の多くは，日米を問わず分権化された事業部制組織をとる。それも大規模な企業である。

　伝統的に，それには根拠があるといわれてきた。戦略的計画は，事業部制組織固有の欠点を補う一つの方策となることである。事業部制組織は，全社レベルからの総合性と統一性とを欠く。また，どちらかといえば，短期志向に焦点を当てるものであった。ここに，事業部制組織を選択することが公式的なMCS における戦略的計画の運用をレバレッジする所以を垣間見ることになる。

　さて，Anthony の戦略的計画の議論も，職能別組織の本社や特に分権化された事業単位からなる大規模組織を前提におく。戦略的計画はまた，長期経営計画あるいはプログラミングと呼ばれる[1]。戦略的計画は，組織が企てるであ

ろうプログラムと各プログラムに以降の数年度間に割り当てられるであろう資源の概算額を決定するプロセスである（p.319）。

戦略的計画は，戦略策定と区別される。その区別の要点は，戦略策定が新しい戦略を決定するプロセスであるのに対して，戦略的計画はいかに戦略を実施するかについて決定するプロセスである（p.319）。すなわち，戦略策定のプロセスにおいて，トップ・マネジメントは組織の目的とこれらの目的を実現するための主要な戦略を決定する。戦略的計画のプロセスは，これらの目的と戦略を所与として受け入れ，戦略を能率的かつ効果的に実施するプログラムの展開を追求する。たとえば，ある産業財製造業者による一般消費財への参入という多角化戦略を想定しょう。この基本的な戦略決定を実施するためには，多くの実施上のイシューが解決されなければならない。新しい設備組織は獲得によるか，あるいは構築によるか，強化する製品ラインはなにか，部品は自製あるいは購入するかどうか，利用するマーケティング・チャンネルは何か等々である。これらが新たなプログラムとして提案され，これらの分析と決定が戦略的計画に取り込まれ展開されることになるのである（pp.319-320）。

このようにして，戦略の実施を具体的に取りまとめる，あるいはいかに実施されるべきかについて記述するドキュメント資料が戦略的プラン（strategic plan）である。Anthony は，この戦略的プランをもって業務予算が展開される基本的な枠組みを提供する点を強調する。戦略的プランを作成する重要な利点は，この戦略的プランが効果的な業務予算の公式化を容易にすることである（p.321）。

第2節　提案される新たなプログラムの分析

戦略的計画は，古くから経営規模の拡張問題を中心に常に抱え込んできた。これが Anthony のいう新たなプログラム，資本投資プロジェクトであり，戦略的計画に織り込まれる重要な要素としてとらえられてきた。Anthony では，2つのテーマにのもとで進められる。

1 つは，資本投資はどのような目的で，組織のどの部署で提案され，どの階層レベルで，どのような基準を用いて決定されるか，こうした資本投資のメカニズムに関係するものである。2 つは，経済性採算計算の面で，新しい設備資産の調達や購入が果たして採算性を持つものか評価，分析する技法に関連する。

(1) 資本投資のメカニズム

伝統的に日米において 70 年代から 80 年代，資本投資プロジェクトの計画は，大規模な職能別組織の企業とりわけ事業部制組織の企業のもとで普及してきた。以下では，浅沼 [1982a]，[1982b] に基づいて，当時のわが国の大規模な事業部制における設備投資のメカニズムの実際を概観することから始めよう。それは，図表 2-1 のようにまとめられる。

図表 2-1 の最初の設備投資の目的のうち，新規事業・新製品の戦略的投資は，特に新製品の開発からそれの量産，販売に伴う投資をさす。あたかも原価企画のプロセスに見られるように，ここでの投資は，新製品の開発設計，試作，生産準備および量産の各段階に対応づけられることとなり，それぞれ投資枠や投資額が決定されるのが特徴である（浅沼 [1982a]，42-49 頁）。

投資の提案は一般に，事業部ないし工場から提案され，これらがこれらを直轄する事業本部で取りまとめられる。ここに事業本部は，わが国の総合電機メーカーなどに見られるような事業グループあるいはセクターに相応するもので，本社→事業グループ（セクター）→事業部→工場という 4 層からなる事業部制組織の構造が想定される。計画の投資額が一定額以上のものを「大規模」あるいは「特別投資」プロジェクトとして取り扱う慣行がある。これらのプロジェクトは本社レベルにまで上っていき，そこで個別に審査され，本社でその採否が決定される。これに対して，「小・中規模」の計画は，各事業本部に与えられた資金枠内での資金の配分が各事業本部の裁量で行われる。更新投資はその典型である（浅沼 [1982a]，26 頁）。

経済性（経済効果の）計算について，合理化や増産投資に併用される投資収

図表 2-1　設備投資のメカニズム

設備投資の目的	更新投資	合理化	増産	新規事業・新製品戦略的投資
設備投資の規模	小・中規模	比較的大規模	大規模	大規模
審査のレベル	事業本部	事業本部 / 本社	本社	本社
経済性計算	低い	投資収益率法と回収期間の併用	投資収益率法と回収期間の併用しかし慎重	非ルーチン的処理
採否の決定基準	ルーチン的処理	ルーチン的処理	ルーチン的処理 / 非ルーチン的処理	不確実性と競争戦略上の配慮
工程別分業工場	量産工場（ワーク工場）	量産工場（ワーク工場）	量産工場（ワーク工場）	設計，量産試作（プレイン工場），量産工場への移行（製品工場）

浅沼［1982a］,［1982b］に基づいて作成

益率法と回収期間法は[2]，増産投資の場合は一層の慎重を要する。ここでは，需要予測の不確実性の配慮が不可欠であり，投資収益率は合理化プロジェクトより高いレベルに設定される。更新投資は，性質上計算に頼るケースは低い。採否の決定基準について，合理化，増産投資は計算を基準に比較的ルーチン的にその採否が決定される。これに対して，新規事業・新製品戦略的投資は，経済性計算の数値基準だけでルーチン的に採否が決定されないケースが多い。不確実性の程度が多面的に影響を及ぼし，数々のデータを総合した上での高度な戦略的判断を基準に決定される必要が生じるのである。ここに高度な戦略的判断とは，例えば競争上現在の状態ではどうしてもその市場セグメントに一定のシェアを獲得しておく必要があると判断され，あえて問題の戦略投資プロジェクトの採択に踏み切るというケースを指す。このように新規事業・新製品戦略的投資は，ルーチン的処理になじまない非ルーチン的処理によって決定される性質の強いものになる（浅沼［1982b］,26-27頁）。

　さらに，半導体のような最先端製品工場では，通常工場間で分業が行なわれてきた。品目ごとに別々の工場が割り当てられるのである。とりわけ，以下のように工程別の工場内分業が存在し，IC や LSI の工程は新製品の量産に入る前に，開発設計→小規模試作→量産試作の諸段階を経由する。ここで，開発設

計と小規模試作は A 工場，量産試作は B 工場，本格的量産に移行したものは C 工場というごとく，それぞれ専門化が行なわれた。このうち，C 工場のような量産工場から提案される投資案ないし計画は，大部分が更新，合理化そして増産投資である。そして，比較的ルーチン的に審査を受けることになる。対照的なのは，次期に市場に投入する新製品の小規模試作あるいは量産試作の A や B 工場からの提案計画である。これらは，経済性計算だけでは決定されない新規戦略的投資であることから，本社のトップと計画スタッフとが 当該工場直轄の事業本部と緊密な連携を取ることになる（浅沼［1982b］, 40-49 頁）。

　以上，浅沼［1982a］,［1982b］を中心に，わが国の大規模事業部制企業での設備投資における実施に効果的かつ有用に働いたメカニズムの内容を概観した。

　Anthony においても，米国企業における実施上有用ないくつかのルールや手続き，慣行など考慮すべきポイントが述べられる（p.326）。提案される様々な投資規模に応じて承認の要件が規定される。比較的小規模は工場長による，より大規模なものは事業部長から社長室へ，さらに重要な計画には取締役会への提出，承認を経る。また，ルールは，提案の作成および承認のための一般的な基準について一定のガイドラインを含む。小規模なコストの節約提案には最大 2 年（時々 3 年）の回収期間が，大型提案には正味現在価値法で用いられる割引率あるいは DCF 分析では最低必要利益率が明確に守られる（p.326）。

　また，数値基準に合致するために初期のかなり楽観的な見積もりに何らかの修正を加えるケースもみのがせない。当該プロジェクトをより魅力的にさせるこうした操作の発見は困難なタスクの 1 つである。もとより，合理性の重視から，負の正味現在価値をもつプロジェクトが承認される可能性はない。にもかかわらず，提案の主唱者（スポンサー）は当該プロジェクトは実施されねばならないという胆力をもつ。承認に達するすべての提案が正式な基準を満足するものであっても，それらのすべてが真に魅力的であるとはかぎらないのである（pp.325-326）。

　さらに，Anthony によれば，新たなプログラムの採用はいわゆるオール・オア・ナッシング的な決定ではなく，むしろ一連の連続する決定としてみなさ

れることが重要とされる。ここでの各々の決定は，提案されたプログラムをテストしたり，さらに開発するという比較的小さなステップを要件とする。もし，テストで，当該提案がより成功の機会をもつことが明らかにとなれば，このときに限りその完全な実施に向けて大きな投資が決定されることになる（p.325）。

(2) 経済性計算の利用

　経済性計算は，伝統的に貨幣の時間価値を考慮に入れるか否かで大別されてきた。貨幣の時間価値を考慮に入れない方法として回収期間法と会計投資利益率法，貨幣の時間価値を考慮に入れる方法として正味現在価値法と内部利益率法がある。後者は，現在価値の計算に割引率を利用するために DCF 法と呼ばれる。

　現実の日米の企業での利用状況に目を向けると，わが国では古くは津曲・松本［1972］を端とする近年までの調査において回収期間法や会計投資利益率法が主に採用されてきている。その背景には投下資本の早い時期での回収が重視されたものといわれる（杉山［2002］, 29-31 頁）。清水・田村［2010］では，貨幣の時間価値を考慮に入れた正味現在価値法と内部利益率法の利用が年々増加の傾向にあると報告される。

　一方，米国では DCF 法が広く普及してきており，この点では日米の企業では対照的な経緯が見られるといえよう。米国企業がたとえば正味現在価値法を重んじるのは，合理性の追求にあったといわれるが[3]，80 年に入って米国では早くも DCF 法の手詰まり状態が指摘される。Hayes and Abernathy［1980］をかわきりに，Hayes and Garvin［1982］は，DCF 法の適用の方法に問題ないし欠陥を認め，これが積極的な投資へのバイアスを生む原因になったと指摘する。問題は，DCF 法が不正確な結果を招くからではない。むしろ管理者が，彼らの競合他社との持続的な優位を維持するために必要なハードな決定をさける一方で，DCF 法の合理性にあまりに安直に逃げ道を求めるようになった点を重視する。こうした指摘は，Kaplan［1986］, Bennett and Hendricks［1987］,

Kaplan and Atkinson［1989］，Ostrenga et al.［1992］に引き継がれる。管理者は，DCF 法をより適切に適用するための方法等細心の努力を払う必要があると積極的に啓発される。

　一方，90 年代に入って，Shank and Govindarajan［1992a］．［1993］を中心に，こうしたアプローチに批判が加えられる。DCF 法が戦略的問題や関心に明示的な注意を払ってこないというのが主たる理由である。要は，戦略的問題のディメンジョンの方が，DCF 法で可能となるよりはるかに多くの投資に関心を払う機会を提供できるという見方に立つのである。ここに，もう 1 つの，すなわち戦略的投資分析に焦点を当て長期的技術への投資評価の方法ないし手続きについて検討をおこなうアプローチが導かれる。それは，フレームワークを異にする 3 つの分析を通して接近される。競争優位分析，戦略—財務分析および戦略的コスト・マネジメント分析であるが，詳細は省略する。

　以上，米国の DCF 法に焦点をあてた議論の変遷を要約した。こうした経緯において，Anthony は，重要なポイントとして正味現在価値法と内部利益率法の双方が適用可能であっても，これらは実際ではほぼあいなかばして使われてきたと述べる。投資提案を分析する際に，これらの技法を利用してはならない，すくなくとも 4 つの理由があると指摘する（pp.325-326）。

　ⅰ　提案が明らかに魅力的で，現在価値の精査は無用で，直ちに当該プロジェクトが採用される可能性が大きい。例えば，1 年以内で採算が報われるほどに大きくコスト削減をもたらす新鋭機械設備の購入が典型例である。

　ⅱ　提案に伴う見積が不確実であるほど，現在価値の計算が努力に見合わないと信じられる。こうした状況は共通して，その結果が十分な市場のデータが存在しない新製品の売上量の見積に重く依存するときである。このような状況では，しばしば回収期間法が用いられる。

　ⅲ　当該提案の採用に実行可能な代替案が見あたらない，環境行政に対応して必要とされる投資がそれである。このようなときにも回収期間法が採用されるべきであろう。

　ⅳ　提案が合理的という場合には，収益性の増大，株主価値の最大化以外の

ほかに何かがある。現在価値のアプローチは，目的関数がこの意味での利益を
増大することを仮定する。しかし，多くの提案される投資は，それらが従業員
のモラルや会社のイメージを改善するためあるいは安全性に向けて必要とされ
るという理由で妥当と判断される。

　ちなみに，以上の Anthony の理由を前掲の図表2-1の投資目的に照らす
と，たとえば i の理由は，合理化投資に関するケースであるといえる。ここで
は，コスト削減がキー・ポイントとなっている。同様，ii の理由は，需要予測
の正確性をキー・ポイントに新規・戦略的投資だけではなく増産投資にも関連
するケースとしてとらえることができよう。

　そのほかの理由（iii, iv）も含めて，米国企業の経済性計算技法の実態は，
投資目的あるいは目的に関連する状況に応じてその使い分けが最終的に判断さ
れるものであったといえよう。この点，投資目的を提起することから纏められ
る以上の浅沼［1982a］，［1982b］の研究によるわが国の資本投資実践は興味深
い。

第3節　オン・ゴーイングなプログラムの分析

　Anthony は，多くの企業がオン・ゴーイングなプログラム（ongoing programs）
を分析するシステマテックな方法を採用する中で，価値連鎖分析（value chain
analysis）と ABC 分析（activity-based costing analysis）の2つのツールをとり
あげる（pp.327-337）[4]。

（1）価値連鎖分析
①伝統的なコスト分析と価値連鎖概念

　伝統的なコスト分析（cost analysis）は，付加価値概念を考慮に入れるもの
である。ここに付加価値は，他企業から財やサービスを購入して，自社で新た
に生み出した純生産額を意味する。したがって，付加価値概念に基づく伝統的
なコスト分析では，購入と売上との差額を最大にすることがテーマになる。こ

の関係で，伝統的なコスト分析は企業の内部に焦点があたる。

　これに対して，1980年代後半以降，戦略パースペクティブからコストの行動（behavior）を見直そうとする気運が高まった。その1つが，戦略的コスト・マネジメント（strategic cost management）で，Shank and Govindarajan [1989]，[1991]，[1992b]，[1993] を中心に価値連鎖（value chain）概念のフレームワークを用いた分析が唱えられたことである[5]。価値連鎖分析がこれで，伝統的なコスト分析と対比して，価値連鎖概念による利益改善の領域が提示されることになる。

　Shank and Govindarajan [1989] は，Porter [1985] のいう価値連鎖概念を採用し，付加価値ではなく価値連鎖が競争優位を確立するためのより重要な技法であると考える。Porter [1985] によれば，競争優位とは，企業が創り出すことができる価値から生まれてくるものである。そして，この価値を形づくるのは企業の中の様々な価値を生み出す活動（activities）であって，このつながりを表わすのに価値連鎖という概念が提言されるのである。Shank and Govindarajan [1989] は，この Porter [1985] の価値連鎖概念を価値を創造する一連のリンクし合った活動の集合とみる。ここから，価値連鎖概念のフレームワークは，コストの行動を理解するために，原材料の供給業者から製品の最終消費者である顧客までの価値創造活動の連鎖全体をブレイク・ダウンする方法と定義する（Shank and Govindarajan [1989], p.3）。

　また，Shank and Govindarajan [1991] は，戦略的コスト・マネジメントに関する戦略的課題を次のように導く。価値連鎖概念から生じる戦略的洞察が付加価値によるよりもはるかにすぐれていること，伝統的コスト分析はこの付加価値の視点を考慮に入れるものであること，よって価値連鎖分析が戦略的コスト・マネジメントの基礎をなし，価値連鎖概念に応じた管理会計システムが戦略的コスト・マネジメントのツールとして役立つことになる。

　さらに，Shank and Govindarajan [1992b], pp.8-9 は，価値連鎖概念の焦点を企業外部に求め，企業内部に焦点をあてる伝統的コスト分析と対比する。双方は焦点を異にするのであり，ここから得られる戦略的洞察は劇的に異なると

いう。すなわち，伝統的コスト分析は，供給業者への支払（購入）に始まり，顧客へのチャージ（売上）で終了するという見方を採り入れる。この見方が，戦略的パースペクティブからみて，次の2つの欠陥をもつことに通じる。

　余りに遅くに始まり，さもなければ

　余りに，早くに終了する。

　このように，伝統的なコスト分析が購買の段階から始まるために，供給業者との結びつき，つまり購買より上流の関係を開発する機会をすべて失う。同様に，コスト分析が販売の段階で終了してしまうのは，顧客との結びつきを開発するための全ての機会を失うことになる。これに対して，価値連鎖概念は，伝統的コスト分析とは異なり企業外部に焦点をあてる。企業と供給業者，企業と顧客との結びつきが開発されることで利益改善の機会を著しく高めるのである（Shank and Govindarajan［1992b］，p.9）。

　さらに，Shank and Govindarajan［1992b］，p.10 は，価値連鎖概念がまた，企業の価値連鎖内の活動が独立ではなく，むしろ相互に依存する関係にあると指摘する。伝統的なコスト分析はこうした企業の価値連鎖内のプロセス連結関係を明示的に考慮には入れるものではなかった。価値連鎖内の活動の一部である生産段階を中心に，ここでの能率や効率に関心が払われた。標準原価計算は，その典型的な管理手法であった。これに対して，価値連鎖概念では，企業の価値連鎖内の活動の相互依存関係を開発することでも利益改善の機会を獲得できる可能性が高まるのである。

②価値連鎖分析とオン・ゴーイングなプログラム

　Anthony は，以上の一連の議論をまとめた Shank and Govindarajan［1993］の価値連鎖概念のフレームワークに依拠する。戦略的計画プロセスの一部として，企業は，自社の各事業について固有の価値連鎖を構築する可能性をもつと述べる。具体的に Anthony は，価値連鎖概念の戦略的パースペクティブから，価値連鎖分析がオン・ゴーイングなプログラムの分析ツールとなる点に着目する。Shank and Govindarajan と同様，3つの利益の改善領域を提示するので

ある。i 供給業者との連結関係，ii 顧客との連結関係，iii 企業の価値連鎖内のプロセス連結関係である（p.328）。

　i，ii については，以上の Shank and Govindarajan の議論をほぼそのまま受け継いでいる。Shank and Govindarajan ［1992b］にとりあげられ，いまでは定番となっているケースが紹介される[6]。

　iii の企業の価値連鎖内のプロセス連結関係の改善について，Anthony は，以下のように企業の価値連鎖内のプロセスのポーション（portion）を対象にこれらの業務能率を改善するイニシァティブの開発にその特徴を見出している[8]。

　価値連鎖内の設計部分の能率は，部品数を削減することによって，そして製造の容易さを高めることによって増加する。内部（inward）（生産に先行する）部分の能率は，ベンダーの数を削減（資材の移動時間やコストの削減），配給をジャスト・イン・タイム量に限定（棚卸資産を削減），ベンダーに品質責任を持たせる（検査コストを削減）等々によって改善される。

　生産部分の能率は，自動化やロボットの利用を増やす，一連の生産ステップの加工機械をセルに再配置するセル生産方式，他の生産コントロール・システムの改良等々によって改善される（p.331）。

　外部（outward）（工場のドアから顧客による受け取り）部分の能率は，顧客に手書きでなく電子注文させる，倉庫のロケーションに変更，配給チャンネルの変更，自社の業務トラックと外部委託の輸送とのミックス割合の変更等々によって改善される（p.331）。

(2) ABC 分析

　Anthony は，ABC 情報の利用についてつぎのように述べる。「ABC 情報をルーチン・ベースで集計することは，ほとんどの企業で価値のあることではない。すなわち，ABC は会計システムでなく，1 つの戦略的計画でもある。もし戦略的計画の一部として用いられるならば，ABC は有用な戦略上の洞察を提供する可能性がある。」（p.335），と。たとえば，ABC は，少量製品が大量製品より一層高い単位原価を持つこと，また多くの部品を持つ複雑な製品ほど，

より高い設計コストや生産コストをもつことを明らかにする。さらに，ABC
は，多くの段取りや設計変更命令を持つ製品の方がそうではない製品よりより
高い単位原価を持つことを示す。ABC は，こうした違いの大きさを示す情報
をもたらしてくれる。重要なことは，こうした違いの大きさに関する情報が，
現状の価格設定，製品組み合わせ，現在のフルラインでいくか対焦点を絞る
か，現状の製品系列の存続（追加）か廃止か，部品の自製か購入かに関連する
方針の変更などの決定を導くのである（p.335）。

　Anthony では言及されていないが，ABC の提唱者である R. Cooper や R. S.
Kaplan の議論からは，Anthony のいう ABC の戦略的洞察がアクティビティ
の階層分類（hierarchical classifications）と資源消費モデル（resource-usage
model）としての ABC によって提供されることが明らかとなる。以上の意思
決定は，教科書では差額原価収益分析や貢献利益分析などの意思決定モデルを
通して処理されてきた。ABC はこうした意思決定モデルにとってかわるので
はない。意思決定モデルにアクティビティの階層モデルと資源消費モデルとし
ての ABC が応用されると考えるのである。

　以下，部品の自製か購入か，現状の製品系列の存続（追加）か廃止かの決定
に関する ABC 分析を Hansen and Mowen［1994］に取り上げられる計算例を
通して説明しよう。分析に先立って，アクティビティの階層モデルと資源消費
モデルとしての ABC を要約することから始める。

①アクティビティの階層分類モデル

　アクティビティの階層モデルは，Cooper［1990］，Cooper and Kaplan［1991］，
Cooper et al.［1992］の調査に基づくもので，工場での4つのアクティビ
ティ・レベルの組み合わせを明らかにする。図表2-2に示されるように，ユ
ニット・レベル，バッチ・レベル，製品維持レベルおよび工場支援レベルがそ
れである。伝統的原価計算は，このうちのユニット・レベルに主に焦点を当て
るものであった。言い換えれば，ABC は，伝統的原価計算と比べて2つ以上
のアクティビティ・レベルの組み合せ あるいは階層を必要とすることになる

図表 2-2　アクティビティの階層分類

工場支援レベル	←	設備管理費
	←	土地及び工場建物減価償却費
	←	暖房・照明費
製品維持レベル	←	工程技術費
	←	製品仕様書費
	←	技術変更関連費
バッチ・レベル	←	段取費
	←	材料マテハン費
	←	購入注文費
	←	検査費
ユニット・レベル	←	直接労務費
	←	材料費
	←	マシン・コスト
	←	エネルギー費用

Cooper and Kaplan ［1991］, p.272 より

わけである。

　また，図表 2-2 では，このアクティビティの階層分類ごとに消費される資源である原価が対応付けられている。バッチ・レベルでの原価は，バッチの回数の増加（減少）につれて増減するものであって，当該バッチ内で処理されるユニット数ではない。同様に，製品維持レベルでの原価も，異なるタイプの製品数に依存して変動するのであって，生産されたユニット数やバッチの回数によるものではないと考えられる。これらは，生産量との関連では固定費であっても，ニット・レベルのコスト・ドライバー以外のコスト・ドライバー（非ユニット・コスト・ドライバー）の採用によって変動費とみなされるものである。こうして，アクティビティの階層分類は，コスト・ビヘイビア（原価態様）に影響を及ぼす側面をもつ。

　なお，工場支援レベルのカテゴリーはコスト・ドライバーによって影響されない。ここでは，当該アクティビティの原価プールを増減させる何らの原価作用因も確認できない。このため，純粋な ABC では，工場支援レベルのカテゴリーのアクティビティの原価が製品に割り当てられることはなく，それらは期

間費用として処理され，固定費の範囲にとどまるとされる（Cooper［1990］，p.10，Cooper and Kaplan［1991］，pp.273-274）。

②資源消費モデルとしての ABC

資源消費モデルとしての ABC の利用ないし応用は，いくつかの側面をもつ。1つは，資源への支出は資源の消費に従う，あるいは支出は消費に整合する形で生じるという理念に関するものである。以下，Cooper and Kaplan［1991］，p.276，King［1991］，pp.23-24 のように，資源消費モデルとしての ABC は，原価は資源への支出ないし供給によるのではなく，アクティビティにおける資源の消費を原因に引き起こされるというテーゼに立つのである。

「ABC は，資源の消費の変化が当該資源へのそれに相当する支出の変化によってフォローされることを認める。ABC は，将来の支出の傾向を予測するために組織のアクティビティによって消費される資源の量を見積もる。」

「一般にすべての原価は，長期的にみて変動するという言い方に慣れてきた。この現象の正しい表現方法は，長期において資源への支出は資源の消費（消費量）に従う傾向があるということである。人が将来のどこで支出が生じるかを発見したいと願うならば，今日の消費量を調査し，そしてその将来の消費をモデル化するのがよいであろう。」

また，この理念は，未使用資源や未使用のキャパシティの処分や再配備が，当該組織の収益性の改善につながることを明らかにする。逆に言えば，もしこうした行動がとられなかったならば，収益性の改善は見られないことになる[9]

以上の理念は，企業によって供給される資源のタイプを所与とするものであった。ここから，供給される資源（あるいは企業が獲得する資源）のタイプは，必要のつど供給される資源（resources supplied as used）と消費に先立って供給される資源（resources supplied before used）とに区分される（図表2-3参照）。

図表2-3中の必要のつど供給される資源は，当期のアクティビティにおいて完全に消費される。これらの資源は，何ら未使用資源やキャパシティをもた

図表2-3　供給される資源のタイプ

項　　　目	必要のつど供給される資源	消費に先立って供給される資源
項　　　目	原材料，エネルギー，日雇い一時払，出来高払い。超過勤務手当，借入金，利子	間接支援部門の建設設備機器，リース資産（明示的契約）月給および時間給従業員（インプシット契約）
未使用資源	未使用キャパシティをもたない	原則的に未使用キャパシティを残す
資源の供給支出	消費される資源の量（原価）と強く相関	資源の消費量と無関係に発生

ない。このことが資源を供給する費用（支出）を消費される当該資源の量，すなわち原価に強く相関させることになる。これに対して，消費に先立って供給される資源は，用役単位の実際の需要（要求）が実現する前に獲得される。そのために，これら資源あるいは資源からの用役能力を供給する費用（支出）は，消費量に無関係に発生し，組織に未使用資源ないしキャパシティを創造する可能性が大きい。既述されるように，この解放部分を意識的に処分あるいは再配備することが組織の収益性の改善につながるわけである（Cooper and Kaplan [1992]，pp.4-10，Cooper [1994]，pp.B1-8 ― B1-11）。

　さらに，未使用資源ないしキャパシティの連結環としての役割に関連する側面をもつ。消費される資源の原価は ABC によって測定される。一方，供給されるあるいは利用可能な資源の原価は，伝統的な財務会計上の期間モデルによって報告される。ここから，未使用資源ないしキャパシティの（原価の）測定が，消費されるアクティビティ量（原価）と供給されるあるいは利用可能なアクティビティ量（原価）との間の連結環となるのである（Cooper and Kaplan [1992]，p.3，Cooper [1994]，p.B1-9））[10]。

③部品の自製か購入かの決定[11]

　A 社は，コンピューター関連の部品の生産をおこなっている。現在部品のすべてを自社で作っている。ある外部サプライヤーから101番の部品100,000単位を単位当たり0.6千円で引渡しできるという申し出を受けた。各部品当たりの直接作業時間は0.25時間を要す。A 社が100,000単位の生産に要する原価

図表2-4　原価データ

(千円)

直接材料費	10,000
直接労務費	20,000
変動間接費	8,000 [(1)]
固定間接費	
個別固定費	14,000
共通固定費	30,000 [(2)]
合計	82,000
単位原価　(82,000/100,000)	0.82

(1) 直接作業時間当たり0.32千円の変動間接費率を用い
　　て配賦。100,000単位の直接作業時間25,000(100,000×
　　0.25)
(2) 直接作業時間当たり1.2千円の固定間接費率を用いて
　　配賦。
Hansen and Mowen [1994], p.564をもとに作成

データは，図表2-4の通りである。

　一般的に，意思決定にあたってすべての原価が等しく重要とは限らない。意思決定に影響を及ぼす原価（関連原価）と無視しても構わない原価（無関連原価）があるからである。後者の関連原価とならない原価とは，埋没原価と代替案の間で差をもたらさない原価を指す。差額原価収益分析との関連でいえば，すべての原価から埋没原価と更に代替案の間で差をもたらさない原価が除去されて関連原価となる差額原価が計算される。言うまでもなく，この差額原価（あるいは差額利益）を判断基準に最適な代替案が選択されるのである。

　具体的に図表2-4の中で共通固定費は関連原価ではない。たとえ部品を購入しても継続して生ずるもので，代替案の間で差をもたらさないからである。つまり，無視しても構わないもの（無関連原価）で表内のリストから除外される。変動間接費は関連原価である。それが，直接作業時間に応じて変動するからである。また，個別固定費は101番の部品に直接跡づけ可能で，たとえば当該部品の生産に必要な専用設備の賃借料などをいう。部品を購入する場合には，回避可能なものとなる。こうして，伝統的な部品の自製か購入かの決定分

図表 2-5　伝統的な部品の自製か購入かの決定分析

（千円）

	自製案	購入案
直接材料費	10,000	－
直接労務費	20,000	－
変動間接費	8,000	－
個別固定費	14,000	－
部品購入原価	－	60,000
合計	52,000	60,000

析は，図表2-5に示されることになる。これによるとき，A社は部品を生産し続けるべきである。

　これに対して，ABCでは，間接費（製造間接費）の発生と関係の深いアクティビティが確認される。まず変動間接費は，動力と福利厚生費のアクティビティを含む。共通固定費は，検査，マテハン，段取，技術支援及び工場減価償却の各アクティビティを含むことになる（Hansen and Mowen［1994］, p.565）。なお個別固定費は，その性質からアクティビティとの関係は認められない。

　つぎに，図表2-2のアクティビティの階層分類モデルに応じて，これらは，4つのアクティビティのレベルのカテゴリーに分類される。また，アクティビティの階層分類は，コスト・ビヘイビァに影響を及ぼす側面をもつものであった。これにより，下表のようにまとめられる。

製造間接費項目	アクティビティの分類	コスト・ビヘイビアー
動力費 福利厚生費	ユニット・レベル	変動費
マテハン費 検査費 段取費	バッチ・レベル	
技術支援費	製品維持レベル	
工場減価償却費	工場支援レベル	固定費

　表において，工場支援レベルのアクティビティのカテゴリーは非関連原価で

ある。そこで，残る 3 つのアクティビティのカテゴリーに対して，コスト・ド
ライバーとコスト・ドライバー別のレートが算定されることになる。以下のよ
うに仮定しよう。なおコスト・ドライバー・レートの算定には，各活動の実際
的キャパシティ（practical capacity）が用いられる。

(千円)

	コスト・ドライバー	コスト・ドライバー別レート
ユニット・レベル		
動力費	機械運転時間	0.3
福利厚生費	直接作業時間	0.1
バッチ・レベル		
マテハン費	移動回数	2
検査費	検査時間	1.5
段取費	段取時間	1
製品維持レベル		
技術支援費	技術変更命令回数	200

Hansen and Mowen [1994], p.565-566 をもとに作成

また，当面の部品の生産によって消費される各コスト・ドライバーの量を以
下のように仮定しよう（Hansen and Mowen [1994], p.566）

機械運転時間	30,000
直接作業時間	25,000
移動回数	2,000
検査時間	5,000
段取時間	6,000
技術変更命令回数	10

この段階で，資源消費モデルとしての ABC が応用される。ここでは，資源
消費を削減することによってどれだけの資源の支出を減少できるかが分析のカ
ギとなる。

動力費と福利厚生費のアクティビティは，必要のつど供給される資源をもつ
ものと仮定される。したがって，この 2 つのアクティビティの資源の支出は，
資源消費の原価が削減するほど減少する。もし部品を自製するかわりに購入す

るならば，それぞれ，9,000 千円（0.3 千円×30,000 時間）と 2,500 千円（0.1 千円×25,000 時間）となる（Hansen and Mowen［1994］, p566）。

　残りの 4 つのアクティビティ（マテハン，検査，段取，技術支援）は，消費に先立って供給される資源に係るものと仮定される。このために，もし部品を自製するかわりに購入するならば，これらの 4 つの活動には，未使用キャパシティが創造されよう。上述されるように，この余剰キャパシティをいかに管理し，どれだけ資源の支出を減少できるかが分析のカギとなる。調査の結果，つぎの額の資源の支出を減少することができることが明らかとなったと仮定しよう（Hansen and Mowen［1994］, p.566）

		（千円）
マテハン費	3,000	（1 人の正規従業員）
検査費	7,000	（2 人の正規従業員）
段取費	6,000	（3 人の時間給従業員）
技術支援費	0	

　マテハン費と検査費は，部品を購入するならば，3,000 千円と 7,000 千円ほど消滅を生み，この分資源の支出を減少できる。よって，部品を自製するとすれば，これらは，その発生を避けられない関連原価として差額原価に含まれる。また，これにより，マテハン費と検査費には，1,000 千円（2.0 千円 × 2,000 回 − 3,000 千円）と 500 千円（1.5 千円 × 5,000 時間 − 7,000 千円）が未使用キャパシティの原価として残る。購入しても自製しても継続して生じる原価（埋没原価）が発生するのであり，これらは，無関連原価である。

　段取費については，購入すれば 6,000 千円の資源の支出を減少することになる。部品を自製するとき差額原価に含まれる。技術支援費は，いずれの代替案をとろうとも資源消費の原価 2,000 千円はその発生を全額回避できるものである。

　以上の結果，ABC による部品の自製か購入かの決定分析は，図表 2-6 のように示される。この分析によれば，購入案があらたに支持されることになる。
　伝統的原価計算では，共通固定費のすべてが非関連原価として処理される。

図表 2-6　ABC に基づく部品の自製か購入かの決定分析

(千円)

	自製案	購入案
直接材料費	10,000	—
直接労務費	20,000	—
個別固定費	14,000	—
動力費	9,000	—
福利厚生費	2,500	—
マテハン費	3,000	—
検査費	7,000	—
段取費	6,000	—
部品購入原価	—	60,000
合計	71,500	60,000

Hansen and Mowen［1994］, p.567 をもとに作成

しかし ABC は，実際には部品の生産がこれらの固定費のうちのいくつかを生じさせる原因となったことを明らかにする。跡づけ可能原価が増えるのである。また，部品を生産しないことで，マテハン，検査，段取，技術支援などの関連支援部門のアクティビティにおける資源需要は確実に削減される。これによりいくつかの余剰が生じ，資源の支出を減少することになる。

　さしあたり，購入案が採択されることになったが，この判断にとどまらない。ABC は，更に以下のような戦略的な検討課題をその分析に取り入れる必要性を喚起するからである。例えば，なぜ外部の供給業者は自社（A社）で作るよりも安く提供できるのであろうか。外部購入は，受入検査や購入注文という内部活動を生み，これらのコストはどれ程かかるであろうか。また，自製から購入への変更は明らかに戦略上のシフトで，これまで存在しなかった供給業者との新たな依存関係を作ることになる。これは良策なのであろうか。更に供給業者は正確な量と高水準の品質で部品を予定通り納入することができるであろうか。これらの問題は戦略性を色濃くもつものである。それは，伝統的な分析がそうであったような短期的視界にとどまらないであろう。長期的視野から

収益性に及ぼす影響を検討する機会がうんと拡がるのである（Hansen and Mowen［1994］, p.567）。

④製品ラインの存続か廃止の決定

　B社は，薬品と化粧品の2製品系列の製造販売に従事している。伝統的なセグメント別損益計算書では，図表2-7のように薬品も化粧品も共に利益（製品差益）を出している。

　ここからは，いずれかの製品を廃止するといったような問題は上がってこな

図表2-7　伝統的なセグメント別報告書

（千円）

	薬品	化粧品	合計
売上高	53,500	111,000	164,500
変動費			
直接材料費	(15,000)	(23,000)	(38,000)
直接労務費	(10,000)	(13,500)	(24,000)
保全費	(4,500)	(5,500)	(10,000)
動力費	(1,750)	(2,750)	(4,500)
手数料	(1,500)	(3,000)	(4,500)
貢献差益	20,250	63,250	83,500
個別固定費			
広告費	(5,000)	(4,000)	(9,000)
製品差益	15,250	59,250	74,500
共通固定費			
機械減価償却費			(8,000)
工場減価償却費			(11,000)
段取費			(14,000)
人事部費			(13,000)
一般管理費			(10,000)
マテハン費			(9,000)
販売管理費			(7,000)
税引前利益			2,500

Hansen and Mowen［1994］, p.572をもとに作成

図表2-8　ABC に基づくセグメント別損益計算書の基本型

	A 製品	B 製品	合計
売上高	××	××	××
ユニット・レベル費用	××	××	××
バッチ・レベル費用	××	××	××
製品維持レベル費用	<u>××</u>	<u>××</u>	<u>××</u>
製品差益	××	××	××
共通費	××	××	××
工場支援レベル費用	××	××	××
税引前利益	<u>×××</u>	<u>××</u>	<u>××</u>

い。セグメント別損益計算書にとって重要な問題は，個別のセグメント（製品系列）にコストを跡づける能力に関係する。ABC は，こうしたコストを跡づける能力を一層高め，セグメント別損益計算書の情報内容を質的に著しく改善し，強化することになる。以下，図表2-7の共通固定費項目の分析を通してABC に基づくセグメント別損益計算書を作成することから始める。

　なお図表2-8は，ここにいう ABC に基づくセグメント別損益計算書の基本型である。それは，図表2-2のアクティビティの階層分類に基づいて4つのアクティビティのレベルの原価プールを製品維持レベルへ上方に集積する考え方を応用するものである[12]。

　いま，資源消費モデルとしての ABC を応用することによって，図表2-7の共通固定費の各項目が分析される。次表に示される要領によって，各項目がコスト・ドライバーを用いて各製品に跡づけられる。最後の工場減価償却費と一般管理費は，工場維持レベルの原価で各製品系列に跡づける必要はないものである（Hansen and Mowen [1994]. p.572)。

共通固定費	アクティビティの 階層分類	コスト・ドライバー	供給される資源タイプ
機械減価償却費	ユニット・レベル	機械運転時間	消費に先立って供給される資源
段取費	バッチ・レベル	段取時間	必要のつど消費される資源 消費に先立って供給される資源
マテハン費		移動回数	消費に先立って供給される資源
人事部費	製品維持レベル	従業員数	消費に先立って供給される資源
販売管理費		注文回数	消費に先立って供給される資源
工場減価償却費	工場支援レベル		
一般管理費			

　なお，広告費は，各製品へ配賦するためにコスト・ドライバーを用いる必要
はない。広告費は直接製品に跡づけることができ，前述されるように個別固定
費である（Hansen and Mowen［1994］, pp.572-573）。

　図表2-9は，以上の結果を跡づけ可能費の項目にまとめ，ABC に基づくセ
グメント別損益計算書を表わす。
　ところで，ABC によるセグメント別損益計算書では，伝統的分析と比べて
長期収益性への著しく異なる検討機会が提供され，かつ視界がうんと広がる。
　まず，未使用資源に支出がおこなわれていることがわかる。表2-9には合
計5,000千円の未使用キャパシティの原価が生じている。次に，薬品が不採算
製品ラインであることがわかり，B 社全体の資源を著しく消耗する原因になっ
ている。ここから，Hansen and Mowen［1994］, p.574 は，2つの方法を導く。
現在の未使用キャパシティを利用することによって資源の支出を減少する方法
と，もう1つは，不採算ラインを廃止する可能性について再検討をおこなうこ
とである。
未使用キャパシティの利用　　未使用キャパシティの利用により，資源の支出
を減少する実践的方法があるとしたら何であろうか。たとえば，人事部費には
2,000千円の未使用キャパシティが生じている[13]。考えられ方法は，人事係員

図表2-9　ABCによるセグメント別損益計算書

(千円)

	薬品	化粧品	合計
売上高	53,500	111,000	164,500
ユニット・レベル費用：			
直接材料費	(15,000)	(23,000)	(38,000)
直接労務費	(10,500)	(13,500)	(24,000)
保全費	(4,500)	(5,500)	(10,000)
動力費	(1,750)	(2,750)	(4,500)
手数料	(1,500)	(3,000)	(4,500)
貢献差益	20,250	63,250	83,500
跡づけ可能費：			
機械減価償却費	(4,000)	(4,000)	(8,000)
段取費			
必要の都度消費される資源	(1,300)	(700)	(2,000)
消費に先立って供給される資源	(6,200)	(3,800)	(10,000)
マテハン費	(5,500)	(2,500)	(8,000)
人事部費	(4,500)	(6,500)	(11,000)
販売管理費	(4,200)	(2,800)	(7,000)
広告費	(5,000)	(4,000)	(9,000)
製品差益	(10,450)	38,950	28,500
共通費：			
未使用キャパシティ			
段取費			(2,000)
マテハン費			(1,000)
人事部費			(2,000)
工場支援レベル費用			
工場減価償却費			(11,000)
一般管理費			(10,000)
税引前利益			2,500

Hansen and Mowen ［1994］, p.573をもとに作成

を一時解雇し，パートタイム従業員を雇うことかもしれない。その成否は，ポジションに必要とされるスキルやパートタイム従業員のスキルにかかっている。こうした解雇自体，わが国ではそれ程事例がない。一方，米国では珍しい

ことではない。いずれにせよ，未使用（余剰）キャパシティの利用（開発）は，少なくとも短期的には困難を伴うのが事実である。しかし，ABCが，長期的収益性の観点からこうした方法を提案する機会を拡大するというメッセージは大いに強調されるべきであろう。同様の分析が，未使用キャパシティをもつ他のアクティビティの項目についても可能となる。

不採算ラインの廃止の可能性　　伝統的分析では，不採算である薬品ラインを廃止する選択に結び付くかもしれない。しかしABCでは，こうした選択の前に不採算ラインを廃止することの可能性についてさらなる検討が加わる。ここでは，マネジメントはどれだけ資源の支出が変化するか，減少するかをしろうとする。

　まず，すべてのユニット・レベルの費用（33,250千円），非ユニット変動費（段取費の必要の都度供給される資源に関係する原価，1,300千円）および個別固定費（広告費，5,000千円）に注目できよう。これらは，薬品ラインを廃止すれば生じることはない，存続すれば生じる関連原価であるからである。なお，機械減価償却費は，たとえユニット化（ユニット・レベルの原価として跡づけ）されるものであっても，廃止する決定には関連しない。減価償却費は，本来埋没原価である。

　つぎに，未使用キャパシティをどれだけ除去することができ，資源の支出を減少できるかがナギとなる。ここでは，部品の自製か購入かの決定分析と同様のアプローチがとられる。薬品を廃止すると，人事部活動に跡づけられる資源消費の原価4,500千円は生じない。しかし，当該資源は，消費に先立って供給される資源であるために，薬品を廃止することは，人事部の未使用キャパシティの原価を2,000千円から6,500千円に増やす可能性がある。仮に年間の給料6,000千円の人事係員が一時解雇されるなら，人事部に対する資源支出は，この額だけ減少することになる。結果，未使用キャパシティの原価500千円（6,500 − 6,000）が（共通費として）残る。いいかえれば，余剰分のうち正味6,000千円がとり抑えることができるのである（Hansen and Mowen.［1994］, pp.574–

図表 2-10 存続か廃止かの分析

(千円)

	存続案	廃止案
貢献差益	20,250	0
段取費		
必要の都度供給される資源	(1,300)	0
消費に先立って供給される資源	(6,200)	0
マテハン費	(5,500)	0
人事部費	(6,500)	(500)
広告費	(5,000)	0
合計	(4,250)	(500)

Hansen and Mowen［1994］,p.574 をもとに作成

575）。

　また，段取とマテハンのために消費に先立って供給される資源の支出についても，以上の人事部費と同様の分析が必要となる。ここでは便宜上，これらのアクティビティに跡づけられる資源消費の原価の額ほど正確に資源の支出を減少できるものと仮定する。

　一方，消費される資源の原価の中は，薬品を廃止しても，その発生を回避できないものがある。仮に販売管理原価（4,200 千円）が販売管理者の給料に一致するとしよう。当該資源が整数単位で供給されているために，薬品を廃止しても当面の販売管理に対する資源の支出は何ら減少しない。その発生を回避できない分，販売管理の未使用キャパシティの原価が増えるだけである（Hansen and Mowen［1994］,pp.574-575）。

　以上をすべて考慮に入れた分析の結果は，図表 2-10 のように与えられる。分析に示されるように，薬品を廃止することは，B 社全体の収益性を 3,750 千円ほど増大させることになる。

第 4 節　戦略的計画プロセス

　戦略的計画プロセスは，分権的におこなわれる。様々なパターンがある中

で，Anthony によれば，米国企業の典型としてみられる次の手順が紹介される（p.338）。

i　昨年度からの戦略的プランを検討し更新する

ii　前提条件と方針を決定する

iii　新たな戦略的プランの最初の iteration

iv　分析

v　新たな戦略的プランの2回目の iteration

vi　検討と承認

　あるべき理想に近いもので，こうした手順で戦略的計画のプロセスがおこなわれていくことはめったにない。いずれにせよ，各事業単位組織のもとでは，本社のスタッフ（総合企画部門）だけでなく，各事業単位の同様のスタッフ（企画部門ないし企画担当者）がそれぞれ本社トップ（最高経営者）と事業単位管理者（business unit manager）を補佐する形で戦略的プランの作成をおこなう。こうした本社と事業単位との間でもたれる iterative な情報交換のプロセスが，戦略的プランの作成上の分権化を特徴づけるのである。以下に要約される。

　戦略的計画プロセスの最初の手順は，昨年度において合意を得た戦略的プランを検討し更新することである（p.338）。当年度の最初の数ケ月の実際の業務経過はすでに会計報告書に反映されている。更新に際して，これらは，当年度全体の最善の見積りとして外挿されている。新たなプログラムの決定が収益，費用，資本的支出およびキャッシュ・フローに与える影響ないしその意味合いが混ぜ合わされる。通常本社の計画スタッフによっておこなわれる。

　つぎに，更新される戦略的プランは，多くの前提条件（assumptions）を取り込む。国内総生産の成長性，労働力の需給の傾向，賃率，主要材料の価格，市場状況，インフレなど一般経済状況，競争業界の見通し，政府行政の状況などを含む，主に外部環境を指向したものである（p.338）。

　更新される戦略的プランはまた，既存の業務設備と，新工場の開設，既存の

工場の拡張，閉鎖および設備の再配置による既存設備の変動に関する収益，費用，およびキャッシュ・フローの影響を含む（p.338）。

なお，前提条件は，各事業単位に共通した内容からなる。いうまでもなく，各事業単位から提案される計画案ができる限り同じベースで作成される必要があるからである。

こうして更新されるプランは，極度に詳細におこなわれる必要はない。計画年度に達成される予定の目標（objectives）と，目標を達成するための計画において守らねばならない基本方針（guidelines）を上級管理者（senior management）が決定するそのベースであれば十分なのである（p.339）。

ここに目標は，通常各製品ライン別の今後数年間に達成したい売上収益，使用資本利益率（売上高利益率）などで示される（pp.338-339）。ちなみにわが国では，戦略的計画（長期経営計画）で目標が事業部の達成目標として示されることは，こうした段階から事業部の行動をひどく拘束するおそれがあるとされてきた。それは，短期間で成果を求めるために中長期の競争力を低下させる懸念が生じるというものであった。このため，小規模企業ではとくに目標が具体的な数値によらず抽象的な表現をとる場合もみられる。

また基本方針は，以上の目標を合理的，能率的に達成するための行動原理や原則を述べる。資金や要員の調達，買収や撤退の方針，人事や報酬（昇給），新たなあるいは廃止する製品ライン，販売価格に関わるものが基本である（p.339）。米国において，しばしば事業チャーターとして含まれるものである。各事業単位が生産販売できる製品，供給できる市場，他の事業単位設備の活用領域など事業単位の業務執行の境界を定めたものをいう。これによって事業単位部の活動に従ってまた原案の重複を避けることが可能となる。

Anthony によれば，以上は，本社のトップ，上級管理者による試案的なものである。つぎのステージで，前提条件，目標，方針に基づいて各事業単位は戦略的プランに関する彼らの"ファースト・カット"（first cut）を作成する。いわゆる本社から伝達されたメッセージに答えて，各事業単位から本社に投げ返されるメッセージである。その分析的作業の多くは，事業単位スタッフの企画

部門担当によって行なわれ，事業単位長が最終的な決定をおこなう。その作業中，事業単位スタッフは個人的に本社総合企画部門に助言を求める。一方この本社スタッフも，目標，方針や前提条件を理解してもらう目的で，関連する事業単位を訪問，アドバイスを行う。本社と事業単位間との最初の iterative な情報交換のプロセスがこれである（p.339）。

　完全な形のプランは，損益計算書と，棚卸資産，受取勘定および他の貸借対照表項目，従業員数，販売および生産数量，設備資本取得の支出，何らかの臨時のキャッシュ・フローおよびその妥当性に関する説明から構成される。ここで，Anthony は，事業単位は，完全な貸借対照表とキャッシュ・フロー計算書を提出する必要はないと補足する（p.339）。

　事業単位のプランは，本社で受理され，全社的戦略的プランに統合されるために，さらに深く分析される。分析は，本社の計画スタッフと本社のマーケティング，生産および他の職能別担当責任者（副社長）の双方によっておこなわれる。事業単位 A は新たなマーケティング戦術を計画しているが，その結果の売上は計画通りに大きいだろうか。事業単位 B は生産性の増大を前提とするけれども，それを維持するサポート体制の妥当性は果して現実的であろうか等である。これらのうちのいくつかは，本社のスタッフ総合企画部と当該事業単位の企画部門担当者との協議で解決される。また，他の問題は，本社に報告され，本社のトップと事業単位管理者との間の議論のベースになる（pp.339-340）。

　多くの場合，事業単位のプランの合計は，本社目標の到達達成に結び付かない。Anthony は，このプランニング・ギャップ（planning gap）を埋めるための方策につぎの3つだけあると指摘する（p.340）。事業単位プランの改善機会の発見，買収および本社目標の再検討である。この中，買収は米国やわが国企業が最も得意としてきたものである。しかし，通常は，本社のトップを中心に事業単位プランの改善に集中すべきところであるとされる（p.340）。

　以上の提出された事業単位プランの分析は，ある事業単位のプランの修正だけかもしれない。しかし，すべての事業単位に影響を及ぼす前提条件や方針の

変更を導くこともある。いずれにせよ，本社と事業単位との間の iterative な情報交換プロセスが1回で済まないのである。ここに，情報交換プロセスの2回目の iteration による処理が生じるのである。なお，ここでの修正は，技術的には当初の提出と比べて作成がうんと容易であるという。規模的に小額の変更の要求で済むことが理由であるとされる。一方で組織の上から，困難な決定や判断を避けることができず痛みを伴う部分があることも事実である。Anthony によれば，事業単位への以上のような公式的な修正を求めない企業がある。その変更部分が非公式に交渉されて，その結果が本社でのプランに取り入れられるのである（p.340）。これは，iteration の速やかな収束を意図するケースとして無視できないところである。

　同様の iteration の速やかな収束を助長するケースが，かってのわが国の総合電機メーカーでも見られた。当時の総合電機メーカーは，本社と事業部との間に事業グループが存在した。このもとで，本社の側からの最初のメッセージは，事業グループの長あるいは事業グループの司令部に送られる。各事業グループの長（司令部）がこれを分析，そして傘下の各事業部に対するいわゆるチャレンジ事項を作成し伝達する。各事業部は，これに応答するためのメッセージを提出する。しかしここでも，一担事業グループのレベルで集約され調整が行なわれて本社に送られる。このようにして，形式的には1回だけであってもここで処理されるその情報の内容は，実質理論上の1回の iteration と比べてうんと多くなる可能性が高くなる（浅沼［1982b］，30-31頁）。ほかならぬ，iteration のすみやかな収束に通じるのである。

　最後に，修正された戦略的計画プランは，本社の常務会や取締役会にかけられる。審議の上，全社の戦略的プランとして承認を受ける。この最終承認は，予算編成プロセスの開始に先立って行なわれる。もとより，戦略的プランは，予算編成プロセスの重要なインプットとなる（pp.340-341）。

（注）

（1）同様にわが国では，長期経営計画ないし長期計画とよばれてきた。また，長期利益計画の側面をもつケースもみられる。長期利益計画は，外挿法的手順に従う傾向がある。その典型が，

現在の活動の延長線上，つまり現在の活動に立って 5 年，10 年先を数値上外挿するものである。これに対して，戦略的計画は，あくまでも Anthony に述べられるように（策定された）戦略の具体的なアクションないし実行プランである

（2）ここで，投資収益率（rate of return on investment, ROI）は，年当りの増加利益額を設備投資額で割って求められる。分子の増加利益額は経営利益が多いが，投資の目的によって異なる。例えば，合理化投資は年当りの減少原価額となる。分母では，増産投資の場合は，運転資本増加分が加わることになる（浅沼［1982b］，27 頁）。

　また，回収期間は，設備投資額を，増加利益額× 1/4 ＋減価償却費で割ることになる。増加利益額に 1/4 をかけるのは，内部留保額を増加利益額の 1/4 と想定するためである。双方の併用は，たとえ投資収益率の数値が高くても，回収期間が設備の有効寿命と比べて長くなれば好ましくないわけで，両面からのチェックを行うのである（浅沼［1982b］，27, 37 頁）。

　なお，投資収益率の運用において，投資目的ごとに最低必要投資利益率が定められることが多いとされる（浅沼［1982b］，37 頁）。

（3）ある投資プロジェクトが正の正味現在価値をとったり，割引率が資本コストを上回っているときは当該プロジェクトは投下資本の回収されたことを意味する。のみならず，この投下資本に対して必要な利益を稼いだことを指す。米国企業では企業の利益は即，企業の所有者たる株主の利益と考える立場が大勢を占めており，以上の投資プロジェクトを採用することは，株主の富がそれだけ増えることに通じるのでる。（杉山［2002］，29 頁）。

（4）厳密にいえば［1995］では，その他に任意の自由裁量費センター（discretionary expense center）の分析があげられている（p.327）。しかし，その後 12 版では削除されていることもあってこれに準じて省略している。

（5）小林［1993］は，Shank and Govindarajan［1992b］の価値連鎖概念に基づく戦略的見方を近年の戦略的コスト・マネジメントを代表するものと位置づけ，その一般的な概念的枠組みを論じる。また小林［1996］も参考になる。

（6）企業と供給業者との関係：ある工業用チョコレート・メーカー（供給業者）は，積荷のチョコレートを製菓メーカー業者（企業）に供給するのにこれまでのチョコレートの固形状態のものからタンク車での液状のままで出荷できる方法に切り替えた。この結果，工業用チョコレート・メーカー（供給業者）側で固形化と包装のコストが削減した。一方で，製菓メーカーでも包装を解くコストと固形チョコレートを溶解するコストが節約されることになった。（Shank and Govindarajan［1992b］，pp.8-9）。

　企業と顧客との関係：ある搬送用コンテナ製造メーカー（企業）はビール醸造会社（顧客）に隣接して工場を作り，コンテナを高架コンベヤーによって顧客の製造ラインに直接供給できると考えた。これは，大きく重い空のコンテナを搬送する手間を省き，迅速に対応でき，双方にとってかなりのコスト削減につながった（Shank and Govindarajan［1992b］，p.10）。

　以上では，企業とその供給業者，企業とその顧客という双方がそれぞれ利益を獲得できるように管理される必要が強調される。

（7）また，伝統的コスト分析は，一律的なコスト削減を強調する傾向にあった。例えば，10％の

一律的カットというもので，こうした努力は，1つの価値をもつ活動におけるコストの意図的な増加が全体コストの削減につながる可能性を認めるものではない。これに対して，価値連鎖概念のもとでは，相互依存関係が明確に認識されるために1つの価値創造活動の意図的なコスト増加が，結局は総合的な全体コストの削減に結びつくと考えられる（Shank and Govindarajan [1992b], p.10）。製品の開発・設計活動の上流段階で支出を増やすことが，全体コストに最も影響を与えるといういわばてこの支点となるのである。

（8）MCSs の7版までは，価値連鎖分析は，オン・ゴーイングなプログラムの分析のツールとして企業外部の連結関係に焦点を当てるものであった（pp.391-392）。この8版（1995）になって，戦略的計画プロセスの一部を構成するものとして，価値連鎖分析は企業内部の連結関係をも含むことになる。これも8版における変化の1つである。

（9）簡単な計算例で説明しておこう。例えば，月5,000回の検査を遂行するために25,000ドルの支出がなされた。つまり，1回当たり5ドルで，5,000回の検査を遂行するキャパンティが創られる。消費は，具体的に何人かの検査係が現実に遂行した検査回数に関係する。仮に今月，4,000回の検査が遂行されたとすれば，ABC は，検査資源が20,000ドル（5 × 4,000）消費したことを測定する。当面の理念をこの例に照会しよう。マネジメントは，未使用資源5000ドルを処分することができるとしよう。資源への支出レベルが少なくなる一方で，これまでと同じ収益を獲得でき，利益は上昇する。

　　代替的に，マネジメントは，未使用資源を生産量を増加する目的で再配備できるとしよう。これは，次により多くの収益（スループット）となって生じる。一方で資源の支出をほとんど伴うことなく，あるいは不変にとどまるために利益は上昇する。

（10）ここでは，次の関係式で表される。

　　　　利用可能なアクティビティ

　　　　　　＝アクティビティの消費量 ＋ 未使用キャパシティ

　　　　あるいは，

　　　　供給されるアクティビティの原価

　　　　　　＝消費されるアクティビティ原価＋未使用キャパシティの原価

　　これらの等式は，仮にアクティビティの消費量が当期の資源供給から利用できる量を超えるならば，資源の供給を増やす支出を高める必要がほどなく起こることを指す。逆にもし実際の消費量が利用可能な供給量に満たないようなとき，更なる生産量や事業の追加拡張を支援するために利用可能なキャパシティを利用（再配備）するかあるいはこれを処分するか，いずれかの行動を意識的にとることになる（Cooper and Kaplan [1992], p.11, Cooper [1994], p.B1-9）。

（11）以下，部品の自製か購入か，現状の製品系列の存続（追加）か廃止かの決定に関する ABC 分析の計算例は，すでに古田 [2007] に収録されたものである。ただし，説明上大幅な変更を加えている。

(12)

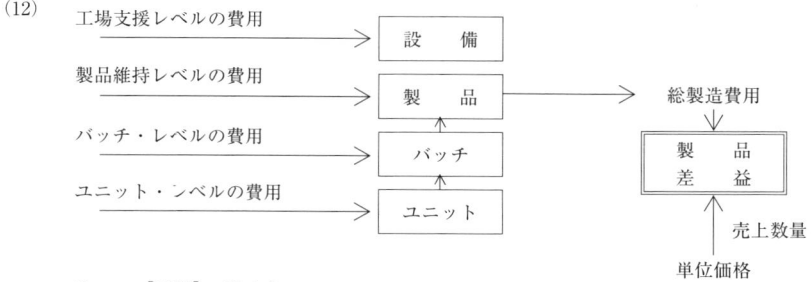

Cooper［1990］, p12 より

(13) この余剰キャパシティを利益を増加するために利用することは，関連資源の性質に大きく依存する。それは，当該資源がフラクショナル単位（fractional units, 分数単位）よりランプ・サム（lump sum, 整数単位）で供給（投入）されねばならないときにより厄介となる（Hansen and Mowen［1994］, p.574）。例えば，人事部ではスタッフ1人が65人の従業員のサービスを担当できると仮定する。現在110人の従業員が仕事についている。つまり，人事部からのサービスの提供を受けるわけであり，これは，約1.7人分（110/65）に等しいキャパシティを意味する。しかし現実に1.7人という資源の投入はありえない。これが，資源がフラクシュナル単位ではなく，ランプ・サムで供給されなければならないときである。すなわち，ここでは，2人となりこれによるキャパシティは単純に130人分となる。結果，20人分（130−110）の未使用キャパシティが生じる。計算例では人事部費は，人事部主任（7,000千円）と人事係員（6,000千円）2人のスタッフの年間給料からなると仮定している。人事部のアクティビティ・レートは100千円（13,000/130）で，未使用キャパシティの原価は2,000千円（20 × 100）となるわけである。

第3章 予 算 編 成

　本章では，Anthony に従って，年度が始める前に生じる予算作成（budget preparation）のプロセスを焦点に進められる[1]。具体的に，予算の性質とその内容，業務予算作成のプロセスの手順，予算作成プロセスのもつ行動上の（behavioral）インプリケーション，の順で進める。最後に，わが国で伝統的に予算管理の中心に位置づけられてきた予算編成を取り上げる。

第1節　予算の性質と内容

　Anthony によれば，予算は，組織における効果的な短期計画（short-term planning）と統制のための重要なツールである。この予算は，戦略的計画と予測（forecast）とから区別される。予算の作成と戦略的計画の双方は計画（planning）を要件とするが，その計画の活動のタイプは異なる。予算編成（budgeting）が単年度に焦点を当てるのに対して，戦略的計画は数ケ年の活動に焦点を当てる。戦略的計画は予算編成に先行し，年度予算が展開されるフレームワークを提供する。予算は，戦略的計画の最初の1年度目の初年度として導かれる。また，双方は組織化ないし組み立て面でも異なる。戦略的計画は本質的に製品ラインあるいは他のプログラムごとに体系化される。一方，予算は責任センターごとに体系づけられる（p.371）。なお，Anthony では，責任センターとして利益センターである事業単位を想定に議論が展開される（p.371）。
　また，予算は予測とも異なる。予算はマネジメント・プラン（management

plan）であり，ここでは，実際の事象をそのプランに一致させるためにポジティブなステップが Budgetee によってとられるという暗黙な仮定がある[2]。予測は単に最も起こりうる事象の単なる予測であり，予測担当者をしてその予測が実現されうるよう事象をうまく表現するといった意味合いをもつものではない（p.371）。

　このようなもとで，Anthony の関心は，主として業務予算（operating budget）（ないし損益予算）の作成に向けられる。業務予算は通常 1 会計年度をカバーし，この年度に計画される収益と費用を記述し説明するものである。完全な予算（complete budget）は[3]，この業務予算の他に，資本予算，キャッシュ見積および見積貸借対照表を構成する。また，目標管理（management by objectives）と呼ばれる主に非財務目標の計算書の作成も含まれる場合もある（pp.376-377）。

　ここから，Anthony では，図表 3-1 に示されるように典型的な業務予算の内容と他の計画ドキュメントのタイプ，すなわち戦略的プラン，資本予算，キャッシュ見積および見積貸借対照表が比較される。業務予算の内容に最初に掲げられる項目は，企業全体の予算と事業単位ごとの予算を指している点に注意したい。各事業単位の予算と本社で纏められる全社予算とを整合性をもって調整するための手順と組織が念頭におかれるのである。

　また，資本予算は，承認された資本プロジェクトに係るもので，通常業務予算とは区別して作成され，担当者も異なる。年間を通じて，資本支出の提案が様々な組織のレベルで起案され，そのいくつかが最終的に承認される。これは，戦略的計画のプロセスの役割であった。予算作成時には，キャッシュ・フロー計算書を作成するために，この戦略的計画のプロセスで承認された資本プロジェクト全体をパッケージで集計し，その合計で検討される。これが企業全体で許される資本支出の総額を超えるようなとき，いくつかが削除されたり，他は規模の削減や延期の対象になる。こうして残ったプロジェクトに対して，各四半期で支払われるであろうキャッシュの見積もりが作成される（p.376）。

　また，見積貸借対照表は，業務予算と資本予算に含まれる諸決定の貸借対照表関連の意味合いを明示するものである（p.376）。

図表 3-1　プランのタイプと内容

戦略的プラン	業務予算	資本予算
各プログラムの収益と費用	組織全体及び各事業単位	各主要な資本プログラムを個別に一覧
必ずしも責任センターごとの必要はない	責任センターごとに分類される	
業務予算ほど詳細ではない	つぎの項目を含む 　収益 　生産原価および売上原価 　販売費用 　ロジスティック 　一般管理費 　調査および開発 　法人税 　純利益	
多くの費用は変動費	費用は 　変動費 　自由裁量 　コミッテド	
数ヶ年	1年間（月あるいは四半期）	
業務予算と総合的調整	戦略的プランと総合的調整	四半期ごとの総プロジェクト支出額

キャッシュ見積
見積貸借対照表

Anthony and Govindarajan［1995］, p.374

第2節　予算作成プロセスの手順

　Anthony は，予算作成のための組織として，予算部門と予算委員会について説明する。予算部門は，予算統制システムの情報の流れを管理するもので，本社コントローラー（controller）に報告する（p.377）。予算作成の手続きやフォームなどを発行したり，予算作成における Budgetee の支援を担当する。

予算委員会は，上級管理者の委員から構成され，予算部門から提出される予算を承認するか，調整するか審議を行う。調整にあたっては，通常各事業単位管理者と折衝がもたれる。予算委員会はまた，期間中でおこなわれる主要な予算修正を承認する（pp.377-778）。

　つぎに，以下の手順をとる予算作成のプロセスが紹介される。

方針の通達　予算作成と違って，戦略的計画の展開は，ロワー・レベルの責任センターの管理者を含まない。したがつて，企業が戦略的計画プロセスをもつものであるかどうかにかかわらず，予算を作成する最初のステップは，予算の作成を統制する方針を展開することであり，すべての管理者に通知される。これらの方針は，ほとんど（更新された）戦略的プランに事実上含まれているもので，またその承認から指針の作成時までに起こった諸事態によって修正されたものである。これらは，すべての責任センターに追随されるべきものである（p.378）。

最初の予算案　方針に基づいて，責任センターの管理者は，彼らのスタッフの支援をうけて，予算要求を展開する。大抵の責任センターは，現在保有する同じ設備施設，要員，他の資源で予算年度を開始するため，ここでの予算は，既存のレベルに基づいて方針に応じた必要な調整がなされる。現行の業績レベルからの変更は，外部要因と内部の方針の変化に分類される。後者は，新しいプログラムなどを反映し，生産原価，シェアー，製品の組み合わせの変化が典型である（pp.378-379）。

討議　Budgetee は，提案される予算について上司と討議する。Anthony では，これが，作成プロセスの核であるとされる。予算額とベストな見積もりとの差額，スラック（slack）と呼ばれる問題もここに含まれる（p.379）。

審議と承認　提案された予算は，組織のより上位の階層レベルの責任センターに積み上げられていく。これらが予算部門によって取りまとめられ，審議，承

認を得るために予算委員会に提出される（p.380）。ここでは，そのための形式的な手続きが考慮される。前述される予算と戦略的プランとの基本的な違いを踏まえた，いくつかの要件を整うものでなければならない。

　まず，予算の作成は，責任センターの管理者の責任に結びつける責任会計を前提に置く点である。

　2つは，予算は責任センターに対応する形で作成される点である。責任センターは，管理可能性の概念とともに責任会計の主要概念である。たとえば，コスト・センターの部門予算は，当該管理者は原価についてのみ管理責任を負うよう作成される。コスト・センターの部門予算に集計されている原価は，当該管理者の管理可能な要素としてより上位の責任センターに積上げられ，工場や製造部門予算に組み上げられていく。同様に，収益センターは，販売部の貢献差益予算として組み上げられていく。そして，これらが，一緒に業務予算（事業単位業務予算）である見積損益計算書にとりまとめられることになる。こうした上方への流れは必ずしも機械的におこなわれるものではない。たとえば，製造部門予算の生産量は計画された売上げ量に一致するか，予定された利益目標を達成するような予算かどうか，調査が加わる。必要とされるならば，当該事業単位と折衝し，再作業を促す。幾度も述べられるように，こうして予算部門にとりまとめられたものが予算委員会に提出され，審議と承認を得るのである。

　3つは，予算編成方針の各責任センターへの示達までのステップは，集権的でトップ・ダウンにおこなわれるが，責任センターの事業単位予算の原案とこの予算の業務予算へのとりまとめステップは，ボトム・アップでおこなわれる点である。Anthonyは，実際での効果的な予算作成のプロセスは，これらの2つのアプローチを調和したものであると指摘する（p.381）。

予算の修正　予算が承認された後に予算を修正する手続きである。Anthonyによれば，これには，2つのタイプがある。予算のシステマテックな（たとえば四半期ごとの）更新に備えるものと，特殊な環境下における修正を可能とする

手続きである（p.380）。このうち，前者は，明らかに余分な作業をもとめるものであるが，Anthony は，日本の大規模企業が重視，信じてきたものであるという。年度全体の予算を作成するが，予算の最初の6ケ月は上級管理者によって公式に承認される。後半の6ケ月の予算は，その期間の開始前に修正され承認を受けることになる（p.380）。

第3節　予算作成の行動上のインプリケーション

以上は業務予算の作成に焦点が当たるけれど，MCS の目的は，管理者をして組織の目的達成に効果的かつ能率的であるよう奨励することにある。ここに，Anthony は，業務予算の作成におけるいくつかの行動上の動機づけ配慮（motivational consideratoins）について言及する（p.381）。

(1) 予算プロセスへの参加

まず，予算プロセスにおける参加である（budget participation）。予算プロセスは，トップ・ダウンかボトム・アップのいずれかである。トップ・ダウンの場合，上級管理者が低い階層レベルの管理者のために予算を設定する。ボトム・アップの場合，低いレベルの管理者が予算目標（targets）の設定に参加する。トップ・ダウンのアプローチが機能することはまれにしかない。Budgetee 側のコミットメントの欠如をもたらす。これに対して，ボトム・アップは，予算化された目標（objectives）に合致するコミットメントを生む傾向が強い（p.381）。

ここから，上述されるように，予算作成プロセスは2つのアプローチの折衷型が望まれる。Budgetee は彼らの責任領域の予算原案を作成する。これ自体はボトム・アップであるが，それらが高い階層レベルで設定された方針の範囲でおこなわれることを考えるならばトップ・ダウンである。上級管理者（予算委員会）は提案された予算を審議する。こうした抜け目のないプロセスが，予算編成システムとのゲーム，つまり管理者が無責任な態度をとる（play games）

ことのないよう保証するのに役立つ（p.381）。

ちなみに，わが国でも大規模企業を中心に，トップ・ダウンとボトム・アップの折衷型の予算編成が多く採用されている。

半世紀前の Hofsted［1968］や Hopwood［1972］以来多くの経験的研究によって，予算参加が管理上の動機付けにポジティブな効果を持つことが明らかにされてきた[4]。上述されるように，Anthony も予算作成のプロセスの行動上のインプリケーションに大きな関心をよせる[5]。Anthony によれば，予算参加のポジティブな効果には，つぎの2つの理由がある。

1つは，予算目標が外部から課せられるより，Budgetee が自身のコントロールによるものであると知覚するとき，予算目標を受け入れる可能性が大きい。目標を達成するためのより高い個人的コミットメントを促す。2つは，効果的な情報交換を生む点である。承認される予算は，Budgetee の専門性と知識からのベネフィットを盛り込んでいる。さらに，Budgetee は，その審議と承認のフェーズの間，上司との交渉を通じて自身の仕事について一層明確な理解をもつ（p.381）。なお，このように Anthony による予算参加は，Budgetee を巻き込み，かれらが予算額の設定に影響を持つところのプロセスと特徴づけられる（p.381）。

(2) 予算目標の達成困難性

つぎの行動上の動機づけ配慮は，予算目標の達成困難性（budget target difficulty）に関係する。Anthony によれば，理想的な予算はチャレンジングでかつ達成可能なものである（p.382）。その一方で，Anthony は，Merchant and Manzoni［1989］による，事業単位予算が達成可能（achievable）なものとしてとらえられるとき，それは予算額を達成するチャンスが50％をゆうに超える70％程度であるという調査結果を紹介している（p.382）。ここから，Anthony は，上級管理者が達成可能な事業単位予算をよしとする理由がいくつかあると述べる。

予算目標の達成が困難なとき，管理者は短期的行動にはしることがある。達

成可能な予算は，これらの逆機能行動（dysfunctional actions）を最小化する 1
つの方法である。予算に合致するためにデータの操作にはしる管理者の行動を
少なくすることになる。利益予算が達成可能であることを表明するとき，上級
管理者は外部の投資家や株主などに向けて利益目標が合理的に適切なものであ
るという期待を約束できるのである（p.382）

　一方，達成可能な予算の限界について，一旦それが達成されてからは管理者
がより満足な努力を出そうとしないことである。この限界は，当該予算を越え
る実際の業績に対してボーナスの支給を提供することで克服される（p.382）。

　以上の他に，Anthony によれば，上級管理者を巻き込むこと（involvement）
は，いかなる予算システムにとっても Budgetee を動機付ける上で効果的であ
るために必要である（p.382）。

　さらに，予算部門は，メンバーが公明正大で通っていなければならないとい
う困難な行動上の問題を抱えるとされる（p.383）。

第 4 節　わが国の予算編成手順

　わが国では伝統的に予算編成は，主として企業の予算による管理，予算管理
の中心に位置づけられてきた。その多くは，企業予算を利益管理の手段として
各職能別部門にとどまらず，事業部制組織における予算管理を強化するものと
して紹介される。以下では，予算管理を Anthony の MC の最も主要な技法と
してとらえる小林［1996］に基づいてまとめておこう。

　一般に，わが国では予算編成というとき，総合予算（基本予算）を作成する
ことを意味する。小林［1996］，89 頁によれば，予算編成の手順は，次のような
内容からなるプロセスが考えられる。

　ⅰ　短期目標利益の設定
　ⅱ　内外の経営環境の見積の基づく販売予測
　ⅲ　大綱的利益計画の設定

iv　予算編成方針の設定

v　部門予算の作成

vi　予算担当部門における部門予算の取りまとめ

vii　予算委員会における調整と承認

　予算編成は，中・長期経営計画を引き継ぐ形で，短期目標利益の設定にはじまる。短期目標利益の設定は，長期経営計画の初年度として導かれるのが特徴である。通常本社トップの決定事項である。この短期目標利益が設定されると，この達成に必要な売上高とこの売上高に要する原価を予測する必要性が生じる。そのために販売予測と原価予測が行われ，これらを通して期待される利益が算出される。この期待利益が目標利益に達しない場合，期待利益を目標利益に近づけるための，幾通りの利益改善に向けた施策が検討される。伝統的にこうした利益改善施策の検討に貢献してきた管理会計技法が CVP 分析であり，差額利益分析である。また，貢献差益損益計算書は，差額利益収益原価分析による利益改善施策の差額利益だけが期待利益の増加分となるようなメカニズムを織り込んだものとして重視されてきた。しかし，実際の利益改善施策は複数あり，それぞれの職能別部門ごとに別々に提案される。このため，どの利益改善施策を採用すれば，期待利益が目標利益に達するかの最終的な判断は，トップ・マネジメントに集中する（小林［1996］, 99-127 頁）。

　以上のような販売予測と原価予測から利益改善施策の検討までは，しばしば大綱的利益計画にかかわる利益計画としてもたれる。

　つぎに，大綱的利益計画に基づいて，より具体化した予算編成方針が作成される。この方針は各職能別に示達し，これに準拠して部門予算が作成されていく（小林［1996］, 99-127 頁）。以降の予算編成の手順は，基本的に Anthony による予算作成と同じ内容からなるもので省略する。

　なお，Anthony の予算作成の手続きに明らかなように，米国企業では大綱的利益計画は特に設けられていないのが特徴である。その分，方針が，戦略的プランの内容を実質的に含むことになるのである。つまり，これらを含めてお

図表 3-2　事業部制における予算編成の手順

```
本　　部                        各事業部

全社的大綱的利益計画の設定  ───→  事業部大綱的利益計画
全社的予算編成方針の決定            事業部予算編成方針の決定
        │                              │
        │                              ↓
        │                    各責任センターでの部門予算の立案
        ↓                              │
全社的総合予算への統括と  ←───  事業部総合予算の編成
調整・審議                          │
        │                              │
        ↓                              ↓
全社予算の決定  ─────────→  事業部予算の確定
                                        │
                                        ↓
                                    予算の実行
```

小林［1996］，427 頁に基づいて作成

かないと短期利益目標などの考慮が行き届かなくなるのである（小林［1996］，
128 頁）。

　一方 Anthony では詳述されていないが，大規模な事業部制組織における予
算編成では，事業部の予算編成と本部でとりまとめられる本部予算（全社総合
予算）とを総合調整することが必要となる。図表3-2 は，小林［1996］によっ
てわが国の事業部制における予算編成の手順として示されたものの要約であ
る。そこでは，本部（本部の予算担当部門）と事業部（事業部長と事業部の予算
担当部門）との間の情報交換プロセスがルーチン的に運営されるように設計さ
れている。本部から事業部への権限移譲が尊重され，本部が事業部での予算編
成業務にあまり介入すべきではないという傾向がある。要するに，事業部での
予算編成は，各事業部を主体に，事業部内のヒアリングを重ねながら，事業部
目標利益の設定とこれを達成するための事業部利益計画あるいは事業部大綱的
利益計画が分権的に行われる。
　なお，ヒアリングは，いわゆる「根回し」であり，わが国における企業の予
算編成の伝統的な特徴として，全社レベルの予算委員会をなくしたり，とくに

事業部制組織での本社とのすり合わせをできるだけ少ない回数で，しかもスムーズにおこなう意図がある。

　図表3-2では，本部の承認を得た事業部利益計画あるいは事業部大綱的利益計画に基づいて事業部予算編成方針が決定される。事業部予算編成方針は，各事業部の職能部門に示達，部門予算が作成され，事業部総合予算に編成される。この手順は，職能別部門における部門予算から総合予算への編成のステップと基本的に異ならない。事業部制の重要な点は，各事業部が事業部見積損益計算書をもつことである。その全体は，責任会計の主要概念である管理可能性概念をとりいれるものである。このもとで，事業部長は事業部見積損益計算書の予算上の金額を執行する権限を付与されていること，一方その結果に対して管理責任を負わされるよう設計されていることに注意したいと思う。

（注）

（1）Anthonyによる図表1-7のMCの公式的なプロセスでは，予算編成と規定されている。したがって，予算編成は，MCSの主要なエレメントである。ところで，Anthonyでは，MCFからMCSsを通じて予算は業務予算（損益予算）の作成に焦点が当たる。その他の資本予算，キャッシュ予算や見積貸借対照表の作成を導く予算編成について議論するものではない。そのためであろうか，Anthonyでは，予算編成ではなく予算作成の活動としての具体的な議論が進められている。MCSsは，もともと初版〔1965〕からMCの学習コースにおけるテキストであった。このため，原価計算や予算編成手順というような個別の会計コースで議論の対象となるトピックスは深くはとり扱われていない。振替価格設定，予算作成，マネジメント報酬などMCプロセスの技法が等しく重んじられる（p.xiii）。

　　以上のAnthonyの趣旨を踏まえたうえで，本章では予算編成と表記している。それは，ひとえにMCの公式的なプロセスの一般化である。本章の最後にわが国の予算管理の中心をなす予算編成をとりあげているのも，1つにはこのためである。

（2）Budgeteeは，Hofstede［1968］では予算統制システム内において主体的な行動をおこなう管理者としてとらえる。ここから，わが国では，Budgeteeは予算内管理者と呼ばれる（西澤〔1978〕，小菅〔1978〕，久冨〔1992〕）。また，予算執行に責任をもつライン・レベルの管理者と理解されたりする（佐藤〔1973〕，近藤〔1979〕）。このうち，佐藤〔1973〕，35, 38頁によれば，予算（統制）システムは，AnthonyのMCプロセスに属するもので，予算統制システムの責任者であるコントローラー，予算およびBudgeteeの3つの要素からなる。ここで，Budgeteeは予算管理の対象となる期間業績に責任を持つと同時に，直属の上司から実体的な管理を受け，一方直属の部下に実体的なコントロールを行使することになるのである。

（3）通常総合予算と呼ばれるものである。

（4）例えば Bruns and Waterhouse［1975］は，いかに予算が組織のコントロールに利用されるべきか，調査から執行統制（adminstrative control）と対人関係統制（interpersonal control）のアプローチを提案している。Merchant［1981］は，このアプローチを検証し，つぎのような状況を発見している。

　　大規模で，分権化された，より多角化組織であるほど，執行統制が利用，期待される。それは，予算関連活動におけるミドルとロアー管理者のよる一層の参加，予算計画案一致への重要性，コミニケションのよりフォーマルなパターン，予算の洗練化から構成される。対人関係統制は，小規模で，多角化は低く，より集権化，職能別組織ほど可能性が高い。それゆえ，予算の利用は執行統制の真逆として特徴付けられる。

（5）わが国における予算管理の研究にも影響を及ぼすことになる。小林［1996］は，Anthony［1988］（第 1 章で MCF と表記される）の発表後，予算管理を Anthony の MC の最も主要な技法としてとらえる。とくに，管理者に対するトップの統合化の手段として，予算の行動的側面すなわち管理者の心理的側面への働きかけが主張されることに注目する（小林［1996］，48-55頁）。

第4章　責任センターにおける業務と測定

　図表1-7にしたがうとき，責任センターにおいて予算が遂行される。これが業務で，この業務の執行とともにその実績が測定され報告される。責任センターにおける業務のプロセスは，測定のプロセスでもある。「責任センターにおける業務と測定」というMCSのエレメントが，これである。以下，予算遂行における業務のマネジメント・コントロールについて触れた後，事業単位組織における責任センターの業績測定を中心に検討をおこなう。ここで，責任センターを利益センターと投資センターに区別して議論を展開するのがAnthonyの特徴である。

第1節　予算遂行における業務のマネジメント・コントロール

　Anthonyは，業務のマネジメント・コントロール（management control of operations）として，予算が遂行される業務期間中のMCのプロセスに有用な様々な情報について述べる。管理者は種々のソースからの情報を活用する。業務活動中，管理者は同僚や他の従業員と互いに伝達しあい，交流をおこなう。多分最も重要な情報は，"歩き回る"ことによって入手する非公式なものである。一方公式的なソースは，タスク・コントロール（task control）の報告，予算における財務情報，実際の業績と予算を比較した報告書および主要なキーとなる領域に関する特別報告を含むものである（p.445）。

　Anthonyはまた，MCのプロセスに影響を及ぼす技法として，80年代の米

国の製造業において先端製造技術が急速の勢いで開発されたことに注目する。ジャスト・イン・タイム（just-in-time），TQC（total quality control），コンピータ統合自動化製造（computar-integrated manufacturing）および意思決定支援システム（decision support system）をとりあげ，個々に検討をおこなう（pp.431-445）。本章では，これらの業務のマネジメント・コントロールに有用な技法に関連する議論は省略する[1]。

　以下，以上の公式的なソースである，予算と比較される責任センターにおけるの業績の測定を中心に検討を進めていく。

第2節　責任センターの業績測定

　責任センターにおいて，利益センターはもっとも普及をみてきたものである。この点は，日米を問わず多くの研究で，責任センターにおける業績測定の問題が事業部制組織との関連で議論されてきた理由でもある。事業部制組織では，各事業部の中にコスト・センターと収益センターが複数構成する。それゆえ，事業部制組織における責任センターは，収益と費用の間の差額によって測定される利益に焦点を当てる。ここに事業部制組織の責任センターは，利益センターと呼ばれる。そして，この利益が使用される資産に比較されるとき，この責任センターは投資あるいはインベストメント・センターと称される。

　ところで，Anthony や Kaplan and Atkinson［1989］によれば，実務の世界では投資センターと呼ばれたり，もしくはこの用語が用いられることはない。投資センターは，利益センターと区別されたり，それに平行するカテゴリーではない。それは，利益センターの特殊なタイプであり，また利益センターを拡大するものであるというのが，Anthony や Kaplan and Atkinson［1989］の共通の理解である（p.221, Kaplan and Atkinson［1989］, p.187）。

　改めて，Anthony のいう事業単位組織は，こうした利益センターとして構成されるものを指すものであった[2]。にもかかわらず，Anthony らの理解によれば，双方は区別して取り扱れるのが特徴である。それは，あくまで教育上の

（pedagogical）理由からである。すなわち，これによって，双方のセンターに共通する利益を測定する場合に出くわす特有の問題と，使用される資産の範囲やその資産を測定し，これに利益を関係づける問題とを切り離して議論できると考えるのである（p.221, Kaplan and Atkinson［1989］, p.187）。

第3節　利益センターにおける業績測定

Anthonyによるとき，利益センターの業績測定には2つのタイプがある。1つは，利益センターの管理者がいかにうまく実施をおこなっているかというマネジメントの業績（management performance），2つは，利益センターが経済実体（economic entity）としていかにうまく実施されているかという経済的業績（economic performance）に焦点を当てるものである。

Anthonyによれば，この両者に必要な情報は，単一の基礎的なデータから獲得できるものではない。管理者の業績測定はルーチン的，定期的であり，利益センターの経済的業績測定は何らかの経済的な決定が行われねばならない状況に限って作成される（p.150）。このために，Anthonyは，利益センターのマネジメントの業績を測定するシステム設計が優先し，経済的業績情報はこれらのシステムあるいはまた他のソースから引き出されるものと述べる（pp.150-151）。

こうして，Anthonyではまず，利益センターのマネジメントの業績測定の問題に焦点が当たる。以下のように，Anthonyの議論は，利益センターのマネジメントの業績測定の問題が，収益性の尺度である利益指標の選択と振替価格の決定に限定して進められる（p.151）なお，Anthonyによれば，利益センターの管理者一般の業績測定における多くの混乱は，このマネジメントの業績測定を経済的業績と区別しない結果によるとされる（p.154）。その解決を反映して，Anthonyは，利益センターの経済的業績を評価するために，利益センターに本社間接費などの公正な配分を含むすべての原価を割り当てた後の純利益を用いるものでなければならないと述べる。

図表 4-1　利益センターの損益計算書

収益	× ×
売上原価	× ×
変動費	× ×
貢献差益	× ×
利益センターで生じる固定費	× ×
直接利益	× ×
管理可能本社費	× ×
管理可能利益	× ×
他の本社費配賦額	× ×
税引前利益	× ×
税金	× ×
純利益	× ×

Anthony and Govindarajan［1995］, p.152

（1）利益指標の選択

　利益指標の選択にあたって，Anthony では，図表 4-1 のように，利益セン
ターの損益計算書が示される。利益センターの管理者（profit center manager）
の業績評価には，5 つの異なる収益性指標（尺度）のどれかが用いられる。貢
献差益，直接利益（direct profit）[3]，管理可能利益，税引前利益，および純利益
である（p.151）。

　Anthony においても，G. Shillinglow によって提案された管理可能性の指針
に従って管理可能利益が注目されている。日米の企業の実務においても，管理
可能利益は，利益センターにおける業績測定，とくに事業部長の業績評価の
キー・ワードとして位置づけられてきた。しかし，実際は管理可能性指標の利
用が必ずしもうまく機能しなかった経緯がある。たとえば，図表 4-1 にも示
唆されるように，通常管理可能利益は当該事業部に帰属可能ではあるが，管理
不能な固定費は除外されるものと考えられる。ここに，いくつかの分権化企業
で，管理可能性とリスポンシビリティとの間のコンフリクトの解決方法が試み
られた。これをまとめる形で影響可能性（influenceability）の概念を唱えたの
が，Dearden［1987］である。コスト発生を全体的に管理できなくても，なん

らかの影響を及ぼすことができるならば，そのコストは利益センターの管理者が責任を持つべきであると指摘される（Dearden［1987］, pp.84-88）。

　Anthony もまた，管理可能性概念のテクニカル上の限界を以下のように指摘する。当時の共著者である J. Dearden に影響をうけたものと思われるが，影響可能性概念は，テクニカル上の会計問題ではなく行動上の，動機づけの問題として重視する。管理者は，彼らが影響を及ぼすことが部分的であっても可能な項目に対して測定されるべきである。典型的な企業において，それは多分，利益センターにおいて生じたすべての費用かもしれない。もし管理者が当該利益センターが支払う税額をも影響をおよぼすことが可能となるような場合，税引後ベースで業績が測定されるであろう（p.154）[4]。

　同様の議論をわが国にみておこう。谷［2009］，小倉［2010］では，市場対応組織といわれる事業部制組織にあって，事業部長が本社や他の事業部長の管理下にある資源の利用に直接働きかけ，その消費（費用の発生額）に部分的であれ影響力を及ぼすことは避けられなくなったとされる（谷［2009］, 64-69 頁，小倉［2010］, 40 頁）。谷［2009］は，この現象を事業部制組織における責任権限の弾力化とよび，管理可能性の再定義，具体的に管理可能性を拡大して用いる方向を唱える。「決定権限」から「影響可能性」への拡大が，それである（谷［2009］, 69 頁）。ここには，影響可能性の概念が管理可能性にとって代わるのではなく，むしろ管理可能性の判断基準として用いようとする狙いがある。

　挽［2010］, 237 頁では，管理可能か不能かのポイントは，費目自体の性質ではなく，費目の発生額に実質的に影響を及ぼすことができるかどうかにある。ここに実質的な影響には，一定期間という条件がつく。事業部長によって起案された投資案は，承認された後も一定期間にわたって影響を及ぼすことを含意する。

　小倉［2010］, 54 頁では，こうした管理可能性の拡大に呼応するかのごとく，様々な原価概念が提案されてきたと述べられる。マネジット・コスト，コミッテッド・コスト，プログラムド・コスト，帰属可能原価などで，これらは事業

部長の管理可能な原価の範囲を拡大するものとみなされる[5]。

　また，谷［1987］からは実際の企業実践では，Anthony からも窺えるように，利益センター長が管理可能性をもたない本社費・共通部門費の利益センターへの配分が多くおこなわれていることが明らかにされる[6]。こうした実務を支持する積極的な理由の1つが，影響可能性概念を指針に，事業部長は本社・共通部門費の配分後の事業部利益を達成する責任をもつことである。

　こうして自ずから，管理可能利益は，図表4-1でいえば実質税引前利益（事業部利益）の域にまで接近することになる（門田［2001］, 129-130頁）。極言するならば，事業部利益を達成することが，全社的利益を黒字にするための事業部長の責任となる（小倉［2010］, 50-51頁）。また，事業部利益の達成に向けて，競争他社の業績や同事業の収益性をにらみながら市場環境の変化に対処する事業部長の責任が暗黙のうちに仮定されているとも考えられる（谷［2009］）。

（2）振替価格の決定
①振替価格の定義

　利益センターでの業績測定にとってもう1つの問題は，同一企業内の利益センター間で振り替えられる製品やサービスの振替価格の適切な決定である。理想的な利益センターのでは，部品や原材料を企業外部から購入し，これを自己の設備で加工し外部の製品市場に販売することとなる。ここでは，同一企業内のほかの利益センターからは完全に独立した関係にある。しかし，現実には各利益センターは，相互に依存した関係にあり，同一企業内の利益センターから他の利益センターへの製品やサービスの振替があるのが一般に考えられる。例えば，半導体事業部からの部品を防衛システム事業部が受け入れ，これを加工するというごとくである。この振替において用いられる価格が，振替価格（transfer price）あるいは内部振替価格といわれる。

　振替価格は，製品やサービスを提供する側の利益センターにとっては収益（売上高）を表わし，これを購買する側の利益センターにとっては原価（仕入原価）である。一般に，前者は供給事業部（販売事業部），後者は受入事業部（購

買事業部）と呼ばれる。それゆえ，振替価格は双方の利益センターの収益性に大きく影響を与え，双方の管理者は価格の決定に関心を払うことになる。

　以上は，教科書にみられる振替価格の説明（の一部）の域である。これに対して，Anthony は，振替価格に関する定義，基本的原則について自説を展開する。

　振替価格は，製品やサービスの振替のための会計上で用いられる総額（amount）といったものではない。もう少し狭く，振替価格を少なくとも2つのうち1つが利益センターである取引における製品やサービスの振替に当てられる金銭的価値（value）に限定される。このような価格は，通常利益の要素を含む。原価会計における原価の配分は利益を含まないから，原価会計のメカニズムは除外される。この意味で，Anthony によれば，振替価格は会計のツールではなく，むしろ管理者が適切な意思決定をおこなうよう動機付ける行動上のツールである（p.181-183）。

　また，基本的原則（principale）として，振替価格は，製品が外部の顧客に販売されるならあるいは外部のベンダーから購入されるならばチャージされるであろう価格に近似すべきである。

　さらに，企業内の利益センターが相互に売り買いするとき，つぎの2つの決定が期間的に行われなければならない（p.183）。1つは，当該企業内で製品を生産すべきか，あるいは外部のベンダーから製品を購入すべきかというソーシング決定（sourcing decision）である。2つは，もし内部で生産するなら，その製品はどれだけの価格で事業単位（利益センター）間に振替えられるべきか，振替価格決定（transfer price decision）である。

②振替価格の役割と目的

　伝統的に日米をとわず振替価格は，管理者の意思決定と利益センターにおける業績測定に役立つものであると理解されてきた（Kaplan and Atkinson [1989]，pp.596-597，小倉 [2010]，46頁，挽 [2010]，245頁）。振替価格は，あくまで価格として現場での意思決定を誘導する。振替価格は，供給事業部が製品のどれだ

け生産，販売できるか決定するのに役立つ。また，受入事業部がどれだけ調達するかを決定するのに役立つ。一方で，振替価格に算入されるその後の利益の測定が，当該利益センター長（管理者）の業績評価のみならず，利益センターを個々の独立した経済実体として評価するのに役立つ（Kaplan and Atkinson [1989], p.596）。

ただ，振替価格が果たす役割に関連して，意思決定と業績測定の間には通常コンフリクトが存在する（Kaplan and Atkinson [1989]，小倉 [2010]）。例えば，振替価格が高いために，供給事業部が生産能力に大きな余剰なキャパシティをもつことになるとしよう。部品の単位当たり固定費負担が重くなり，供給事業部は固定費部分を回収することに失敗し損失を報告することになる可能性が生じる。また，供給事業部が単位当り製造原価を上げることで，ひいては事業部の業績評価を満足するよう振替価格をも引き上げる結果になるかもしれない（Kaplan and Atkinson [1989], pp.596-597，小倉 [2010], 45-46 頁）[7]。

Anthony は，こうした意思決定と業績測定と間のコンフリクトの存在を念頭に置いて，振替価格システムは，次のような目的を達成するよう設計されるべきであると指摘する（p.181）。

・システムは，企業の原価と収益の間の最適なトレードオフを決定するために必要とされる関連情報を各セグメントに提供すべきである。

・システムは，目標一致（goal congruence）の決定を誘導すべきである。すなわちシステムは，事業単位の利益を改善する決定がまた企業全体の利益を改善するように設計されねばばならない。

・システムは，個々の利益センターの経済的業績の測定に役立たねばならない。

・システムは理解が簡単で，また運用が容易でなければならない。

Anthony は，以上のコンフリクトの問題も，いきつくところは，これによって緩和できると基本的に考えるのである。

③振替価格システムの理想的状況とソーシング決定

　振替価格システムは，事業の性質に依存して簡単なものから複雑なものと幅を持つ。ここで，Anthonyは，理想的な状況として，図表4-2にそれをまとめている。ここにあげられるすべての条件が満たされるならば，市価に基ずく振替価格が目標一致の決定を導き，また利益センターにおける業績測定にも役立つと考える（pp.184-185）。

　Anthonyは，図表4-2の条件のいくつかが存在しない複雑な状況をについて，つぎのような指摘をおこなう（p.184）。図表4-2に示されるように，利益センターの管理者はソーシング決定をおこなう自由を与えられるべきである。しかし，実際は，ソースのための自由が実行可能ではないかもしれない。あるいはまたそれが実行可能であっても，本社の方針などによって制約を受ける場合もある。ここから，Anthonyは，利益センターの管理者がソーシング決定の自由をもたない，あるいはこうしたソーシングに制約がある状況をつぎの2つのケースにまとめている（pp.184-185）。

限られた市場のケース　　多くの企業で，販売（供給）利益センター，購買（受入）利益センターの市場が限られるケースがある。いくつかの理由がある。1つは，内部キャパシティの存在が，外部販売の展開を制限する可能性をもつ。パルプやペーパー産業の場合，中間製品に対する独立の生産キャパシティはほとんどない。このために，外部生産者からの需要を扱うには限界がある。

　また，差別化製品の唯一の生産者の場合，何ら外部のキャパシティは存在しない（p.184）。

　さらに，大規模な設備投資が行なわれているようなとき，たとえ外部のキャパシティが存在しても外部からの資源を利用する可能性は少ない。統合的な石油企業はその良い例で，生産事業単位は原油を解放された市場に販売することが潜在的に可能であっても，生産事業単位は原油を製油事業単位に輸送することがもとめられる（pp.184-185）。

業界キャパシティの余剰あるいは不足のケース　　販売利益センターが生産する製品を外部市場に販売ができない場合，余剰キャパシティをもつ。もし購買

図表4-2　理想的状況

条件	内容
有能な人材	管理者は，責任センターの短期また長期の業績に関心をもつべきである
良好な環境	管理者は収益性を損益計算書に測定される1つの重要な目標とし，また彼らの業績の判断に大きく考慮されるものとみるべきである。振替価格はまさにそれであると知覚すべきである
市価	理想的振替価格は，振替られている同一の製品の正常な市価に基づく。振替価格の対価である製品と同様の条件を反映する市価である。理想には足りないが，類似の，しかし同一ではない製品の市価は，まったく市価でないものよりベターである
ソースの自由	各利益センターの管理者には，彼らの裁量において代替案を選択することが許されるべきである。購買管理者は外部市場から購入できても，販売管理者も外部に販売できる。振替価格方針は，各利益センターの管理者に外部，内部のいずれにも彼らの裁量で取引する権利を許す。市場は振替価格を確立するもので，市価は製品を内部に販売することによる販売利益センターの機会原価を表わす。この場合，企業の見地からは，製品の関連原価は市価である。市価が内部に販売することによって失なった現金の額であるからである
情報の十分な流れ	管理者は，利用可能な代替案とこれらの関連原価と収益について周知すべきである
交渉	事業単位間の契約交渉のためにスムーズに機能するメカニズムがなければならない

Anthony anc Govindarajan［1995］, pp.183-184

利益センターが，キャパシティが内部で利用可能であるのに外部のベンダーから購入するならば，企業全体の利益の最適化は期待できない。逆に，販売利益センターは外部に販売を行っているのに，購買利益センターが外部から必要な製品を調達できないとしよう。業界にキャパシティの不足が生じている状況である。このようなケースでは，購買利益センターの生産高が制約を負い，企業の利益の最適化とはならない（p.185）[8]。

　Anthonyはまた，以上のソーシングの自由に制約があるときの適切な振替価格方針のインプリケーションついて説明を加えている[9]。結論として，このような場合でも，市価がベストな振替価格であると主張するAnthonyの姿勢に変わりはない。図表4-2の理想的な状況に示されるように，理想的な振替価格である市価に限らず，市価が存在し，おおよそ概算できるならば，それを

利用することが強調される。しかし，こうした妥当な競争価格（compitive price）を概算する方法が存在しない場合，他の選択としては，原価基準による振替価格（cost−based trancefer prices）が採用されることになる（p.186）[10]。

④原価基準による振替価格

　原価基準による振替価格の選択は，日米の先行研究でもほぼ共通する展開である。Anthony は，市価基準と原価プラス利益（cost plus profit）基準による決定を勧めており，ここでの原価の定義と利益の値入計算（profit markup）について説明する。

　ここに原価は標準原価で，実際原価は用いられない。販売利益センターの原価を基礎に設定されるもので，実際原価によると販売利益センターの不能率の良否がそのまま購買利益センターの業績に入り込んでしまう。原価プラス利益も市価基準もともに，そのまま内部の取引に適用する場合であるため，マーケティング費用や出荷費用などを回避するために，これを控除した額があてられることもある（p186）。

　利益値入の計算は，さらに利益の値入は何に基づくか，また見込まれる利益のレベルは何か，この2つの決定を伴う（p.186）。前者は，原価の一定の割合（percentage of cost）と投資額の一定の割合（percentage of investment）を計算するものとがある。原価の一定の割合は簡単で広く利用される。ただ，必要とされる資本は何ら考慮に入れられない。この点，投資に対する割合は概念上ベターであるけれども，所与の製品に応じた投資額を計算するという実務上厄介な問題をかかえる（p.187）。

　後者の利益見込みについては，事業単位が独立した会社ならば獲得されるであろうおおよその利益率がベストである。概念的解決策としては，購買利益センターの必要量を満たすために必要とされる投資に関する利益の見込みに基づくことである（p.187）。さらに，統合化の高い会社では，上流（upstream）の固定費と利益の額を含む問題が生じる。最終的に外部の顧客に販売する利益センターが，内部購入価格に含まれる上流の固定費と利益の額に気付くことはな

いかもしれない。たとえ気付いていても，会社的利益を最大にするために自身の利益を減らすことは忌み嫌うであろう。Anthony は，この問題を緩和するために事業単位間の合意をとりつける公式の会議体（formal mechanism）の設置と 2 段階価格決定システム（two-step pricing system）の利用をあげているが，詳細は省くことにする（pp.186-190）。

⑤交渉による振替価格

Anthony によれば，交渉（negotiation）による振替価格は，市価基準，原価プラス利益基準に続いて選択される方法（方針）である（p.193）。交渉による振替価格の決定は，供給事業部と受入事業部とが振替価格について交渉で決定，これを内部振替価格に用いる方法である。これに対して，Anthony は，交渉による振替価格が，1 つの価格決定基準の方法としてよりも，むしろ実際の振替価格決定にあって交渉（協議）がどれだけ許されるか，振替価格の執行管理（administration）を強調する[11]。つまり，こうした交渉による決定方法が，振替価格決定論争を解決する（conflict resolution）ための 1 つの仲裁（arbitration）メカニズムとして働くのである。その調整がマネジメント・タイムの不当な量を振替価格決定に裂かれるほど複雑であってはならなく，適正に管理されるべきであると指摘される（pp.193-196）。

このように，Anthony では，振替価格の議論は価格設定，決定の方法としてだけでなく，以上の交渉による振替価格のように，選択される方法（方針）をいかに実施に移すべきかその執行にも関心が向けられている。

以上，Anthony による振替価格の決定をみてくるとき，内部利益を含む市価基準や原価プラス利益基準による方法が強調される。ここでは，前述されるように，振替価格は利益の要素を含むもので，原価会計における原価の配分のメカニズムは除外されるという Anthony の主張が関係しているといえる[12]。

この段階で，何故市価基準の振替価格が利益センターの管理者をして本社の目標や方針にそった行動をとるよう促すことになるか，目標の一致に焦点を当

てた計算例を紹介しておこう。以下に掲げる計算例は，Horngren et al.［1994］によるものであり，当時の米国石油企業を対象とする点で興味深い[13]。この意味もあって，以下の計算例はドル単位でかつ数値もそのままである。

⑥振替価格の計算例

　H石油会社（以下H社）は，生産事業部，輸送事業部および製油事業部の3つの事業部を持ち，それぞれが利益センターである。生産事業部は，オクラホマ州，タルサ近くの油田地帯から原油を生産している。生産事業部は，原油を輸送事業部に振替えることも出来，また外部の第3者に1パーレル（バレル）当たり12ドルで販売することも可能である。輸送事業部は，タルサから製油所のあるテキサス州，ヒューストンに原油を輸送するパイプラインの操業に従事している。原油を生産事業部から購入し，これをヒューストンまで輸送し製油所に販売する。その輸送能力 は，一日当たり40,000バーレルである。

　製油事業部は，原油をガソリンに蒸留するヒューストンの製油所の操業を管理している。ここで，ガソリンは製油所からの唯一の製品で，また1バーレルのガソリンの生産に2バーレルの原油が必要となると単純に仮定する。製油事業部は，これまで1日当たり平均で30,000パーレルの原油を処理する能力を持ってきた。生産事業部からの原油（1日当たり平均で10,000パーレル）と外部の独立の供給者から購入し，ヒューストンの製油所に輸送される原油（1日当たり平均で20,000パーレル，1バーレル当たり18ドル）を使用する（Horngren et al.［1994］, p.865）。

　図表4-3の業務データは，以上の組織構成をH社の各事業部の垂直関係で示し，それぞれの変動費と固定費を要約している。各事業部の変動費は，生産や輸送された原油量，ガソリンの生産高に変動する。固定費は，年間の原油の生産量，輸送量，ガソリンの生産高の予算に基づいて見積られている（Horngren et al.［1994］, pp.865-866）。

　さて，図表4-4は，この図表4-3の業務データに基づいて3つの振替価格基準から生じる各事業部の営業利益を求めている。便宜上，H社の生産事業

図表 4-3　業務データ

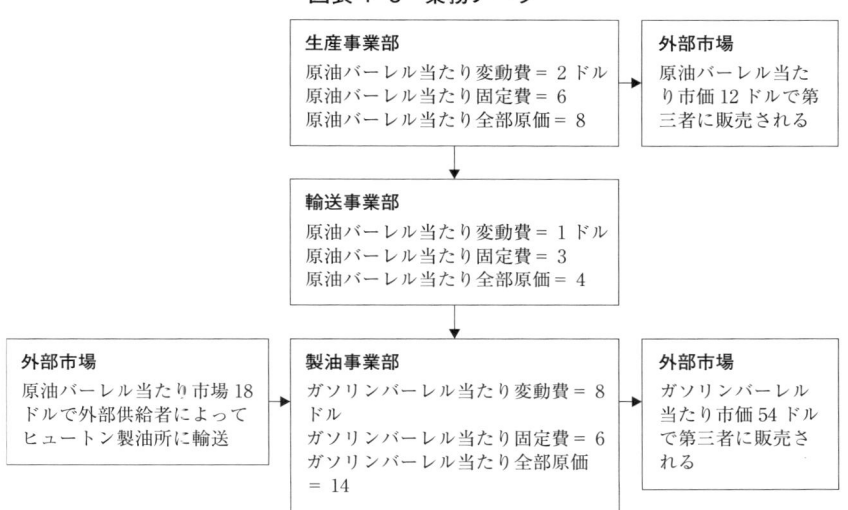

生産事業部
原油バーレル当たり変動費 = 2 ドル
原油バーレル当たり固定費 = 6
原油バーレル当たり全部原価 = 8

外部市場
原油バーレル当たり市価 12 ドルで第三者に販売される

輸送事業部
原油バーレル当たり変動費 = 1 ドル
原油バーレル当たり固定費 = 3
原油バーレル当たり全部原価 = 4

外部市場
原油バーレル当たり市場 18 ドルで外部供給者によってヒュートン製油所に輸送

製油事業部
ガソリンバーレル当たり変動費 = 8 ドル
ガソリンバーレル当たり固定費 = 6
ガソリンバーレル当たり全部原価 = 14

外部市場
ガソリンバーレル当たり市価 54 ドルで第三者に販売される

Horngren et al.［1994］, p.865.

部によって生産される原油 100 バーレルに伴う取引に限定されている。振替価格の設定について，変動費プラス 50％ と全部原価プラス 25％ 基準は，それぞれ変動費と全部原価に一定の値入れを行なうものである。変動費に加算される値入率 50％ は，回収されるべき固定費と一定の利益を含むべく決められる。同様に全部原価の場合（25％）は一定の利益を含むものである。市価基準は，生産事業部からと輸送事業部への振替価格 12 ドル，輸送事業部から製油事業部への振替価格 18 ドルがそれぞれあてられる。ここでは，業界誌で公表されている第 3 者取引の市価（競争価格）が利用されている（Horngren et al.［1994］, pp.866-867）。

　このようなもと，Horngren et al.［1994］ によれば，つぎのような洞察が得られる。仮に各事業部が事業部自身の営業利益を最大にしようとするならば，各事業部はそれぞれ異なる基準を選択することになる。生産事業部は市価

図表4-4　3つの基準による各事業部の営業利益

（単位：1ドル）

変動費プラス50%基準

	生産事業部		輸送事業部		製油事業部	
売高（外部）					54×50	2,700
売上高（内部）	[2+0.5(2)]×100	300	[(3+1)+0.5(4)]×100	600		
差引：						
振替量の原価				300		600
変動費	2×100	200	1×100	100	8×50	400
固定費	6×100	600	3×100	300	6×50	300
営業利益		(500)		(100)		1,400

全部原価プラス25%基準

	生産事業部		輸送事業部		製油事業部	
売上高（外部）					54×50	2,700
売上高（内部）	[(2+6)+0.25(8)]×100	1,000	[(10+1+3)+0.25(14)]×100	1,750		
差1引：						
振替量の原価				1,000		1,750
変動費	2×100	200	1×100	100	8×50	400
固定費	6×100	600	3×100	300	6×50	300
営業利益		200		350		250

市価基準

	生産事業部		輸送事業部		製油事業部	
売上高（外部）					54×50	2,700
売上高（内部）	12×100	1,200	18×100	1,800		
差引：						
振替量の原価				1,200		1,800
変動費	2×100	200	1×100	100	8×50	400
固定費	6×100	600	3×100	300	6×50	300
営業利益		400		200		200

Horngren et al. ［1994］, p.866

（400ドル）を，輸送事業部は全部原価プラス（350ドル）および製油事業部は変動費プラス（1400ドル）の基準という具合である。各事業部間に当然対立が生じ，選択に当たっては部分最適化を導かないようにすべきである（Horgren et al.［1994］, p.867）

　いまタルサ地域の原油には，完全な競争的市場をもつ市価が存在する。つまり，H社の生産事業部はバーレル当たり12ドルで希望するだけの原油を外部

の顧客に販売でき，また輸送事業部も1バーレル当たり12ドルで希望するだけの原油を外部の供給者から購入可能である。H社の本社は，一層の利益改善に向けて社内調達率を高める方針を採っている。各事業部長が出来る限り内部から購買し内部へ販売することを希望しているのである。このもとで，H社の各事業部長には外部へ販売し，外部から購入する選択肢，すなわちソーシング決定の自由が与えられている。

　ここでの関心は，H社の各事業部長がおこなう決定についてである（Horngren et al.［1994］, p.869）。もし生産事業部と輸送事業部との間の振替価格が12ドル以下で設定されると仮定としよう。生産事業部長は，1バーレル当たり12ドルで原油全てを外部の購入者に販売する動機を与えられるであろう。もし振替価格が12ドル以上で設定されると仮定しよう。輸送事業部長は，1バーレル当たり12ドルで外部の供給者から必要とされるすべてを購入するよう動機付けられるであろう。こうして市価12ドルの振替価格は，生産事業部も輸送事業部にも内部に販売し内部から購入することに興味を起こさせることになるのである（Horngren et al.［1994］, p.869）。

　以上の計算例から得られる洞察は，市価基準による方法を用いるとき目標の一致を満足させる可能性が高いことである[14]。

⑦全部原価基準と目標の不一致

　ところで，日米の実務では，原価基準の振替価格を採用する企業の中で，全部原価基準に基づく方法が最も普及をみている。全部原価によるときは目標の不一致を引き起こす傾向があると議論されてきたにもかかわらずである。最後に，この点を簡単に整理しておく。

　Kaplan and Atkinson［1989］, p.609は，最適な意思決定を促す振替価格は長期的コミットメントを反映し，またそれ故に固定費を含む長期原価（long-run cost）に基づくべきであると述べる。またABCは，こうした長期的コミットメントの原価を反映する適切な振替価格をもたらすと指摘する（Kaplan and Atkinson［1989］, pp.609-610）。

　同様に Horngren et al.［1994］, p.871 は，全部原価基準による決定が短期的に部分最適化を導くことがあっても，長期決定（long-run decisions）にとって適合すると主張する。また，税制面からの優遇措置や租税当局からの要請をうけやすい全部原価による製品価格決定を容易にする。さらに，固定間接費の配賦を含むことから，ABC によるコスト・ドライバーを用いることでより洗練された間接費配賦の提供が可能になる（Horngren et al.［1994］, p871）。ここでも，全部原価基準による決定に ABC が関連づけられている点は興味深い。

　一方，全部原価（プラス）を基準とする振替価格の決定によるとき，受入事業部は供給事業部の固定費や値入れを変動費として計上，累積することになり，既述されるように不適当で目標の不一致を誘導する傾向となる。以下，Horngren et al.［1994］の計算例の中で，こうした状況を説明しておこう。

　H 社は，全部原価プラス 25 ％基準の方法を採用していると仮定しよう。ヒューストンの製油事業部は，地元のヒューストンの供給業者から 1 日当たり平均で 20,000 バーレルを購入している（1 バーレル当たり 18 ドル）。

　原油のコストを削減するために，製油事業部は，バーレル当たり 13 ドルで 1 日当たり 20,000 バーレルの原油を提供してくれるタルサ地区の生産業者をつきとめた。タルサの H 社のパイプラインに送られる。パイプラインは，余剰な能力を持っており H 社の生産事業部からの現在の原油の輸送に影響を及ぼすものではなく，バーレル当たり 1 ドルの変動費で 20,000 バーレルを輸送することが可能である。

　いま H 社の製油事業部にとって，タルサの生産業者からの原油かあるいは現在のヒーストン供給業者の原油のいずれの利用がより低い原油購入コストを示すであろうか。

　代替案 1：バーレル当たり 18 ドルでヒューストン供給業者から 20,000 バーレルを購入する。

　H 社の総コスト = 20,000 × 18 = 360,000 ドル

　代替案 2：バーレル当たり 13 ドルでタルサで 20,000 バーレルを購入し，バーレル当たり 1 ドルの変動費でヒューストンに輸送する。

　H 社の総コスト = 20,000 ×（13 + 1）= 280,000 ドル

　H 社は，製油事業部がタルサの生産業者を利用することによって 80,000 ド
ルの総コストの削減が可能になる。ここから，分析は，H 社が製油事業部が
タルサ生産業者からの原油を購入することを希望するであろうことを示す。

　つぎに，もし製油事業部がタルサの生産業者から購入するとするならば，輸
送事業部の製油事業部への振替価格は，つぎの通りである。

　（13 + 1 + 3）+ 0.25（17）= 21.25 ドル

　ここで製油事業部は，以下のように事業部のコストが増加することをしる。

　代替案 1：バーレル当たり 18 ドルでヒューストン供給業者から 20,000 バー
レルを購入する。

　製油事業部の総コスト = 20,000 × 18 = 360,000 ドル

　代替案 2：タルサの生産業者からの原油を H 社の輸送事業部から 20,000 バー
レルを購入する。

　製油事業部の総コスト = 20,000 × 21.25 = 425,000 ドル

　以上，製油事業部は，425,000 − 360,000 = \$65,000 ドルほど自身の事業部コ
ストを増やすことになるであろう。これにより，製油事業部は現在のヒュース
トン供給業者からの購入で短期の事業部営業利益を最大にすることになる。し
かし，これは，H 社全体の営業利益の最大化に反する選択である。

　Horngren et al.［1994］の計算例によるとき，以上の状況が，全部原価にも
とづく振替価格によって誘導される目標不一致であると説明される。振替価格
設定の方法にあって，受入事業部である製油事業部は，供給事業部である輸送
事業部の固定費（プラス 25％の値入）を変動費としてみなして処理することに
なる。H 社全体からみて，短期の部分最適決定を導くのである（Horngren et
al.［1994］, pp.871−872）。

第3節　投資センターにおける業績測定

　理論的な投資センターは，利益センターの中にあって事業部長が業務的意思決定だけでなく，資本投資支出の決定に大幅な影響力を行使できる場合である（小倉［2010］）。投資センターでは，管理者に短期業務意思決定だけでなく，投資規模やどこに資本を投下するか，どの資本投下を削減できるかを決定する大幅な裁量権が与えられているわけである。前述されるように，Anthonyでは，投資センターは，利益センターの特殊のあるいは拡大したタイプとみなされ，利益センターとの区別は教育上の面から必要とされる。投資センターにおける業績測定は，単に期間の利益の測定だけでなく，利益の測定を事業の使用資産や投資ベースに関係づけることに特徴がある。

　こうして，AnthonyやKaplan and Atkinson［1989］によるとき，投資センターにおける業績測定には，利益センターの2つの問題，利益指標（尺度）の選択と振替価格の決定に，さらにつぎのようなトピックスが追加されることになる。利益センターにおける使用資産の測定（範囲と評価）と，この使用資産に利益を対応づけ，関連づける方法の選択である（p.221，Kaplan and Atkinson［1989］，p.187）。

(1) 使用資産の測定—範囲と評価
①使用資産の範囲
　使用資産の測定は，どのような資産のタイプを投資センターの投資ベースに含めるべきか。この決定は，目的が投資センター管理者（長）の業績評価にあるか，あるいは投資センター自体の業績評価にかかわるものであるかによって異なる。

　米国の大規模な分権化企業では，基本的に事業単位（事業部）ごとに貸借対照表を追求し，議論するアプローチをるものではない。内部留保は認められず，事業単位管理者に資本の調達源泉の責任を問うものではない。この点で，

投資ベースの測定に資産表や棚卸表から事業単位管理者が影響を及ぼす管理可能な資産かを確認，識別するアプローチがとられる場合が多い。Anthony は，投資ベースに流動資産（現金，受取手形，棚卸資産）と固定資産とその他の資産を含めている。管理者は，これらを効果的かつ能率的に利用するに責任をもつことになるのである（p.223）。

ただし，以下のようなケースが含まれる。一般に現金は本社レベルで管理される。このもとで，各センターのレベルで何らかの現金残高が保有され管理される限り，投資ベースに含まれる。Anthony によれば，事業単位レベルの実際の現金残高は，仮に事業単位が独立の企業であったなら必要とされるであろう額よりもっと低い傾向にある。それゆえ，多くの企業は，投資ベースに含まれるべき現金を公式を用いて計算する。例えば，GM 社では年度の売上の4.5％，Du Pont 社は減価償却費を控除した 2 か月分の売上原価を用いた報告をおこなう。こうした通常の残高とくらべて高い額で現金を含める理由は，外部の他企業との比較可能性を考慮に入れる必要があるからである（p.224）。

また，事業単位管理者が販売条件や信用条件などを管理でき，その水準に影響を及ぼすことができる受取勘定も同様である。さらに支払勘定は，支払条件などについて本社が決定権を持つ場合にはその投資ベースから除外される。つまり，管理不能な流動負債であるために管理可能投資から控除されることになる（p.224）。

固定資産についても広く管理可能性が関係する。事業単位が他の単位によって利用できる遊休資産を保有するようならば，これらの資産は事業単位の投資ベースから控除されることが許される。その目的は，当該単位の管理者にいまだ十分な利用されていない固定資産をそれらをより活用する可能性がある事業単位にリリースすることを促すことである（p.231）。

ただ，リース資産や無形資産についてはは複雑である。通常これらは，外部報告目的で設定される規則に束縛される傾向にある。たとえば，かつての米国の FAS13（財務会計基準書第 13 号）の弾力的適用によれば，リース資産は，外部報告目的のために資本化（資産化）する必要はなかった。したがって，リー

ス資産は投資ベースから控除できたわけである。このことが，購入に対して
リース資産を代用する動機を管理者に助長し，後述される ROI を劇的に増加
させることになる（p.231）。

　なお，今日米国などの会計基準では，リース資産の資産計上が義務づけられ
ている。わが国でも，「リース取引に係る会計基準」がその強制適用を（2009
年から）決めたところである。

②使用資産の評価

　以上は使用資産の範囲についてみたものであるが，使用資産の測定は，投資
ベースに含まれる管理可能資産を評価する問題でもある。受取勘定は，その期
末残高から貸倒引当金を控除した価額で評価される。棚卸資産も期末残高では
あるが，もし LIFO が採られている場合は，標準原価ないし平均原価で評価さ
れる。当残高が極端に低くなるのを避けるためである（p.225）。

　固定資産については，総簿価（取得原価総額）かあるいは正味簿価（取得原価
総額－減価償却累計額）のいずれかで評価される。伝統的に，後述される ROI
の提唱との関連で正味薄評価を用いる方に問題があると論じられてきた。正味
簿価を用いる場合，ROI は年ごとに変動し，経年につれ，減価償却によって
投資（資産）額は減少する。つまり ROI は増大する。この変動により，事業
単位の収益性が間違がって記述され，事業単位管理者は，新投資の正しい取得
決定からその意欲をそがれるのある（p.227）。

　これに対して，総簿価を用いる場合，正味簿価を用いる場合に生じる ROI
の変動と新投資の決定に対する偏見は避けられる。むしろ，現在の資産を新し
い資産に取り替えようとする新たなが生じる。1920 年代に ROI を提唱した
Du Pont 社が総簿価を採用した理由が，これであった。しかし，実際には米国
でもわが国でも，総簿価価と比べて正味簿価を用いる企業が圧倒的に多い。そ
の主たる理由に，外部報告目的との整合性に強く影響を受けたことがあげられ
る（p.232）。

　一方，その目的が投資センター自体の業績測定にある時にも，センターの投

資ベースの決定は影響を受ける。事業部ごとの貸借対照表が作成される（わが国企業の）場合，一般に投資ペースには総投資額（総資産）が当てられる。これに対して，事業部ごとの貸借対照表が作成されない米国の多くの分権化企業の場合，本社レベルで管理される現金，市場性ある有価証券及び本社資産への投資額を各事業単位に配分する必要が生じることになる。このような配分は，売上高，占有面積また従業員数のような任意の基準に基づく。事業単位管理者は原則，これらの配分された資産価値に責任を負わない。しかし，これらを当該事業単位の投資ベースに含めることは，事業単位自体の業績を測定する上で決定的なのである。何よりも，管理可能投資額だけを投資ベースに含める下では，事業単位の実際の収益性等の業績を誇張することになる。このことは，同じ業界内での非分権化企業（集権的職能別組織）の業績と比較されるときに明からである。非分権化企業の投資ベースには，本社資産などを当然含むからである。ここでは，投資センター自体の業績測定が他の事業単位や同じ業界内の競争他社の業績とを比較する形で行なわれることがカギとなるのである（Kaplan and Atkinson [1989], pp.678-679）。

　以上のアプローチは，主に米国の分権化企業で顕著なものである。基本的に，事業単位ごとの貸借対照表を追求し，議論するものではない。もっぱら，事業単位の投資ベースを測定するためにどの資産のタイプが管理可能か，またその投資ペースから控除されるべき営業負債（無利子負債）かなどを確認，識別するアプローチといえるものである。当面の管理可能投資も，総資産（総投資額）から事業単位管理者にとって管理不能な資産額を控除する方法で済むことになる。

　対照的に，わが国の投資センターでは，社内資本金制度が導入され普及を見てきた。社内資本金制度は，事業部別に資本金を設定し，事業部にたいして社内金利，本社への配当金および税支払い後の利益の留保を認める制度といわれる（小倉 [1996]）。図表4-5は小倉 [1996] によって作成されるものであるが，事業部ごとに貸借対照表が作成され，また事業部の損益計算書との関係をもつ。事業部の内部留保が認められ，事業部長は，資本の調達源泉に責任を持

つことになる。言い換えれば，米国などでは採り上げられなかった営業負債（支払債務勘定）以外の他の負債（有利子負債））と自己資本が，事業部ごとに識別，把握されるのでる。詳細は，第7章に譲る。

図表4-5　事業部貸借対照表と事業部損益計算書の関係

事業部貸借対照表		事業部損益計算書
（借方：資産の部）	（貸方：負債・資本の部）	
事業部流動資産	事業部負債	売上高
現金・預金	買掛金・未払金	事業部営業費
売掛債権	引当金	本社費配分額
棚卸資産	事業部借入金	事業部営業利益
事業部固定資産		営業外収益
有形固定資産	事業部資本金	社内金利
無形固定資産		事業部税引前利益
関係会社投資	事業部利益留保額 ◀	社内税金
		社内配当金
		└─ 事業部純利益

小倉［1996］,70頁より，一部省略

(2) 使用資産に利益を関連づける方法

　使用資産に利益を関連づける方法として，米国を中心に伝統的に投下資本利益率（return on investment，以下ROI）と残余利益（residual income，以下RI）の2つが主として選択されてきた。この内，RIは，Solomons［1968］がGE社で導入された事業部の業績評価を紹介したことに始まる。RIは，1990年代に入って経済的付加価値（economic value added，以下EVA）として，あるいはそれを変形したものとして新たな進展を見る。Stewart［1991］によって提案されるもので，Solomons［1968］の紹介と基本的には変わるものではないとみなされている。AnthonyのMCSsでは，9版［1998］からこのEVAがRIに代えて説明されることになるが，その内容は何ら変更をみるものではない。

① ROI

　投資センターをもつ大抵の企業は，ROI で事業部（や事業部長）を評価する。1920 年代の Du Pont 社，GM 社などの大企業における会計上のイノベーションとして，その後特に第二次大戦後米国の多くの分権化企業に採用され，米国の産業界はもとよりわが国でも広く普及を見ることとなった。

　これに対して，1960 年代の後半 Shillinglaw [1959], [1961] を中心に ROI の持つ技術上の限界が指摘された。それは，ROI が投資センターの管理者の業績評価を測定する尺度として用いられる時，管理者による部分最適化行動を誘導するというものである。

　RO1 を大きくしようとすれば，現在の固定設備でより多くの利益を上げる行動が考えられる。つまり，算術的にいえば，ROI の分子の損益計算上報告される利益を大きくすることである。しかし，ここからは部分最適化行動は生じない。それが生じるのは，ROI の分母，流動負債を控除した総資産が減少される時である。これには 2 つのタイプがある。1 つは，純粋に投資ベースを縮小するタイプである。例えばあるセンターの平均的 ROI は 13％のとき，管理者は，ROI がそれ以下の使用資産を処分することでセンター全体の ROI を高めることが可能となる。通常，現在の高い ROI をもつセンターほど保守的となる傾向があり，会社全体の成長への意欲を減退させる結果となる。

　もう 1 つのタイプは，新規の投資機会を拒むものである。結果的に ROI の分母を減少するという行動思考に通じるもので，より一般的なパターンとされる。ここでは，それが（全社共通の）資本コストを超えるが，しかし当該センターの平均的 ROI 以下の利益しか上げないような時に拒否されることになる。これでは，企業全体や長期収益性からの全社的最適化を達成することにならず，むしろ部分最適化行動を誘導することになる。

　なお，ここに資本コストは，新規投資案のための資本調達にかかる利子率をいう。その意味で，資本コストはまた，獲得すべき最低の必要資本利益率に相当する。また，資本コストは通常，事業単位ごとか，あるいは全社共通のものを決定するか 2 通りある。実務では，全社共通の資本コストを用いるケースが多

い。

② RI

　以上の問題を克服するために ROI に替わる方法が RI である。ROI が比率で
あるのに対して，RI は金額（ドル，円）で表される。RI は，報告された利益
から資本チャージ（capital charge）を控除することによってもとめられる。資
本チャージは，事業単位に使用されている資産に資本コストをかけたものであ
る。

　さて，Anthony によると，事業単位を RI より ROI に基づいて評価する長
所は次の通りである。ROI では，財務諸表に影響を及ぼす全ての要素がその比
率に反映される点で，非常に包括的尺度である。ROI は，売上高利益率（利益／
売上高）と資本回転率（売上高／使用投下資本（資産））との積で表される。デュ
ポン・チャートとして紹介されるように，売上高利益率は損益計算書の勘定，
資本回転率は貸借対照表の勘定にそれぞれ分解されていく。また，ROI は，
計算も理解も容易で，そして絶対的尺度である。例えば，25％を超える ROI
は高いとみなされる。さらに，ROI は，収益性に責任を持つ事業単位であれ
ば，その規模や事業に関わらず応用される共分母である。他の事業単位の業績
や同業界の競争他社の業績と直接比較が可能な上に，企業の外部の利害関係者
や証券アナリストなどにとって業績比較のベースとなる。RI の金額ベースは，
こうした比較のベースを提供しない（p.234）。

　にもかかわらず，Anthony によれば，ROI に対して RI を用いる3つの説得
性に富む理由があると指摘される（p.234）。

　最初の理由は，RI では，すべての事業単位が比較可能な投資に対して同じ
利益目標をもつことである。他方，ROI は，事業単位間の投資に対する異な
るインセンティブをもたらす。30％を達成している事業単位がそれより高い
ROI をもつ追加の資産投資でなければこの拡大を拒むことになる。これより
低い利益率は，30％以下に事業単位の ROI を減少することになる。

　2つは，センターの ROI を増加する決定が，当該センター全体の利益の額

を減少することである。たとえば，現在の 30％の ROI の投資センターで，管理者は 25％の資産を処分することによって，ROI 全体を増加できる。しかし，当該センターにあてられている資本コスト，すなわち最低必要資本利益率が 25％以下であるならば，このコストの控除後の利益額は減少するであろう（pp.234-235）。

　以上の 2 つの理由に関連して，Anthony は，ここでの ROI の持つ技術上の問題を，センターの現在の ROI と資本コストとの間に落ちる ROI をもつ資産の投資に結びつけている。もし投資センターにの業績が R1 で測定されるならば，資本コストを越える利益を生む投資案は，センターの RI を増加し，管理者にとって経済的に魅力となる（p.235）。

　3 つ目の理由は，リスクを持つ投資に柔軟に対応できる点である。投資センターごとに異なる資本コストが適用可能となる。また。同じセンターの資産のタイプに応じて異なる率を用いることも可能である。同じ投資でも，現金や売掛金などと固定資産とではリスクの程度が異なる。固定資産にはより高い率が用いられる。更に固定資産の種類に応じてリスクが異なり，異なる率が利用可能となる。こうして，RI によってその業績を測定される事業単位管理者（長）にとって，異なったリスク調整済みの資本コストが認識可能となる。その結果，特定の事業単位の収益性にかかわらず，同じ資産のタイプは当該企業全体を通じて同じ利益を稼ぐようもとめられる。かくして，事業単位長は新たな資産の投資に係る決定に一致する行動をとるであろう。これは ROI ではできなかったことである（p.235，Kaplan and Atkinson〔1989〕，p.666）。

　たとえば，固定資産投資に必要な全社規模の最低必要利益率は税引後 10％，また流動資産について利子 4％と仮定する。事業単位 A の予算残余利益は 15,600 千円で，年間 28,000 千円の利益を獲得した。平均流動資産 65,000 千円，固定資産 65,000 千円を使用した。実際の残余利益は，つぎの通リ。

$$RI = 28,000 - 0.04\,(65,000) - 0.10\,(65,000)$$
$$= 18,900 \text{ 千円}$$

　これは，3,300 千円（18,900 - 15,600））ほど目標を改善する（pp.235-236）。

　このように，どんな事業単位も，追加の固定資産資産にかかわって10％以上を獲得するなら，それは RI を増加するであろう。同様の結果は流動資産についても起こる。事業単位の決定ルールは，企業全体のルールと一致することになるであろう。このような場合，いつでも資本投資が奨励されることになり，ROI の高いセンターが保身的となる傾向は回避される。本社が望むのは，より高い RI の達成である。管理者もその意向に沿って R1 の最大化に向けた最適行動を行なう。結果，目標の一致が生じ，ROI の限界は克服される（pp.234−236）[15]。

　なお，Anthony は，ROI の限界（部分最適化行動の誘導）について，すぐ後に述べられるように管理者による逆機能行為（dysfunctional conduct）を課題とするものと提起する。

（3）ROI か RI か

　関連して，Anthony は，MCS の設計者の間でも ROI かあるいは RI かという単一の尺度を用いることがベターかどうか，あるいは利益業績（profit performance）と資本投資業績（capital investment performance）を別々に評価することがベターかどうか意見の一致をみないと述べる（p.238）。多くは，単一の財務業績の全体的測定をもつことが重要と考えているようである。たとえば，もし実際の利益が予算利益より良好であった，しかし投資の業績は悪化傾向であるようならば，マネジメントはいかに全体の財務業績を判断するであろうか。このような場合，ROI あるいは RI という単一の尺度を備えることで，おもわしくない投資業績の改善された利益業績に対する影響を評価することが可能になる（p.238）。

　また，単一の尺度を用いることで，収益性があるかわからない資本投資の追加に事業単位管理者により細心の注意を払うよう促すことになる。さらに，大きな資本支出のみが本社で審査され，多くのマイナーな小さな獲得（ルーチンな取り替えなど）は大抵事業単位管理者によって決定される。ここでの１つのアプローチは，RI を算定するときにこうしたマイナーな取得を管理可能資産の

構成に含めることであり，大きな資本支出に限って別個に管理されるのである（p.238）。

　以上を総括して，Anthony は，ROI による業績評価の欠陥は現実で，事業単位管理者の側での逆機能行為が起こることは経験上熟知されるところと述べる（p.238）。しかし，実際のところ企業は，逆機能行動の度合いを決めかねている。なぜなら，ほとんどの管理者がその存在をみとめようとしないし，それが存在しても多くがそれに気づかないでいる。逆機能行動の起こる恐れは，ROI 目標の達成そのものの重要性に関連するように思える。たとえば，ある企業は，ROI を算定しているが業績を評価するためには他の財務目標に重要性を置く。たとえば予算利益目標に一致することである。別の企業は，ROI 目標の達成を重視する一方で，事業単位管理者側による逆機能行為を招くことに戦々恐々としている（p.238）[16]。

　RI の利点にもかかわらず，米国やわが国の調査からは，ROI に替えて RI を単独で用いる企業は極めて少ない。ROI は，投資センターの業績測定にとって依然有効で高い普及をみている。仮に RI が用いられる場合，そのほとんどが ROI を補完する併用的採用であった。これによって，より総合的な業績測定が可能となると考えられる。

第 4 節　事業単位の経済的業績の報告

　これまでは，事業単位管理者の業績測定，マネジメントの業績に焦点を当ててきた。一方，前述されたように事業単位の経済的業績の報告も考慮されなければならない。マネジメントの業績の報告は，月ごと，四半期ごとに作成される。一方経済的業績報告は何らかの経済的な決定が行われるという不規則な間隔，ときに数年に一度の間隔で作成される。マネジメントの業績の報告は，実際に生じた歴史的情報を利用する傾向がある。一方経済的業績の報告は，マネジメントの業績の報告とは全く異なる情報を用いることになる（pp.238-239）。

　Anthony によれば，経済的業績報告は診断的な（diagnostic）インスツルメ

ントである。経済的報告は，事業単位の現行の戦略が満足のいくものかどう
か，あるいは事業単位に関連して拡張，縮小，方向の変更，売却かの決定がな
されねばならないかどうかに注意を向ける。また，個々の事業単位の経済的分
析は，新製品や新工場設備に関する現在のプランあるいは新たな戦略が全体と
して考慮されるとき，たとえこれらの各決定がその時点で妥当かつ合理的と思
われても，将来満足のいく利益を生む可能性があるかどうかについて明らかに
する（p.239）。

　さらに，経済的報告は，企業全体の価値，仮に個々の事業単位が売却される
ならば株主が受け取るであろう見積総額の基礎資料として作成される。解散価
値（breakup value ）と呼ばれるものがこれで，企業に対する株式公開買付け
を行なおうと考えている外部組織に有用なものである（p.239）。

　最後に，Anthony は，マネジメントの業績報告と経済業績的報告の2つの
タイプの最も重要な違いについて，経済的報告が収益性がどれだけであったか
より，むしろどれだけの収益性が将来期待されるかに焦点が当てる点であると
述べる（p.239）。

（注）
　（1）古田［1997］は，先端製造技術の検討を取り上げているが，ここではこれらの技法が伝統的
　　　な管理会計論のフレームワークに影響を及ぼす立場に立つ。
　（2）Anthony によれば，事業単位と利益センターは同意語として用いられてはいない。サブ単位
　　　が職能別に構造化されているような事業単位において，販売，製造，サービスなどの職能別単
　　　位の1つ以上が利益センターとして取り扱われることが望ましいケースが多々あるとされる。1
　　　つの単位が利益センターかどうかは，その責任センターの管理者がボトムラインの効果に影響
　　　を与える活動に十分な影響をもつかどうかに依存する（p.148）。
　（3）直接利益の指標は，利益センターで発生した，あるいは直接跡付け可能なすべての費用を含
　　　む利益センターが本社一般間接費および利益に貢献する額を示す（p.151）。
　（4）一般に米国では各事業単位（事業部）は，企業全体の法人税支払いを割り当てられる。明ら
　　　かに，これは管理不能費である。しかし，海外業務を持つ子会社や事業単位の間では，実効税
　　　率が変動する。また，異なった産業に属する事業部の間には，減価償却費に関して税法上の特
　　　別優遇措置をがうける事業部もある。このような場合，法人税の割り当ては的を得る。純利益

は利益センターの経済的業績を測定するためだけではなく，またその管理者に法人税を最小化するよう動機づけることになる（p.153）。

（5）たとえば図表4-1の損益計算書の利益センターで生じる固定費には，事業部長が事業部固定資産に部分的に影響力をもち，その利用によって発生する事業部帰属可能なコミッテッド・コストとしてとらえられるものが含まれるのである。

（6）図表4-1では，他の本社費配賦額が本社費・共通部門費の利益センターへの配分である。

（7）Kaplan and A-kinson［1989］は，このコンフリクトの存在が，振替価格決定をやっかいにする根本であるという。

（8）Anthonyでは，キャパシティの余剰あるいは不足のケースとの関連で，つぎのような説明をみることができる。

　　いくつかの企業では，販売利益センターかあるいは購買利益センターがソーシング決定を本部の関係者や委員（仲裁委員）にアピールすることが許される。たとえば，受入利益センターが供給利益センターの決定に外部に販売するようアピールできる。仲裁委員は，全社的最善な利益に基づいてソーシング決定をおこなう。すぐ後に記されるように，この場合の振替価格も競争価格である（p.185）。

（9）競争価格をいかに入手するか。Anthonyは，いくつかの方法を提案する。

　　公に提示されている市価（published market prices）が利用できる場合，それらが振替価格の設定に用いられる。Anthonyは，ここでも米国石油会社のケースをとりあげている。石油会社は，原油生産，パイプラインによる輸送，製油（加工），マーケティングと多くの異なる事業活動を行う。こうした中，原油市場の原油市価の利用が，各事業部を利益センターと取り扱っても事実を歪めるものではなく，むしろ合理的とみなされたことに注目している（p.185）。

　　もし販売利益センターが外部市場に類似の製品を販売するならば，その外部市場の価格に基づいて競争価格を重ね写す（replicate）ことが可能となろう。

　　もし購買利益センターが外部市場から類似の製品を購入するならば，その製品に対する競争価格を重ね写すことできよう（p185）。

（10）通常，適切な市場が存在しないために市価の入手ができない場合，原価を振替価格決定の基準としなければならないとされる。

（11）同様の理解は　小倉［2010］からもうかがえる。交渉価格は振替価格の設定の1つの方法ではなく，価格交渉をする際の市価や原価を参照して協議するもので，これらを組み合わせた形態である（小倉［2010］，44頁）。

（12）谷［2009］，189頁では，プロフィット・センターの性質からみて内部利益を含む振替価格の設定が一般的であると述べられる。したがって，谷［2009］では，原価基準の利用はかなり限定されることになる。例えば，事業部の導入が浅い，また新規事業部といったケースで使用される。

（13）例えば，米国にあっていち早く振替価格の導入に取り組んだのが石油業界であったといわれる（Solomons［1983］）。Anthonyの議論においても米国石油企業が頻繁に引き合いに出されている。以下の計算例における振替価格の方法が市価と原価プラス利益基準に絞られている。こ

れらの点も，決して偶然ではなかろう。

　なお計算例は，古田［2007］に収録されるものが初出であるが，かなり説明を削いだものと
なっている。

（14）Horngren et al.［1994］では，市価基準が目標の一致を促すだけでなく，さらにセンター長の
持続可能な高いレベルの努力（意欲）や高い自由裁量（autonomy）を導く可能性についても検
討されている。

　生産事業部長にとって原油を提供する原価を抑える動機付けとなる。また，輸送事業部長は，
原油を能率的に調達し輸送する動機を与えられる。これに対して，2つの原価プラス基準の下
では，生産事業部の営業利益は低い傾向にある。ここでは，生産事業部長にとって持続可能な
努力を行使する動機にはほとんどならない。他方，輸送事業部は受入事業部として，生産事業
部である供給事業部の原価プラス基準を単純に受け入れることになる。輸送事業部長の原価の
管理に対する意欲はほとんどしぼんでしまう。

　さらに，トップが高い分権化の水準を支持するほど，市価は，供給事業部長（生産事業部）
や受入事業部長（輸送事業部）の自立性を妨げない状況を作り出す。生産事業部も有利に原油
を販売でき，輸送事業部も有利に原油を購入できる意思決定の自由が与えられる。自らの事業
部の営業利益を最大にする行動はまた，H社全体の営業利益を最大にする決定につながるので
ある（Horngren et al.［1994］，p.869）。

（15）ちなみに，こうしたRIの利点から，わが国では門田［2001］では，残余利益をボトムライン
とする事業部損益計算書のひな型が示されている。

（16）以上のAnthonyの議論は，Reece and Cool［1978］，Dearden［1987］の研究調査に拠る。

第5章　業　績　評　価

　業績評価のエレメントは，業績報告の分析と報酬のマネジメントに関する内容からなる。このうち，業績報告の分析には，実績を予算と比較する差異分析と報告システムと，これによって生じる情報を部下の業績評価のために利用するアプローチが含まれる。Anthony は前者を業績報告の分析の技術的な側面，後者をその非技術的な側面と呼ぶ。報酬のマネジメントは，米国企業のインセンティブ報酬システムの設計に焦点が当たる。以下，順に検討をおこなう。

第1節　予算差異分析と報告システム

(1)　差異の分解と報告システム

　責任センターにおける業務遂行の結果が計画予算（計画利益）と比較される。この差異が予算差異であり，通常その原因を分析するのが予算差異分析とよばれる。

　差異分析の基本設計は，職能別組織における責任センターであるコスト・センターと収益センターを前提に置く。Anthony によれば，より周到な分析は，差異の原因と組織単位の責任を結びつけることである。効果的なシステムは，差異を組織の最下層レベルへ下方に結び付けていく。差異は，ハイアラーキカルである（p.484）。

　図表5-1に明らかなように，差異は，事業単位全体の業績にはじまり，収益差異と費用差異に分解される。収益差異はさらに，事業単位全体および単位

図表 5-1　差異分解

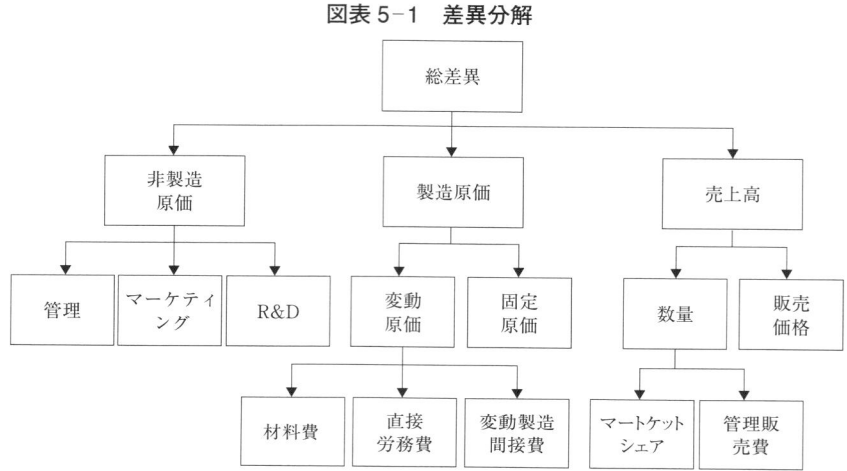

Anthony and Govindarajan［1995］, p.486

内の各販売責任センターの価格差異と数量差異に分解される。費用差異は製造
費用と他の費用に分解され，製造費用はさらに工場と工場内の部門ごとに再分
解される。それゆえ，各差異を責任をもつ個々の管理者に結び付けることが可
能となる。こうした差異分析のタイプが強力なツールとなり，これなくしては
利益予算の効率は限られたものとなる（p.484）。

　Anthony は，差異分式と報告のシステムについて数値例で説明をおこなっ
ている。もっとも，詳細さについてはかなり省かれるように思われる[1]。そこ
で，以下では，DeCoster and Schafer［1982］, pp.544-559 による計算例をとり
あげることにする。わが国の岡本［1994］,［2003］も，DeCoster and Schafer
［1982］と同様の差異の分析（算定）と報告のシステムの採用を計算例題で論じ
ている。

(2)　予算差異分析と報告システム—計算例

　予算差異分析は，基本的には当初に作成された見積損益計算書の計画利益と
実際利益との比較からなる。S 社の第4四半期の実際のデータを図表5-2に

図表5-2 実際データー第4四半期

(千円)

材料購入高：
新素材	20,000 kg	@0.8	16,000
パーツ（小）	7,600 個	@0.35	2,660
パーツ（大）	11,000	@0.62	6,820

生産：
小型製品	7,600 単位	
大型製品	9,900	

売上：
小型製品	7,600 単位	30,400
大型製品	9,900	79,200

成型部門：変動費
直接材料費
新素材	18,000 kg	@0.8	14,400
直接労務費	2,600 時間	@1.6	4,160
変動間接費			7,400

組立部門：変動費
直接材料費
パーツ（小）	7,600 個	@0.3	2,280
パーツ（大）	10,500	@0.6	6,300
直接労務費	1,800 時間	@1.2	2,160
変動間接費			1,600

販売部門：変動費
変動販売費	8,700

固定費：
	減価償却費	その他	合計
成型部門	8,000	3,000	11,000
組立部門	1,300	2,100	3,400
工場管理部門	1,500	10,000	11,500
販売部	8,600	15,000	23,600
管理部	1,100	8,000	9,100

示す[2]。便宜上，小型と大型の販売量はともに，計画生産量に一致する。また，期末仕掛品も存在しない。このもとで，図表5-3は，第4四半期の当初の計画利益と実際利益との比較損益計算書を表している。

また，図表5-4は，S社の組織構造を想定する。成型部門，組立部門およ

図表 5-3　実際・予算比較損益計算書－第4四半期

（千円）

	計画予算	実際	差異	
売上高	73,440	109,600	36,160	F
変動費：				
製造原価	29,670	38,900※	(9,230)	U
販売費	5,640	8,700	(3,060)	U
計	35,310	47,600	(12,290)	U
貢献差益	38,130	62,000	23,870	F
固定費：				
製造原価	27,200	25,900	1,300	F
販売費	20,150	21,000	(850)	U
一般管理費	10,100	9,100	1,000	F
計	57,450	56,000	1,450	F
営業利益	(19,320)	6,000	25,320	F
利子費用	2,000	2,000		0
税引前純利益	(21,320)	4,000	25,320	F
※ 直接材料費	22,980			
直接労務費	6,320			
変動製造間接費	9,000			
材料受入価格差異	600			

び管理部門はいずれもコスト・センターである。販売部門は，利益（貢献差益）センターである[3]。

　まず，Anthony の図表 5-1 にしたがうとき，図表 5-3 の差異（25,320 千円 F）が収益差異と費用差異に分解される。このもとで，これらの差異が分解あるいは再分解されて差異の分析と報告システムとして積み上げられていく。

①収益差異の分析と報告システム

　Anthony によれば，収益差異は，販売価格差異，数量差異およびミックス差異に区別される。Anthony は，このうち数量差異とミックス差異を区別する場合と，区別せず結合する場合の双方をあつかう。以下では，結合して用いる場合を取り上げる。通常，販売量差異（activity variance）と呼ばれるもの

図表 5-4　S 社の組織図

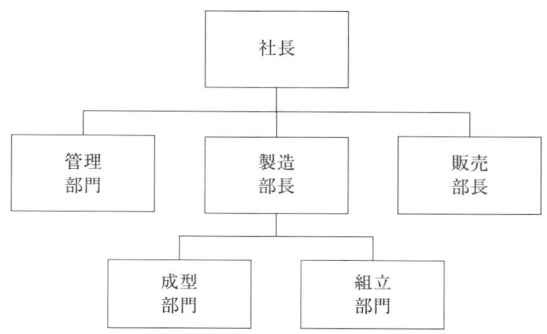

が，これである[4]。

　販売価格差異と販売量差異の算定計算は，以下のように製品ライン別に行われる。

　販売価格差異は，実際価格と予算価格の差額に実際売上量を掛けたものである。

小型：$(4 - 4) \times 7{,}600 = 0$

大型：$(8 - 6.4) \times 9{,}900 = \underline{15{,}840F}$

$$15{,}840 \text{ 千円 F}$$

　販売量差異は，次式で算定される[5]。

（予算販売量 − 実際販売量）× 製品単位当たり予算貢献差益

小型：$(7{,}800 - 7{,}600) \times 2.35 = 470U$

大型：$(6{,}600 - 9{,}900) \times 3.0 = \underline{9{,}900F}$

$$9{,}430 \text{ 千円 F}$$

　こうして，以上の収益差異は，責任をもつ管理者と結びつけるために販売責任センターごとに分解される。ここでは，販売量差異の発生が考えられるために，当初の計画予算が考慮される必要がある。このもとで，実際販売量のもと

図表 5-5　販売部報告書－第 4 四半期

(千円)

	(a) 計画予算	(b) 変動 予算	(c) 実際	(a)－(b) 販売量差異	(b)－(c) 価格，能率 および支出 差異
製造―小型					
売上高	31,200	30,400	30,400	(800) U	0
変動製造原価	10,530	10,260	10,260	270 F	0
製造貢献差益	20,670	20,140	20,140	(530) U	0
変動販売費	2,340	2,280	2,080	60 F	200 F
営業貢献差益	18,330	17,860	18,060	(470) U	200 F
製造―大型					
売上高	42,240	63,360	79,200	21,120 F	15,840 F
変動製造原価	19,140	28,710	28,710	(9,570) U	0
製造貢献差益	23,100	34,650	50,490	11,550 F	15,840 F
変動販売費	3,300	4,950	6,620	(1,650) U	(1,670) U
営業貢献差益	19,800	29,700	43,870	9,900 F	14,170 F
貢献差益合計	38,130	47,560	61,930	9,430 F	14,370 F
固定販売費：					
減価償却	6,000	6,000	6,000	0	0
その他固定費	14,150	14,150	15,000	0	(850) U
計	20,150	20,150	21,000	0	(850) U
販売部貢献差益	17,980	27,410	40,930	9,430 F	13,520 F

であるべきはずの，それに見合う収益と原価（費用）である業績測定予算
（performance budget）あるいは変動予算（flexibility budget）を算定する必要が
生じる[6]。そして，業績測定予算を当初の計画予算から差し引く。これによっ
て，当初の計画販売量よりも多く（少なく）販売したために生じる販売量差異
が計算される。上述の収益差異での販売量差異の算定式に等しく，同額となる
（9,430 千円 F）。

　なお，販売責任センターの固定費は，実際販売量の変化には影響されない。
このために固定費の業績測定予算は，当初の計画予算と同額となる。

　つぎに，業績測定予算から実際額を差し引いて算定されるのが，価格，能率

および支出差異（price, efficiency and spending variance）あるいは変動費差異予算である[7]。販売責任センターの責任は，収益差異で算定される，低い（高い）価格で売ったための販売価格差異だけではない（15,840千円F）。能率的な（不能率に）営業活動をしたため（200千円F ＋ 1,670千円U），あるいはまた固定費予算の支出を節約（浪費）したため（850U）に生じる能率および支出差異も考慮の対象となる。

　以上より，図表5-5は，計算例におけるS社の販売部門の差異報告書―第4四半期を表わしたものである。図表5-5の報告書の実際欄の変動製造原価は，実際販売量に標準変動原価を掛けたもので，この意味で業績測定予算ないし変動予算の額に等しい。それは，仮に変動製造原価を実際原価で表すと，販売部の業績が製造部の能率の良否に影響を受けることになるからである。

②費用差異の分析と報告システム

　Anthonyでは，費用差異について製造費用差異が固定費と変動費に分解される。固定費（固定製造原価）は，実際額と予算額との単純な差額である。変動費（変動製造原価）については，変動予算が実際生産量（完成品換算量）のもとで生じる原価に修正される。なお，Anthonyでは，変動製造原価の差異を述べるものの，詳細な差異等の説明（数値例を含めて）は省かれている[8]。ここで，以下，図表5-2と図表5-3に基づいて変動製造原価の差異の算定を図表5-6にまとめることができる。変動製造原価の差異は，実際原価を実際生産量のもとであるべきはずの原価を示す業績測定予算あるいは変動予算と比較することからなる（70千円F）。

　上述されるように，Anthonyによれば，この変動製造原価差異がさらに工場と工場内の部門に再分解されていく。同じコスト・センターでもより上位の工場や製造部門の予算差異は，下位の差異を管理可能な要素として積み上げていき，工場や製造部門全体の差異を概要することになる。これにより，ここでの上司である工場長や製造部門長は例外管理を効果的に進めることが可能になる（岡本他［2003］，114頁）。

図表 5-6　標準変動原価差異

(千円)

差異	原価差異			
材料受入価格差異 (材料単位当たりの標準価格－材料単位当たりの実際価格)×実際材料仕入数量	新素材	$(0.8-0.8)\times 2{,}000$		0
	パーツ（小）	$(0.3-0.35)\times 7{,}600$		(380) U
	パーツ（大）	$(0.6-0.62)\times 11{,}000$		(220) U
	計			(600) U
材料消費量差異 〔(実際生産高×単位当たり標準消費量)－実際材料消費量〕×材料単位当たり標準価格	新素材	$[(7{,}600\times 0.5+9{,}900\times 1.5)-18{,}000]\times 0.8$		520 F
	パーツ（小）	$(7{,}600\times 1-7{,}600)\times 0.3$		0
	パーツ（大）	$(9{,}900\times 1-10{,}500)\times 0.6$		(360) U
	計			160 F
賃率差異 (時間当たり標準賃率－時間当たり実際賃率)×実際作業時間	成型	$(1.5-1.6)\times 2{,}600$		(260) U
	組立	$(1.0-1.2)\times 1{,}800$		(360) U
	計			(620) U
作業時間差異 〔(実際生産高×単位当たり標準作業時間)－実際作業時間〕×時間当たり標準賃率	成型	$[(7{,}600\times 0.1+9{,}900\times 0.2)-2{,}600]\times 1.5$		210 F
	組立	$[(7{,}600\times 0.1+9{,}900\times 0.1)-1{,}800]\times 1.0$		(50) U
	計			160 F
変動製造間接費能率差異〔(実際生産高×単位当たり標準作業時間)－実際作業時間〕×時間当たり変動製造間接費標準配賦率	成型	$[(7{,}600\times 0.1+9{,}900\times 0.2)-2{,}600]\times 3.0$		420 F
	組立	$[(7{,}600\times 0.1+9{,}900\times 0.1)-1{,}800]\times 1.0$		(50) U
	計			370 F
変動製造間接費予算差異（時間当たり変動製造間接費標準配賦率×実際作業時間)－実際変動製造間接費	成型	$3.0\times 2{,}600-7{,}400$		400 F
	組立	$1.0\times 1{,}800-1{,}600$		200 F
	計			600 F

図表5-7　成型部門原価報告書

(千円)

第4四半期

	変動予算	実際	差異	
直接材料費：	14,920	14,400		
材料消費数量差異			520	F
直接労務費：	4,110	4,160		
作業時間差異			210	F
賃率差異			(260)	U
変動製造間接費：	8,220	7,400		
変動間接費予算差異			420	F
変更間接費能率差異			400	F
変動費　　　　合計	27,250	25,960	1,290	F
固定費：				
減価償却費	8,000	8,000	0	
その他固定製造原価	3,000	3,000	0	
計	11,000	11,000	0	
部門原価合計	38,250	36,960	1,290	F

　計算例でいえば，成型部門，組立部門へ再分解し，工場（製造部門）に積みあげられることになる。図表5-7は成型部門の差異報告書，図表5-8は工場製造部門の差異報告書を表すものである。工場製造部門の差異報告書には，成型部門，組立部門の差異報告書と工場長の管理下にある原価のすべてが（管理可能費）が集積されている。なお，組立部門の差異報告は省略している。

　以上，Anthonyによれば，差異はトップへのマネジメント報告書に要約される。それには，いくつかのタイプがあるとされる。たとえば，計画利益と実際利益との利益差異を，一連の差異報告の結果を集計する業績報告書に要約している（pp.491-492）。図表5-9は，利益差異がなぜ生じたか，各責任センターの差異責任に跡づける利益差異報告書を表わすものである。管理部門の差異（一般管理費差異1,000千円Fと法人税差異N／A）を含む。

図表5-8　工場原価報告書

（千円）

| | 第4四半期 | | |
	変動予算	実際	差異
下位部門の管理可能費			
成型部門	38,250	36,960	1,290　F
組立部門	15,420	15,740	(320)　U
材料受入価格差異	0	600	(600)　U
計	53,670	53,300	370　F
工場固定費			
減価償却費	1,500	1,500	0
その他固定製造原価	11,000	10,000	1,000　F
計	12,500	11,500	1,000　F
工場原価合計	66,170	64,800	1,370　F
工場原価差異の要約			
材料受入価格差異			(600)　U
材料消費数量差異			160　F
賃率差異			(620)　U
作業時間差異			160　F
変動間接費能率差異			370　F
変動間接費予算差異			600　F
固定製造原価差異			1,300　F
合計			1,370　F

③その他の情報

　Anthonyは，以上の差異報告だけでなく，「その他の情報」をも重視する。若干の主要な変数ついて確認し，報告する重要性を強調する。通常目標管理システム（management by objectives）を指すものがこれで，ここでは管理者間で一致を見た若干の非財務目標が，利益予算の情報に加えて業績の分析に重要とみなされる。また，管理者は他の非公式なソースからの情報を得る。非公式な情報の相対的な重要性は，公式的な差異報告とちがって，個々の管理者が当初予測した判断を大きく変える可能性があることである（pp.497-498）。

　Anthonyによれば，こうした情報の公式的と非公式ソースとの間のバラン

図表 5-9　利益差異報告書

（千円）

	第 4 四半期		
計画予算からの純利益			(21,320)
販売部の責任による差異：			
活動差異	9,430	F	
販売価格差異	15,840	F	
販売費差異	(2,320)	U	22,950
製造部の責任による差異：			
材料価格差異	(600)	U	
材料消費数量差異	160	F	
賃率差異	(620)	U	
作業時間差異	160	F	
変動間接費能率差異	370	F	
変動間接費予算差異	600	F	
固定製造原価差異	1,300	F	1,370
管理部による差異：			
一般管理費差異	1,000	F	
法人税差異	N/A		1,000
実際純利益			4,000

スに関連して，1つの基本的原則があるされる。月次の利益報告は大きなサプライズを含むべきではないというものである。この上で，公式的利益報告の最な重要なベネフィットの1つは，部下の管理者をして自らのイニシァティブで修正行動をとるよう好ましいプレッシャーを与えることであると述べる（p.498）。利益報告は，行動に至らない限り，無用とみなされる。

　ちなみに，図表1-7のMCの公式的プロセスには，以上の修正行動のフィードバックやその他の情報のループが，責任センターにおける業務と測定にリンクしている。

第2節　予算差異情報の利用スタイル

(1) Hopwood［1972］と Otley［1978］の研究

　Anthony によれば，以上の差異の算定や報告システムという技術的な側面は，多くの企業で基本的に共通する（p.498）。一方，こうしたシステムから生じる情報を企業が利用する方法は幅広く異なる。上級管理者が，部下の業績評価のためのコントロール実践に予算情報を利用するアプローチをとるケースがそれである（p.498）。

　その嚆矢である Hopwood［1972］は，会計情報が部下の業績評価のためにいかに利用されるかそのスタイルを追求した最初の経験的研究としてしられる。Anthony は，この Hopwood［1972］の研究を非技術的な視点，すなわち業績評価の行動的考察の視点と位置づけ，独自の議論を展開する。

　Hopwood［1972］は，予算情報が利用される方法，スタイルを B.C.（Budget Constrained）利用と P.C.（Profit-Constrained）利用に区別した。前者は，上司の部下の評価にあたって予算目標に合致することを専ら強調する厳格なスタイルをいう。この厳格な B.C. スタイルには，仕事関連の高い緊張の度合い，仲間と上司相方のまずい人間関係，また水増しなどの会計データの操作という逆機能行動などを奨励するといった組織のプロセスが影響した。このスタイルは，後者の，予算に合致することではなく，むしろ長期的な効果をも考慮するより弾力的な P.C. スタイルとは著しく対照的な結果を示すこととなった。すなわち，Hopwood は，業績評価のための予算利用の弾力的 P.C. スタイルがより効果的となる（組織の業績を導く）傾向にあると結論する。

　しかし，その後の Otley［1978］の研究は，Hopwood［1972］によってとり上げられたイシューを調査した。その結果は逆の矛盾するものであった。業績評価の基準として予算に合致することに重く信頼を置くことは，なんの逆機能行動もなく，また相対的に高い業績結果の関連するものであった。むしろ予算

に合致することに重きを置く厳格なB.C.スタイルがより弾力的なP.C.スタイルよりポジティブな結果をもたらした。たとえば予算に合致することが，仕事関連の高い緊張のレベルを導くことにはならなかったのである。

　以上の2つの研究より矛盾する結果が発見されたことが，その後の80年代の一連の研究の基礎を形成し，上司による業績評価のための予算利用のスタイルへと発展する。Anthonyの議論もまた，既述されるように，こうした業績評価の行動的考察の視点からの研究に影響をうけるのである。その前に，以下，Hirst［1981］，［1983］，Brownell［1982］，Govindarajan［1984］，Brownell［1985］，［1987］，Brownell and Hirst［1986］の研究を順を追って簡単にレビューしておく。

(2) RAPM スタイル研究の概要

　・Hirst［1981］は，RAPM（reliance on accounting performance measures），すなわち会計の業績評価尺度に置く信頼性（の程度）を表現するスタイル（以下RAPMスタイル）とタスクの不確実性（task uncertainty）との間の関係について経験的研究を展開する。ここにRAPMという概念は，Hirst［1981］によってHopwoodのB.C.スタイルに関連づけられるものである。Hirst［1981］の主な結論は，中以上の高い（中以下の低い）RAPMのレベルは，低い（高い）タスクの不確実性の状況における逆機能行動（dysfunctional behavior）の出現の頻度を最小にするというものである。

　・Brownell［1982］は，高い（低い）RAPMのレベルは予算参加が高い（低い）もとであるかぎり，業績にポジティブな影響を与えることを発見する。

　・Hirst［1983］は，高い（低い）RAPMのレベルが低い（高い）タスクの不確実性の状況における低い仕事関連の緊張に関連することを発見する。

　・Govindarajan［1984］は，環境の不確実性が会計（公式的方法）評価と非会計（主観的方法）評価のスタイルとの間の選択に影響を及ぼすと提案する。環境の不確実性が大きいほど，上位者が部下の業績の評価にあたって公式的方法より主観的方法に依存する傾向が増える。

・Brownell［1985］は，環境が評価スタイルと業績に及ぼす影響について報告する。Govindarajan［1984］との違いは，Brownell［1985］やOtley［1978］が，Hopwoodの採用した評価スタイルの測定尺度を採用していること，および組織における職能的メンバーシップ，すなわち環境の不確実性が高いマーケティングと研究開発のグループのケースを取り入れ，これらのサンプルをとる点である。結果は，より困難な環境に直面するこれらのグループ管理者は，彼らの評価に低いRAPMのレベルをもってよりベターに実行をおこなうことになる。

・Brownell and Hirst［1986］は，以上のBrownell［1982］とHirst［1983］を結び付ける経験的研究である。Brownell and Hirst［1986］によれば，業績，参加，RAPMの3つの関連する変数を用いて，つぎのような仮説が支持される[9]。参加とRAPMの両立する組み合わせは（高い／高い，低い／低い），高いタスクの不確実性の仕事の状況とは対照的に，タスクの不確実性の低い状況における仕事関連の緊張を減少するうえでより効果的である。

・Brownell［1987］は，この段階での会計の予算制約スタイルの総括をおこなう。ここでは，RAPMスタイルに影響を及ぼす以上の2つの要因（タスクの不確実性と参加予算）に，さらに環境の不確実性，事業戦略およびリーダーシップを加える，5つの可能な要因に関わるエビデンスを報告する。

このうち，環境の不確実性については，Govindarajan［1984］の前掲の結果を参照して，Govindarajan［1984］がタスクの不確実性を環境の不確実性の1つの構成要素とみなすものかどうかは明らかではないが，この点でHirst［1981］，［1983］に近いものであると指摘する。関連して，高いRAPMスタイルの利用は，環境の不確実性の低いレベルに特徴づけられる状況に限定されるべきであり，その充分なエヴィデンスがあると述べる（Brownell［1987］，p.188）。ちなみに，このBrownell［1987］の議論を，Chapman［1997］は，RAPMと不確実性（タスク／環境）との関係から図表5-10のようにまとめている[10]。

また，Brownell［1987］は，事業戦略についてGovingdarajan and Gupta［1985］をとりあげる。業績評価の長期基準には成長SBUが適し，短期基準

図表 5-10　不確実性の役割

		RAPM	
		低い	高い
タスク /	低い	矛盾	両立
環境不確実性	高い	両立	矛盾

Chapman［1997］, p.193

（通常の会計業績基準）には収穫 SBU に適合すると提案する。成長 SBU の活動の責任を持つ管理者の評価が長期でかつ非財務基準に基づくとき効果が大きいと指摘する（Govindarajan and Gupta［1985］, pp.63-64）。ここから，Brownell［1987］, pp.190-191 によれば，事業戦略には，財務指標だけでなく非財務指標による評価を促すために，双方の組み合わせが重要なインプリケーションを持つことになる。さらに，財務と非財務データの業績評価の利用は，上司によって示されるリーダーシップのスタイルに依存すると述べる（Brownell［1987］, p.191）[11]。

　最後に，Brownell［1987］, p.191 は，次のような指摘を行う。以上の 5 つの要因が財務と非財務コントロール間の選択に影響を及ぼす役割について更なるエビデンスが必要となる。また，これから議論の俎上に上がる他の要因として，文化が重要となるであろう。

(3) Anthony の予算差異情報の利用スタイル
①タイトなコントロールの利点と逆機能効果

　さて，Anthony に移るとしよう。Anthony は，Hopwood の厳格な B.C. スタイルをタイトなコントロール（tight control），弾力的な P.C. スタイルをルーズなコントロール（loose control）と定義する（pp.499-450）。

　Anthony は，タイトなコントロールは，ルーズなコントロールに対して 2 つの重要な利点をもつと述べる。タイトなコントロールは，管理者が無駄や不能率な行動をとることを防止し，管理者に利益意識を促す。また，一貫した圧力が，管理者をして利益予算（profit budget）を達成するために既存の業務を

遂行，また新な活動に着手するための最善な方法の探索を促進する（p.500）。

　反面，タイトなコントロールは，次のようないくつかの逆機能結果（dysfunctional effects）を生むと指摘する（p.500）。

　企業は長期的関心ではなく短期的行動を促す。関連して管理者が選択や行動の大きな自由をあたえられるとき，非経済的な短期行動をとるリスクがある。たとえば，販売目標を達成のために不良な品質の製品を販売し，顧客暖簾やその後の売り上げに支障を生じる（p.500）。

　また，短期利益を獲得するために事業単位管理者が将来有用な長期的行動をとろうとしない。たとえば，管理者は，長期にわたって利益が確約できても，しかし短期財務結果を害する投資は企画しない。管理者はまた，将来のキャッシュ・フローに著しい不確実性がある場合，リスクの高い投資を提案しないであろう。高いリスクのプロジェクトが高いレターンを生む可能性があっても，管理者は安全な投資を提案する（pp.500-501）。

　さらに，予算利益（budgeted profit）を唯一の目標として利用することは，事業単位管理者と上級管理者との間のコミニケーションを歪める。事業単位管理者は，彼らの利益予算にもとづいて評価されるならば容易に達成できる利益目標を設定するだろう。このことは，予算利益が実際には達成できるであろう額より低い可能性があるために，企業全体からは誤った利益計画設定のデータを誘導する。また，管理者は，年度中予算利益の達成に失敗する可能性が明かになるまで，それを認めるようとしないことがある。これは，修正行動を遅らすであろう（p.501）。

　最終的に，タイトなコントロールは，管理者にデータの操作や偽造の動機を与えるかもしれない（p.501）。

　Anthonyは，企業のMCSを，以上のタイトなコントロールとルーズなコントロールを両極にもつ連続体（tight／loose continuum）の間に位置づけることが有用であると考える（p.500）。企業のMCSのポジションは，このタイト／ルーズ連続体上の何処かに位置づけられるもので，上級管理者が短期の予算目

標に合致すること（あるいはそれを超えること）にどれほど強調を置くかにかかっていると述べる（p.500）。ここから，結局，タイトなコントロールの効果が状況的要因（situational factors）に依存する問題であるという見方に達する（p.501）。Anthony は，以下の4つの状況要因を掲げる。

②タイトなコントロールと状況的要因

管理者が行使できる選択や行動の自由の大きさ　　事業単位管理者が行使できる行動の自由の大きさは，仕事の性質と権限の委譲の程度に依存する。事業単位管理者の自由が多いほど，正確な目標を設定することは困難である。逆に自由が少ないほど，合理的な財務的目標に達することは単純なタスクである（p.502）。

重要な業績変数を事業単位管理者が影響を及ぼす程度　　事業単位の管理者が重要な業績変数に対して行使できる影響が大きいほど，効果的な MCS を展開することが容易になる。外部の市場変数の方が，内部の生産変数と比べて影響を及ぼす程度ははるかに困難である。売上が生産キャパシティによって制限されるといった事業単位ほど，利益目標の設定もこの目標に対する業績の判断も容易である（p.502）。

業務遂行における相対的な不確実性　　事業単位管理者は，外部環境と内部環境の双方に直面する。相対的な不確実性とは，外部のエイジェンシーと内部のフォースの双方の行動が予測できない状況を意味する。これらの不確実性が高いほど，業績の評価のための基準として利益予算を用いることとはより困難である。また，原因／結果の関係に関する知識，能率の判断が，不確実な条件下では困難である。さらに，財務業績指標の強調は，プロセスよりむしろ成果にある。ところが，高い不確実性もとでは，管理者は成果をうみだす行動をコントロールができないことになる。それゆえ，財務情報は，管理上の業績を適切に反映しない（pp.502-503）。

図表 5-11 タイト / ルーズ・コントロールの連続体

	ルーズ・コントロール			タイト・コントロール
自由裁量の大きさ	多い	◀	▶	少ない
影響の程度	外部市場変数	◀	▶	内部生産変数
相対的な不確実性	高い	◀	▶	低い
インパクトのタイム・スパン	長い	◀	▶	短い

Anthony and Govingdarajan［1995］, pp.501-503 より作成

管理者の決定のインパクトのタイム・スパン（time span）　もし MCS が業績を判断する適切な基準を提供するのであれば，実際と予算額の比較は評価期間中の管理者の実績を測定するものでなければならない。このことは，仮にもし管理者が今日おこなう意思決定がかなり先の将来期間まで収益性に反映されないような場合，あるいは逆にもし当期の収益性が過去の期間でおこなわれた決定のインパクトを反映するような場合に起こる可能性は低い。これら 2 つの条件が存在するほど，事業単位管理者を評価するためのツールとして予算を用いることは好ましくない（p.503）。

　以上の Anthony による状況的要因は，タイトなコントロールが適合する要因を議論するものであり，またタイト対ルーズ・コントロールの選択に影響する要因を説明するものとしてとらえることもできよう。図表 5-11 は，この意味での総合的な見方から，以上の状況的要因をタイト／ルーズ連続体の上に描くものである。

(4) RAPM スタイル研究の今後

　Anthony の予算差異情報の利用スタイルの検討は，Hopwood の厳格な B.C. スタイルをタイトなコントロールに重ねる視点から進められている。RAPM 概念を採用するものではない。しかし，業績評価における予算業績尺度の利用というイシューは，RAPM 概念が目指す MCS 実践の方向と基本的に変わりはない[12]。そのアプローチは，すべてが，どのような状況下で予算目標に厳格

に固守することが有益であるかに関する質問に答えることであったと考えられる。いみじくも，RAPM 概念の嚆矢である Hirst［1981］の副題は，低いあるいは高いタスクの不確実性の状況という状況的アプローチ（situational approach）であった。Anthony の議論の対象も状況的要因に集中した。両者の議論は，まさに機を一にするものであるといえよう。

このように，80 年代の上司による予算利用の評価スタイルの利用に関する調査研究（の量）は，その当時にあって目下の唯一のまとまった管理会計研究とされたこともうなずける（Brownell and Dunk［1991］，Chapman［1997］）。このことを評して，Chapman［1997］，p.193 は，究極は会計特有のアプローチ，RAPM への関心であると述べている。

ところが，2000 年に入って，RAPM の測定に異なる尺度が異なる調査研究ごとに利用されるという点で重要な欠陥をもつことに関心がいく（Otley and Fakiolias［2000］，Hartmann［2000］，Chenhall［2003］）。例えば，Otley and Fakiolias［2000］は，これらの違いをレビューし，多くの研究がこの測定における相違が原因で互いに比較出来なかった，と結論する。RAPM の評価に利用される異なるインスツルメントについて，そこからは，オリジナルな Hopwood［1972］のインスツルメントとは RAPM の測定尺度だけでなく，概念の違いにも象徴的な変化がみられる。この違いに気づかないことが困惑を招き，研究上比較ができない結果の出現を生むのである（Otley and Fakiolias［2000］，p.504）[13]。

近年になって，Otley［2016］は，オリジナルな Hopwood［1972］や Otley［1978］の研究が，RAPM 測定に設計される特定の尺度に関連する測定困難性などを理由に立往生してみえることは実に残念であると述懐する（Otley［2016］，p.50）。RAPM や評価スタイルに利用される方法は，一般化され普遍化が可能である[14]。これらの基礎的な概念が，もし財務的業績尺度や目標に加え非財務尺度も含むよう修正されるようならば，近年の戦略志向の経営組織にも適合するように思える。依然継続的な関心をうけるに値するキーとなる研究領域であると述べる（Otley［2016］，p.50）。

最後に，Anthony の議論は，事業単位管理者が，以上の差異報告など財務

業績を上級管理者に定期的，通常月ごとに報告するという前提のもとに進められる（p.503）。すでに記されるように図表 1-7 の MC の公式的プロセスに重ねるとき，それは，修正行動のフィードバックやその他の情報のループによる予算の修正だけでない。当初設定された予算編成方針（事業単位予算編成方針）に盛り込まれた利益目標や原価目標の達成度合いがチェックされる可能性を含む。これら利益目標や原価目標は，戦略的プランの一年分の目標利益を実現するための具体的なガイドラインとなるものであった。ここでのチェックは，戦略的計画にフィードバックされ（期中の）戦略的プランの修正の可能性をも視界にいれるものであろう。

第 3 節　インセンティブ報酬のマネジメント[15]

　Anthony と同様に，Merchant and Van der Stede［2007］，［2012］，［2017］は，「結果によるコントロール」を通じてインセンティブ報酬（incentive compensation）のマネジメントを重視している点で傑出するといえよう。双方のインセンティブ報酬のマネジメントの理解には共通する部分が多くみられることから，以下では，Anthony と Merchant and Van der Stede の議論を対比しながら検討を進める。

（1）インセンティブ

　Anthony は，個人（従業員）を組織目的の実現の向けて動機づけるマネジメント上の問題は，組織のインセンティブの個人の目的との関係に依存するという。Anthony によれば，ここでの個人は，ポジティブとネガティブなインセンティブの両方に影響される。ポジティブなインセンティブすなわち報酬（reward）は[16]，個人の要求における満足を増大する。ネガティブなインセンティブすなわち罰（punishment）は，個人の要求の満足を減らすことである（p.555）。同様に，Merchant and Van der Stede［2017］は，インセンティブという用語を個人（従業員）にとって価値のあるポジティブな報酬と，そうでは

ないネガティブな報酬（罰）を指すものとして用いる（Merchant and Van der Stede［2017］, p.354）。

このように，双方によるインセンティブの定義は，組織が報酬を個人（従業員）に授与する（award）ことによって動機づけの効果を引き出す見地に立つものである。

こうした報酬によるインセンティブあるいは動機づけについて，Anthony は，組織インセンティブに関する一般的調査からつぎのような発見が支持されたと述べる（pp.555-556）。

・個人は，報酬を稼ぐ潜在性により強く動機づけられる傾向にある。このことは，MCS が報酬志向でなければならないことを示唆する。

・個人の報酬は，状況的である。金銭的報酬は，若干あるいくつかの個人要求を満足する重要性な手段方法である。しかし，満足なレベルを超えると，金銭的報酬の額は，非金銭的報酬と比べて必ずしも重要ではない。

・モチベーションは，目標がなんらかの努力で達成でき，その個人がその達成を個人の要求とのに関連で重要とみなすとき強い。

・予算によって提供されるインセンティブは，管理者が予算額を決めるプロセスに上司とアクティブに参加する組織において最も強力である。目標，標準は，管理者がこれらを妥当と知覚し，それらの達成のコミットを感じるときに限って強いインセンティブを与える可能性がある（pp.555-556）。

これに対して，Merchant and Van der Stede［2017］, p.41 は，インセンティブの動機づけについて，期待理論（expectancy theory）の定理を重んじる。それは，個人の努力を，成果は個人の行動から生じるという期待ないし信念，つまり大きな努力に対するボーナスと，これらの成果への誘発性（valences）との関数であると考えるものである。ボーナスの誘発性は，その金銭的価値にかならずしも常に制限されるものではなく，そのほかの価値項目，ステイタスや名声を手に入れる誘発性をもつ場合がある。外的な報酬のみならず内的な報酬とに結び付くのである。

(2) インセンティブ報酬プラン

　Anthony によれば，管理者全体の報酬（compensation）のパッケージは，給料，各種手当およびインセンティブ報酬の3つの要素から構成される（p.556）。Anthony では，この3番目の要素が特に MC 機能に関係するものであり，インセンティブ・ボーナス，すなわちボーナスに関連づけられる。ボーナスの支給の割合が高い組織ほど，その後の財務上の業績は良好となる傾向が強いとされる（p.557）。

　このもとで，インセンティブ報酬プランあるいは制度（incentive compensation plans）は，短期インセンティブ・プラン，当期の短期利益業績に報酬を関連づけるものと，長期インセンティブ・プラン，報酬を長期実績達成，株価変動に結び付けるものとに区別される。短期インセンティブ・プランによるボーナスは，通常現金で支払われる。長期インセンティブ・プランによるボーナスでは，通常・株式オプション，株式売買選択権を購入する権利として与えられる（p.557）。

　これに対して，Merchant and Van der Stede［2017］では，金銭的インセンティブ（monetary incentives）が最も共通するものとなる。金銭的インセンティブは，つぎの3つの方法を通して提供される。業績ベースの昇給，短期インセンティブ・プラン，長期インセンティブ・プランである。ここに業績ベース（performance-based）とは，インセンティブを「資格」から区別するカギと考えられる[17]。短期インセンティブ・プランは，年間で測定される業績に基づく現金払いである。この授与が年間インセンティブ・ペイ（annual incentives pay），すなわちボーナスであり，通常公式によってもとめられる（Merchant and Van der Stede［2017］, p.358）。長期インセンティブ・プランの基本的な目的は，長期的な価値の創造のおける従業員の役割に対して彼らに報酬を与えることである。その多くは，株式オプション，株式売買選択権を購入する権利の提供である（Merchant and Van der Stede［2017］, p.359）。

　以上の概要において，短期と長期のインセンティブ・プランは，報酬が前者
の短期インセンティブでは事業単位従事者一般（管理者一般および従業員）を対
象に向けられるのに対して，後者の長期では通常組織の上層レベルのマネジメ
ントに限定される傾向が強い（Merchant and Van der Stede［2017］, p.360）。そ
して，何よりも，この短期のインセンティブが主要な MC デバイスの１つで
あることが強調される。以下では，短期のインセンティブ・プランに絞ること
にする。

(3)　短期インセンティブ・プラン

　Anthony によるとき，プランはボーナス総額の決定をおこなうことに始ま
る（p.557）。このステップは，年度のボーナスを受け取ることができる資格該
当権利者グループに支給されるボーナスの総額（ボーナス・プール）を算定
（に達）するために用いる公式の問題である。この公式は通常，当期年度の全
社利益に関連付けられるもので，いくつかの方法が採用される[18]（p.557）。つ
ぎに，ボーナス・プールの総額（公式の決定）が決まったなら，このボーナス
総額を本社取締執行役員と事業単位管理者との間に配分，分割するステップを
とるとされる（p.561）。

　Merchant and Van der Stede［2017］, p.359 でも，Anthony と同様の２つの
ステップが説明されている。ボーナス・プールの基金が本社全体の業績に基づ
いて設定された後，このボーナス基金が通常高い報酬を高業績達成者に提供す
る評価システムを通して個人の従業員に分割されていくとされる。

　このうち，２番目のステップとの関連で，Anthony と Merchant and Van
der Stede からは，次のような補足説明ができる。

　Anthony によれば，本社取締役員間の配分は CEO とそれ以外の執行役員の
貢献度など複雑な問題を含む，また産業間で著しく異なる。これらの事情か
ら，総額から本社取締役員間への分割後の事業単位管理者を対象とするインセ
ンティブ報酬パッケージ・プランに関心が向けられる。一方，Merchant and
Van der Stede では，ボーナス・プールの基金の設定より，むしろこのプール

を個人従業員へ配分するための多様様々な重要なインセンティブ・システム設計の選択について，組織は深長に考慮する必要があると提言される（Merchant and Van der Stede［2017］, p.368）。

　短期インセンティブ・プランについても，Anthony と Merchant and Van der Stede の見解は基本的に一致する。こうして，双方の議論は，管理者一般あるいは従業員を対象としたインセンティブ報酬システムの設計に進む。

　Anthony は，その設計が広い選択の配列からなる事業単位管理者のインセンティブ・システムを明らかにする。Merchant and Van der Stede［2007］,［2012］,［2017］は，報酬が公式的に決定される程度，インセンティブの業績関数の形態およびインセンティブ・ペイ（insentive pay）の大きさ，の3つのインセンティブ・システムの設計の選択について議論する。以下の通りである。

（4）インセンティブ報酬システムの設計
① Anthony によるインセンティブ・システム

　図表5-12 は，Anthony による事業単位管理者のインセンティブ報酬の設計の選択肢を掲げている。

　図表5-12 中のオプションにおいて，「D. 業績基準」は最も困難なものとされる。たとえば，財務基準は，事業単位が利益センターか投資センターであるかによって異なる。投資センターでは，利益の定義に加えて，投資の定義さらにROIやRIの選択の決定が必要となる。また，事業単位管理者の業績は，実際結果を利益予算のみならず，過去の業績あるいは競合他社の業績との比較によって評価することができる。この比較のための評価基準（ベンチマーク）の典型的な実践は，利益予算で事業単位管理者を評価することである。第3章で述べられるように，利益予算を動機づけツールとして用いるとき，事業単位管理者が利益予算の展開に参加し，またその予算はチャレンジングしかし達成可能であることが重要である（p.568）。

図表 5-12　事業単位管理者のインセンティブ報酬の設計

A. インセンティブのタイプ
　1. 金銭的報酬
　　a. 昇給
　　b. ボーナス
　　c. 各種手当
　　d. 役職手当
　2. 心理的，社会的報酬
　　a. 昇進の可能性
　　b. 責任の増加
　　c. 自由裁量が高まる
　　d. 地理的条件
　　e. 表彰
B. 給料に比較したボーナスの大きさ
　1. 上限のカットオフ
　2. 下限のカットオフ
C. ボーナス基準
　1. 事業単位利益
　2. 全社利益
　3. 2つの組み合せ
D. 業績基準
　1. 財務的基準
　　a. 貢献差益
　　b. 限界事業単位利益
　　C. 管理可能事業単位利益
　　d. 税引前利益
　　e. 純利益
　　f. ROI
　　g. RI

　2. 期間枠
　　a. 年度財務業績
　　b. 複数期間財務業績
　3. 非財務基準
　　a. 売上量基準
　　b. 市場占有率
　　c. 顧客満足
　　d. 品質
　　e. 新製品開発
　　f. 人材開発
　　g. 公的責任
　4. 財務対非財務基準の相対的ウエイト
　5. 比較ベンチマーク
　　a. 利益予算
　　b. 通常の業績
　　c. 競合他社の業績
E. ボーナス決定の方法
　1. 公式ベース
　2. 主観的ベース
　3. 2つの組合せ
F. ボーナス支出の方法
　1. 現金
　2. 株式
　3. ストック・オプション
　4. ファンタム・シェアズ
　5. 業績シェアズ

Anthony and Govindarajan［1995］, p.563

② Merchant and Van der Stede のインセンティブ・システム

　以下は，上述される Merchant Van der Stede による3つの関連するインセンティブ・システムの設計の選択の概要である。

報酬が公式的に決定される程度　　報酬は，通常インセンティブ公式（プール基金設定の公式ではない）やインセンティブ契約を通じてインセンティブ・プランの参加者（資格者）に伝達される。しかし，時にはこれらの公式や契約の詳細が言わず語らずの状態にある。つまりボーナスが業績に関する主観的判断に基づく。いくつかのあるいはすべての数量的な尺度のウエイトが主観的に決定される。さらに業績を主観的にくつがえす決定もおこなわれる（Merchant and Van der Stede［2017］, p.364）。

インセンティブの業績関数の形態　　報酬の前提が公式的なとき，報酬と報酬が授与される基礎は，インセンティブ-業績関数（incentives-performance function）によって決まる。報酬の契約が紋切り型であるとき，ボーナスは，特定の範囲に制限された業績レベルに対してのみ約束される。すなわち，その関数は上限と下限の間で線形的に形成される。利益センターでは，短期インセンティブ契約で上下限が設定される。利益予算の80％以下は，管理者は何らのインセンティブ報酬も約束されない。上限もまた，予算目標の150％以上を超えるいかなる業績にも何らの報酬は与えられない（Merchant and Van der Stede［2017］, pp.364-365）

インセンティブ・ペイの大きさ　　従業員は金銭を価値づけ，優先する。このため，組織の従業員の貢献に応じて報酬を与える変動ペイ（variable pay）の割合は，従業員を業績目標の達成に大きく動機づける。報酬パッケージを構成する変動ペイ（変動部分）の大きさは，より優れた業績結果あるいはそのための努力やリスクを進んで受け入れる（at-risk pay）従業員を強く引き付けることになる。この意味で，Merchant and Van der Stede［2017］, p.365が，報酬パッケージのタイプは従業員の選抜の役割にも役立ち，追加の報酬経費をともなうが労働市場でのタレント競争にも対応できると述べる点は興味をそそる[19]。

　以上，AnthonyとMerchant Van der Stedeによるインセンティブ報酬システムの設計について要約した。双方は，いかに共通する部分をもつものであろうか。以下では，この点を確認するために，Anthonyの図表5-12中のオプションにおける「B. 給料に比較したボーナスの大きさ」と「E. ボーナス決定の方法」のオプションを取り上げてみよう。

　③ Anthony と Merchant and Van der Stede によるインセンティブ・システム
　Anthonyは，B. のオプションについて，以下のような説明を行う。事業単位管理者のためのインセンティブ報酬パッケージには，固定部分（給料と各種

手当）と変動部分（インセンティブ・ボーナス）があり，これらの組み合わせに
関して2つの哲学が関係する。1つは，良い人を選別し，彼らに十分な支払を
おこない，それからよい業績を期待するものである。給料を強調し，インセン
ティブ・ボーナスではない。これを固定ペイ・システム（fixed pay system）と
呼ぶ。報酬が業績に結びつかない，それゆえリスクはとらない。

　他の1つは，良い人を選別し，彼らに十分な働きを期待し，現実に業績が良
かったならが，彼らに十分な支払いをおこなう。業績ベース・ペイ
（performance-based pay）と呼ばれるもので，ボーナスを強調し，給料ではな
い（p.564）。

　Anthonyによれば，2つの哲学は，管理者を動機付ける上での異なるインプ
リケーションをもつ。給料は保障された所得であり，給料への強調は，保守で
自己満足を生む。インセンティブ・ボーナスへの強調は，管理者をして最大限
の最高の努力を実行するよう奨励することになる。このために，多くの企業
は，事業単位管理者へのインセンティブ・ボーナスを重視することになる
（p.564）。

　さらに，ここにボーナス・プランは，いずれかの範囲に拘束される。最大な
ボーナスが達する業績のレベル（上限）と，それ以下では何らのボーナス報酬
も与えられない低い業績のレベル（下限）である。最大限のボーナスが達成さ
れている，あるいはなんらボーナスがないというこれらのいずれかが確認でき
るようなとき，ボーナスのシステムの動機付け効果は，本社目的に逆らうこと
になるかもしれない。例えば前者の場合，管理者は，収益性を意図的に減らす
ような行動をとるかもしれない。こうした逆機能行動を緩和する方法は，何ら
かの過剰分あるいは不足分を次年度に持ち越すことである（p.564）。すなわち，
ある所与の年度の分配に利用可能なボーナスは，前年度からのなんらかの余剰
分を加えた，あるいは前年度の不足分を控除したその年度中に稼いだボーナス
にほかならない（p.565）。

　E.ボーナス決定の方法について，事業単位管理者のボーナスは，事業単位
営業利益の一定の割合といった厳密な公式と管理者の上司による純粋に主観的

な判断か，あるいはこれら 2 つのなんらかの組み合わせによるいずれかに基いて決定される（p.568）。Anthony によれば，公式ベースは明かな長所を持つ。報酬システムが正確に記述され，業績基準に関する不確実性や曖昧さがない。上司は，部下の業務評価になんらのバイアスも情実も行使できない。一方，限界は，管理者が試験研究とか人材管理などの重要な次元に沿った事業単位の業績に関心を払うようううながすことはない。この点では，主観的アプローチが多くの事業単位において好ましく，業績の数値指標は管理者の業績の尺度としてほとんど妥当しない（pp.568-569）。

　双方を突き合わせてみよう。Merchant and Ver der Stede の最初のシステムの設計の選択は Anthony の E. のオプションに，同様に残りの 2 つの設計の選択はともに Anthony の B. のオプションに関連ないし該当する内容からなることが解る。

　最後に，本節を進めてきた Anthony と Merchant and Van der Stede の議論の対比は，双方の発表時期を考えるときそれ程の時間的な間隔を感じさせない。80-90 年代から今日にいたる米国企業におけるインセンティブ報酬の実践の現実を描写するものとみてとれるのである。これに対して，日本企業の（予算管理の）インセンティブ・システムはどうであろうか。

　同じ時期の小林［1983］に代表されるように，予算の利益目標の達成の結果が責任センターの責任管理者の金銭的報酬に反映するものではなかつた。第 7 章の成功事例で取り上げている社内資本金制度の運用にあって，事業部留保利益の累積が目標にされるが，その累積のために金銭的報酬が働くインセンティブなどは存在しなかった。代わりに，事業部留保利益の仕組みから，より高い事業部利益を上げるよう純粋な意味でのインセンティブ，内部的な動機付けがが働いたことが読み取れる。横田［1998］の発見からも，長期にみれば成果の蓄積が昇格に結び付き，結果金銭的報酬の増加をもたらすことになるが，直接的・短期的に金銭的報酬とむすびついたものではなかったとされる（横田

［2010］）。

　わが国において確実に変容を遂げたのは，21 世紀に入ってからの成果主義
的報酬制度の出現であったといえよう（横田［2004］）。清水［2007］の調査で
も，業績測定結果を何らかの報酬制度にリンクさせている企業が増えてきてい
ると報告される。本節に説明される米国企業におけるインセンティブ・システ
ムの実践から，いくつものヒントが得られるかもしれない。仮にそのようなと
き，いかに日本企業の風土や文化にマッチすべく折り合いをつけるか，インセ
ンティブ・システムの設計は，MCS 設計にとって解決すべき課題として残る
ものであろう。

（注）

（1）Anthony によれば，差異の分析の方法には，詳細さにおいて多様なレベルがある（p.503）。
　　また，その詳細な展開は取り扱わないという本書のテキストとしての性質が反映するのかもし
　　れない。

（2）以下に掲げる図表 5-2 から図表 5-9 は，古田［2007］に収録されたのが初出であるが，全面
　　的な書き直しを行っている。

（3）これは，Anthony のいう利益センターの定義に一致する。

（4）Anthony では，これらの区別は幾分人為的（p.503），岡本［1994］，612 頁では人為的な分解
　　に過ぎないとされる。

（5）Anthony は，販売量差異を数量差異とミックス差異に分解する場合も説明する（pp.487-488）。
　　　ミックス差異＝（実際販売量－実際総販売量×予算販売量割合）×製品単位当り予算貢献利益
　　　数量差異＝（実際総販売量×予算販売量割合－予算販売量）×製品単位当り予算貢献利益
　　　小型の製品を例にとれば，つぎの通り。
　　ミックス差異＝（7,600 － 17,500 × 0.54）× 2.35 ＝ － 4,347.5
　　数量差異＝（17,500 × 0.54 － 7,800）× 2.35 ＝ 3,877.5
　　販売量差異＝ － 4,347.5 ＋ 3,877.5 ＝ 470 千円（U）

（6）DeCoster and Schafer［1982］，p.547，岡本［1994］，612 頁，［2003］，118 頁。

（7）DeCoster and Schafer［1982］，p.549，岡本［1994］，612 頁，［2003］，117 頁。

（8）Anthony では，まさしく原価計算の専門コースで扱われる領域である。

（9）Brownell and Hirst［1986］では，Brownell［1982］の結果から，タスクの不確実性が低い
　　ケースで予算参加が起こる傾向が強いこと，低いタスクの不確実性の状況において参加は
　　RAPM に適合すべきであること，さらに低い（高い）参加は低い（高い）RAPM を伴って起こ
　　るべきである，という予測が導かれる。

(10) RAPM スタイルと不確実性（タスク・環境）との間の関係は，つぎのような合理的な仮説に収束する。もし会計情報が不確実な状況のもとで不完全な場合，このときこのような環境状況のもとで業績の評価のために RAPM による会計情報に完全に依存し信頼を置くことは不適当であるとするものである。こうした1つの結論が，Brownell［1987］に表明されるのである。ちなみに Chapman［1997］, p.193 では，これらの研究は会計と不確実性との間のコンティンジェント関係の視点に基づくものであると評されている。

(11) Brownell［1987］, p.191 によれば，DeCoster and Fertakis［1968］, Hopwood［1974］, Merchant［1983］の研究が挙げられる。

(12) このことは，Anthony の掲げる文献（追加的な文献）には，本章で参考にした Hirst や Brownell など多くの RAPM 研究が含まれていることからも窺うことができる（pp.503-504）。

(13) 以下，Otley and Fakiolas［2000］によるレビューの一部を紹介しておく。RAPM 測定の異なる尺度が各研究グループにおいて異なって採用されている，その一端を確認できる。まずオリジナルな Hopwood［1972］の調査について，2つの質問項目の重要性スコアの対照から2つの評価スタイルを判定するものと特徴づける。2つのキー・フレーズ，"予算の合致" と "コストへの関心" を8つの質問項目に含めるものであった。このうち前者の項目が上位3番にランクされ，後者が上位3番に現れなかつたとき，そのスタイルを BC として分類する。同様に後者の項目が上位3番にランクされ，前者が上位3番に現れなかったとき，そのスタイルを PC として分類する。

　Otley and Fakiolas［2000］, pp.498-502 は，この Hopwood［1972］のオリジナルなものに近い研究グループとして，Otley［1978］, Brownell［1982］, Brownell and Hirst［1986］を挙げる。

　例えば，Brownell［1982］は，BC スタイルと BC と PC スタイルの中間のスタイルである BP（budget-profit）スタイルを単一のカテゴリー，"高い予算強調" に結合する。PC スタイルと予算情報が重要ではない NA スタイルを "低い予算強調" に結合する。Brownell and Hirst［1986］は，Hopwood［1972］の "予算の合致" と "コストへの関心" の2つの質問項目に "短期" と "長期" を付け加える。結果的に，10 の質問項目になったことと関連して，評価スタイルが上位3番のランクに変えて上位4番のランクに基づいて判定される。

　また，Otley and Fakiolas［2000］, pp.503-504 は，他の研究グループに，例えば Brownell［1985］を挙げる。ここでは，2つの質問項目のランキングデータを利用せず，2つの項目（"予算の合致" と "どれだけの利益"）を単一の全体の重要性スコアに集計するスコアリング方法が採用される。2から10の値をもつ1つのスケールが与えられる。双方の項目の低いスケールは NA スタイルを，双方の項目の高いスケールは BP スタイルを表わす。BC スタイルは前者が高く，後者が低いこと，PC スタイルは後者が高く，前者が低いことを条件とする。BC と PC スタイルの双方は，一方が高く，他方が低いものからなる中間の絶対値スコアを生むものである。Brownell［1985］の測定尺度では，BP スタイルは Brownell［1982］に示されるような BC と PC スタイルの中間ではなく，両極の一方に落ちるものである。

　ちなみに，Brownell［1985］と同じ研究グループは，他に Harrison［1992］, ［1993］が挙げ

られる（Otley and Fakiolas［2000］, p.504）。

(14) Otley［2016］, p.49によれば，管理者は，数量的業績の目標を設定し，これらの達成を強調することによって適切な部下の行動を促すことに信頼性を置く。全社的組織目的の達成のために逆機能となる多様な行動（しばしば気づかれていない）をとるとしても驚くに値しないであろう。実際，こうした結果への圧倒的な経験的かつ逸話的なエビデンスが観察できるにもかかわらずである。

(15) Anthonyでは，業績評価のエレメントの最後の議論に，欧米におけるエージェンシー理論（agency theory）を基礎とするインセンティブ報酬プランのアプローチについて検討が行なわれる。実際のモデルではなく，一般的な理念を中心に展開されるものであるが本章では省略している。わが国では，島他（2007）が参考になる。

(16) compensationは，組織が人を動機付けるための報酬，rewardは，個人が仕事上の満足などに対して付与される報酬。

(17) 資格が，金銭的インセンティブの業績基準あるいはベースとは結びつかないことを明示するものである。この点は，後の第10章で記されるアメーバ経営の報酬制度における資格のとらえ方と基本的に一致する。

(18) 最も単純な方法は，ボーナス・プールを利益の一定の割合に等しいようボーナス・プールを設定することである。たとえば，もし5千万ドルの利益が平均的な年間の利益であるとする。そしてもし百万ドルのボーナス基金が本社取締役員報酬パッケージを競合化させるために必要とされるならば，ボーナス公式はこのとき，純利益の2%をボーナスに支払うべく設定できるものでなければならない（p.557）。しかし，この方法は好ましくない。低い利益のレベルであってもボーナスは支給されることになるからである。

　　ここから，Anthonyによれば，多く企業は，投下資本（追加される資本）によって稼ぐことができる特定のリターンを差し引いた後のボーナスの支給を考慮に入れた公式を利用するとされ，計算例が紹介される（pp.557-558）。第7章で取り上げるGMのボーナス限度額の算定は，その典型である。

(19) Merchant and Van der Stede［2012］, p.348には，つぎのような説明もみられる。報酬パッケージは，有能な人材従業員を引き付け，流出をとどめるために競争的（負けられない）でなければならない。もし，報酬がパッケージの給料の（固定）部分が競争的でないようなとき，ペイの変動部分に対するインセンティブ−業績関数がそれをつぐなうために変更を余儀なくされるかもしれない。

　　関連して，Anthonyでは，ボーナス・プールの規模の決定において最優先のイシューは，本社取締役員に支払われる総報酬を競争的にすることであるという指摘をみる（p.557）。

(20) Anthonyは，ボーナス決定の公式ベースと主観的ベースは，Ouchi［1977］,［1979］による行動コントロール（behavior control）と成果コントロール（output control）の概念に似ていると理解する。行動コントロールでは，ボーナスの額が管理者によってとられる決定と行動の結果に関わる上司の主観的判断に基づいて決められる。成果コントロールは，行動から生じる成果が数量的測定に組みやすいために公式に基づく傾向がある（p.568）。

第 6 章　SBU 戦略と MCS

　MCS は，戦略を実施するためのツールである。これまでは，全社レベルの企業戦略を効果的に実施するための MCS を中心とするものであった。また，「組織は戦略にしたがう」という Chandler の命題に示されるように戦略と組織の関係が明確に二分化される発想に立つものであった。

　これに対して，70 から 80 年代にかけて出現してきたのが，戦略と組織との相互浸透モデルである。すなわち，伝統的な戦略と組織という二分化概念ではなく，両者を包括的なもので相互作用的にとらえようとする発想に立つ。ここには，分権化組織において各事業の戦略策定単位である SBU が導入されたことが背景にある。戦略と組織の設計との間のコンティンジェンシー関係は厳密には成り立たない。どちらが先でどちらが後という問題ではない。むしろ，「戦略は組織にしたがう」という逆の命題も可能なのである（石井他 ［1985］，185-186 頁，［1996］，128 頁）。

　こうして，Anthony も，SBU レベルの戦略を対象に戦略と MCS との間の関係を議論する。もっとも，Anthony は，SBU レベルにおける戦略という表現を用いていない。全社レベルの企業戦略に対して，そのセグメントを構成する各事業単位レベルにおける戦略として，事業戦略を念頭に置くことが普遍的かつ妥当なものととらえる[1]。この意味では，本章のタイトルは，事業戦略とMCS の関係という表現の方が望ましいかもしれない。しかし，SBU の導入による SBU レベルの戦略が出現するに至る経緯，これによるその後の SBU 戦略に適合する MCS の設計を扱う経験的研究を考慮に入れるとき，むしろ本章

のタイトルの方がより一般的であるように思われる。

　以下，大きくつぎの順序で検討をおこなう。

　・SBU 戦略と Anthony の事業戦略

　・SBU 戦略に適合する MCS

第1節　SBU 戦略と Anthony の事業戦略

　まず，SBU の導入から SBU レベルの戦略が組織で確立されるに至った背景について，石井他［1985］, ［1996］の議論に依拠しながら論点を整理し，これに Anthony の議論を跡付ける形で進めよう。

(1) SBU と SBU 戦略

　多角的戦略の進展は，環境の不確実性が高まるとともに，事業部制組織の拡大をまねいた。同時に，この事業部制組織の拡大はいくつかの問題を生み出す（石井他［1985］, 138 頁）。例えば，各事業部が自身の利益を追及するのが事業部制の特質である。しかし，このことが逆に全体との調整を欠くことになるという企業戦略の希薄化がある。また，全社的な資源配分が困難になることである。多角的事業の中には，高成長事業分野もあれば衰退分野もある。このような場合，高収益事業部から低収益事業部への資源の移動は組織の抵抗を受けやすい。さらに，市場が多様化するとともにシステム化する中で，事業部は個々の製品市場に対応するためのヨコの連携を取りづらくなったのである（石井他［1985］, 198 頁）。

　このような問題に応じるために，この事業部制組織は見直されることになる。その1つの方策が PPM（product portfolio management）による複数事業のポートフォリオ分析を組み込むことによって企業戦略を策定し，資源の配分をおこなうことであった。ここに PPM という手法は，BCG（Boston Consulting Group）により考案されたもので，石井他［1985］によれば，以下のように 2 つのステップを採るものである。

　第 1 のステップは，企業を構成する主要な事業の戦略的課題を明確にして，これまでの事業部を再編することである（石井他［1985］，54 頁）。これが，事業戦略の策定単位としての SBU の設定となって現れる。既存の事業部制組織は，事業本部，事業部，部門，グループといった階層を持ち，本来的に業務執行の組織である。SBU は，こうした業務執行組織の上にオーバーラップする形で横断的に導入されるもので，SBU ごとににとりまとめられた事業分野に関する戦略，戦略代替案を作成する戦略づくり，戦略のための組織としての特徴をもつ。この戦略の組織と業務執行の組織を重ね合わせるために，SBU はしばしばマトリックス組織とみなされる（石井［1985］，198 頁）。SBU は，つぎのような特性をもつとされる。単一の事業，明確に特定される戦略使命をもつ，独立した競合他社をもつ，そして責任ある経営管理者を有する（石井［1985］，54 頁）。

　PPM の第 2 ステップは，以上に定義される複数の SBU を収益性，成長性および資金フローの視点から評価することになる（石井［1985］，54-55 頁）。BCG アプローチによるとき，資金の流出を市場成長率，資金の流入をマーケットシェアにとして規定される。ここで，市場成長率は製品の属する市場の成長率，マーケットシェアは当該産業の最大な競合者に対する SBU の相対的シェアで表示される。

　ここから，2 次元で構成される BCG マトリックス上に 2 × 2 の 4 つのセルが作られる（図表 6-1 参照）。すなわち，高成長で高シェアのセル（花形），低成長で高シェアのセル（金のなる木），高成長で低シェアのセル（問題児），低成長で低シェアのセル（負け犬）がそれである。各 SBU は，これらのどれかのセルに配置される（石井［1985］，55 頁）。

　こうして，PPM によるポートフォリオ手法による分析は，企業を構成する SBU の配置を通じて，各 SBU は何をなすべきかを決定することになる。具体的な分析は，BCG を中心とするコンサル会社によって定義された戦略使命（strategic mission）ないし SBU 使命を各セルに対応して指定することを通しておこなわれる。成長，維持，収穫および撤退の 4 つの戦略使命がそれである

図表 6-1　BCG マトリックス

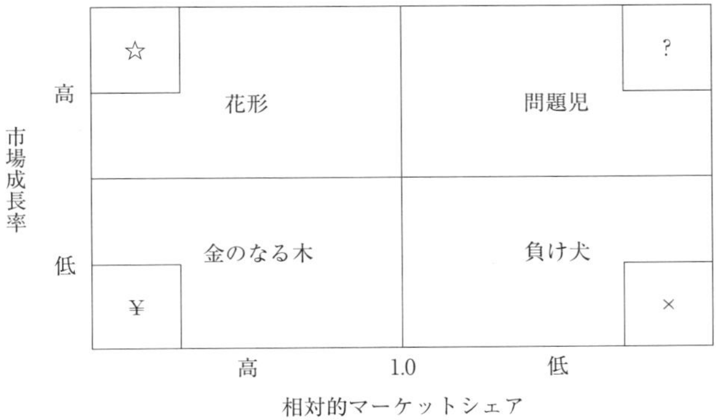

石井［1996］, 103 頁

（石井［1985］, 55 頁）。すなわち, 問題児に成長, 花形に維持, 金のなる木に収穫, 負け犬に撤退の戦略使命が指定されるのである。

　石井他［1996］, 102-103 頁によれば, 最適な資源配分をおこなうための方法を開発することが企業戦略の根本であった。SBU を前提に, 本社レベルは, PPM による分析を組み込むことによって資金の流出入を市場成長率とマーケットシェアの 2 次元で企業戦略を概念化できることになった。このもとで, SBU の戦略が, 各戦略使命を通じて操作されるわけである。

　なお, 実際の SBU は, これらの戦略使命を実現するために個々の市場で競合他社との持続的競争優位をめざし, コスト・リーダーシップや差別化を取り込んだ戦略代替案や実行計画（予算）を作成することになる。こうして, SBU の戦略, 戦略代替案の検討に基づいて最適な資源配分のプロセスがおこなわれ, 企業全体レベルの企業戦略に統合されていくのである（加護野［1981］, 28-29 頁）。

　以上, SBU と SBU レベルの戦略について, 石井他［1985］, ［1996］の所説を中心に論点整理を試みた。以下のように, Anthony による事業戦略の展開も

実に酷似する。

(2) Anthony の事業戦略

　Anthony では，戦略は全社レベルの企業戦略に対して，そのセグメントを
構成する各事業単位レベルにおける事業戦略に大きく分けてとらえられてい
る。双方の関係は，既に図表 1-3 に表わされる。事業単位の戦略は，戦略使
命と競争優位の 2 つの相互関連した視点に依存するものとして定義される。

　Anthony では，SBU という用語は採用されなく，PPM によるポートフォリ
オ分析も紹介されていない。そのためか，Anthony の事業戦略の議論は，
BCG モデルに応じて各事業単位を 4 つのセルのどれか 1 つに配置することに
出発する（p.273）。以上の石井他［1985］，［1996］の議論の展開でいえば，PPM
の第 2 ステップに相当する。

　Anthony によれば，BCG のマトリックスの市場成長率の軸は，相対的な産
業界の市場の魅力度の指標として，相対的マーケットシェアの軸は，特定の産
業界のなかでの事業単位の相対的な競争的ポジションの指標としてみなされ
る。この中，産業界全体の市場成長はほとんど管理できないために，分析は，
各事業単位のマーケットシェア戦略の決定をうながすことになる。ここから，
Anthony は，BCG はマーケットシェアを主要な戦略変数として選択するもの
であると述べる（p.273）。

　さらに，その根拠となるのが，BCG によって開発された経験曲線（experience
curve）の概念であると述べ，経験曲線理論を重視する（p.273）。Anthony は，
経験曲線について簡潔に説明している。

　BCG によれば，製品単位当たり原価は，数か年にわたって産出された生産
単位の総計である累積生産量（cumulative production）とともに減少する。
マーケットシェアのリーダーは最大な蓄積生産量を経験するはずであるから
（cumulative experience），累積生産量の差が広がれば，このようなリーダー企
業は，産業界で最も低い原価と高い利益を保有することが予想される。ここか
ら，BCG は，次のような思考ラインを用いるのである（pp.273-274）[2]。

高いマーケットシェア→高い蓄積生産経験→低い単位原価→高い収益性

　以上の Anthony の経験曲線重視の見方も，石井［1985］，4 頁，［1996］，103 頁に明確にみることができる。マーケットシェアの背後には経験曲線理論があると指摘される。

　こうして，Anthony の説明によれば，各セルに配置する事業単位に対応して戦略使命が指定される。

　問題児の事業単位には，成長マーケットシェア（build market share）の使命が指定される。背後には，経験曲線の経験効果が関連する。当該産業界の成長段階にあってシェアを早くからに拡大することで，事業単位が最大な蓄積生産量を保有する結果，業界における低い単位原価を生むであろう。事業単位は製品開発，市場開発，またキャパシティの拡張の領域で多大な支出を必要とする。こうした短期間で市場でのリーダーシップを確立する目的からは，短期利益を下げる。しかし，増加したマーケットシェアは，長期の収益性をもたらす結果につながるであろう（p.275）。

　花形の事業単位は，維持マーケットシェア（hold market share）の使命を指定される。これらの事業単位はすでに業界に高いシェアをもち，膨大な資金量を生じ生み出している，その一方で，成長市場で競争ポジション，競争力を維持するために多大な資金の投入を必要とする。それゆえ，バランスの上からは，ここでの事業単位は自給自足である（p.275）。

　金のなる木の事業単位は，高いシェアをもつ。低い原価でその結果高い利益をもつ。他方，低成長，衰退業界での操業であるから，先行投資を必要としない。正味，正の資金フローを生む。このため，短期利益と資金フローとの関連で収穫（harvest）の使命が指定される（p.275）。

　負け犬の事業単位は，魅力のない業界での弱い競争ポジションをもつ。現在の資源の有効利用で事業の好転の可能性がある場合を除けば撤退しかない（p.275）。

　Anthony は，もう 1 つの事業戦略の視点である，競争優位戦略（以下

Anthonyでは競争優位）について，Porter［1985］による持続的競争優位の方法に影響をうける。Anthonyによれば，3つの相互に関係する質問が事業単位の競争優位を展開するうえで考慮される必要がある。当該事業単位が参入する産業界の競争的構造は何か，如何にしてその事業単位はこの業界の競争的構造を探索するか，何が事業単位の競争優位のベースであるか，である（p.277）。

こうした理解のもとで，Anthonyによれば，事業単位は，低コストと差別化の2つのジェネリックな方法で競争優位を展開する。低コストの主たる焦点は，競合他社に相対して低いコストを達成することである。差別化は，顧客によってユニークとして知覚されるものを創造することによって事業単位が提供する製品を差別化することである（p.279）。

第2節　SBU戦略に適合するMCS

既述されるように，本章は，これまでの伝統的な戦略と組織という二分法的な概念ではなく，両者が包括的で相互浸透するものという発想に立つ。わが国では石井［1985］，［1996］に紹介されているが，先行研究からは，Chenhall［2003］，［2007］によるつぎのような分類が役立つ（Chenhall［2003］，p.150，［2007］，p.184）。探索型−分析型-防衛型（Miles and Snow［1978］），保守型−企業家型（Miller and Friesen［1982］），製品差別化−コスト・リーダーシップ型（Porter［1980］）および成長−維持−収穫型（Gupt and Govindarajan［1984a］）である[3]。

Chenhall［2003］，p.150は，これらの分類に関連して，2つのリサーチからのエビデンスを指摘する。1つは，戦略−組織設計リサーチ（strategy−organizational design research）よばれるものからである。防衛型，保守型，コスト・リーダーシップ，収穫で特徴づけられる戦略には，集権的コントロール・システム，成分化された仕事，単純な調整メカニズムおよび問題領域への関心が役立つ。探索型，企業家型，製品差別化，成長で特徴づけられる戦略には，標準化手続きを欠き，分権化で，結果志向の評価，柔軟な構造とプロセス，重なり

合ったプロジェクトチームの複合的な調整，過剰なイノベーションの制御への
関心がリンクする。

　さて，もう 1 つが，MCS リサーチからのエビデンスである。すなわち，戦
略とコスト・コントロールとの間のリンクおよび戦略の業績評価のフオーマリ
ティ（設計）へのリンクを提案するものである。Chenhall［2003］，［2007］によ
れば，それは，全社レベルや職能別レベルではなく，SBU レベルにおける戦
略に焦点を当てるものである。エビデンスの多くは，成長-維持-収穫型，製品
差別化-コスト・リーダーシップ型からの研究によるもので，SBU 戦略と
MCS との関連について探究することになる。

　以上より，議論の関心は，Gupta and Govindarajan［1984a］の成長-維持-
収穫型，Porter［1980］の製品差別化-コスト・リーダーシップ型の MCS リ
サーチに集中する。これを契機に，80 年代 SBU 導入の先進国である米国にお
いて，SBU 戦略とコントロール・システム（MCS）との適合関係をテーマと
する経験的研究が登場するのである。Gupta and Govindarajan［1984b］，
Govindarajan and Gupta〔1985〕，Govindarajan［1984］，［1988］，［1989］，Shank
and Govindarajan［1989］，Gresov［1989］，Govindarajan and Fisher［1990］，
Govindarajan and Shank［1992］など，主として V. Govindarajan に牽引され
る。ここでは，コンティンジェンシーのフレームワークに基づいて SBU 戦略
がコンティンジェント変数として新たに採用される。この意味で，これらの研
究は，コンティンジェンシー理論の基本モデルの組織業績の効果を経験的にサ
ポートするものである。

　さて，Anthony に目を移せば，事業単位の戦略は 2 つの相互に関連する視
点，戦略使命と競争優位からなるものとして定義される。Anthony は，最初
にこれら 2 つのディメンションにおけるコントロール・システムの設計上のイ
ンプリケーションについて個別に議論する。続いて，2 つのディメンションを
同時に利用することで生じるいくつかの矛盾が存在する可能性を提示する。以

下に要約しよう[4]。

(1) 戦略使命とコントロール・システム

SBU が PPM による事業ポートフォリオの手法によって指定される戦略使命を実現するために，いかに MCS が設計されるべきかについて検証をおこなう（pp.609-615）。図表 6-2 は，コントロール・システム（MCS のサブシステム）を戦略的計画，予算編成および SBU の一般管理者のインセンティブ報酬の 3 つに絞って，これらの設計上のインプリケーションを要約している。

なお，戦略使命は，現在実施中のオン・ゴーイング事業を前提に置く関係で，一方の極に純粋な成長ないし拡大を他方の極に純粋な収穫をもつ 1 つの連続体から構成されることになる（Gupta and Govindarajan [1984a], p.26）。したがって，撤退は考慮に入れられていない。

ここで図表 6-2 のうち，SBU の管理者一般のインセンティブ報酬のインプリケーションについてみておこう。言うまでもなく，SBU の一般の管理者のインセンティブ報酬を SBU 戦略にリンクすることが，いかに SBU の業績効果に影響を及ぼすか経験的研究による知見をとりまとめたものである。これらは，各事業単位が自身の経験則を活用する点からみても納得がいく。Anthony は，例えば 2 番目のボーナス基準のオプションについて，成長使命と収穫使命の事業単位の管理者の時間的な視界の相対的相違が与えられるもとでは，単一の財務基準の利用は不適切であると指摘する（p.614）。むしろ当該事業単位の使命に依存しながら各基準に対する異なるウエイトをもつ多元的な業績基準の利用が望まれるのである（p.614）[5]。

(2) 競争優位とコントロール・システム

つぎに，SBU が特定の業界における競合他社との競争優位を獲得する場合であり，具体的な方法である低コストと差別化の双方の戦略に適合する MCS の設計が対象となる（pp.615-616）。Gupta and Govindarajan [1984a], p.29 では，成長使命をとる SEU は収穫使命と比べてより大きい環境の不確実性に直

図表 6-2 戦略使命とコントロール・システム

戦略的計画のインプリケーション

オプション	成長	維持	収穫
戦略的計画の重要性	相対的に高い	⟶	相対的に低い
資本支出決定の公式化	非公式な DCF 法：長い回収期間	⟶	より公式的な DCF 法：短い回収期間
資本投資分析	より主観的で定性的	⟶	より客観的で定量的
資本支出の評価基準	非財務データにウエイト	⟶	財務データにウエイト
割引率	相対的に低い	⟶	相対的に高い
プロジェクト承認の限度	相対的に高い	⟶	相対的に低い

Govindarajan and Shank［1992］, p.17, Anthony and Govindarajan［1995］, p.611.

予算編成のインプリケーション

オプション	成長	維持	収穫
予算の役割	短期計画のツール	⟶	コントロール・ツール（拘束力を持つ書類）
予算作成での SBU 管理者の影響力	相対的に高い	⟶	相対的に低い
年度中の予算修正	比較的容易	⟶	困難
業績評価における標準原価の役割	相対的に低い	⟶	相対的に高い
製造原価管理のための変動予算のようなコンセプトの重要性	相対的に低い	⟶	相対的に高い
上司との非公式な報告と接触の頻度	方針問題についてより頻繁：業務問題について少ない	⟶	方針問題について少ない：業務問題についてより頻繁
予算対実績について上司からのフィードバックの頻度	少ない	⟶	しばしば
予算に対する定期的評価に用いられる "管理限界"	相対的に高い（より柔軟）	⟶	相対的に低い（より固定化）
予算合致への重要性	相対的に低い	⟶	相対的に高い
成果対行動（プロセス）のコントロール	行動（プロセス）のコントロール	⟶	成果のコントロール

Govindarajan and Shank［1992］, p.18, Anthony and Govindarajan［1995］, p.612 一部追加

インセンティブ報酬のインプリケーション

オプション	成長	維持	収穫
ボーナスの報酬割合	相対的に高い	⟶	相対的に低い
ボーナス基準	非財務（長期）基準の強調	⟶	財務（短期）基準の強調
ボーナスの決定アプローチ	より主観的	⟶	より公式化ベース
ボーナスの支給頻度	少ない	⟶	より頻繁

Govindarajan and Shank［1992］, p.19, Anthony and Govindarajan［1995］, p.614.

面，一方差別化戦略はコスト・リーダーシップ戦略と比べてSBUにおける環境の不確実性を増大させることが明らかである。こうした環境の不確実性の重要性から，差別化戦略と成長使命，およびコスト・リーダーシップ戦略は収穫使命に適合するMCSの設計が特徴づけられる。ここから，差別化戦略は成長使命，コスト・リーダーシップ戦略は収穫使命にというように，前掲の図表6-2に示されるMCSの設計上のインプリケーションと同様の内容をとるのである（Govindarajan and Shank［1992］, pp.20-22）。

　以上は，2つのディメンションのもつコントロールのインプリケーションについて別々に取り扱うものである。一方先行研究（Gresov［1989］, Govindarajan and Fisher［1990］）からは，SBUレベルの戦略使命と競争優位を同時に検討することで，各SBUが複数のコンティンジェンシーに直面し，このうちいくつかが矛盾するという特有の問題が浮き彫りになる。これによって，MCSを設計する際にそれが適合，不適合かの予測が可能なことが指摘される。Anthonyでは，これが追加的考察としてとりあげられる。

（3）戦略使命と競争優位とコントロール・システム―追加的考察

　図表6-3に示されるように，戦略使命と競争優位との区分が4つの組み合わせを生む。これらのセルが，コントロール・システムの設計における適合と不適合の領域を表している（p.617）。ここには，セル2とセル3のように適合するコントロール・システムの設計領域がある。既述されるように環境の不確実性の重要性から同じレベルをもつ。反面セル1とセル4のように，矛盾するコントロール・システムの設計領域がある。このために，このような設計領域のバランスをとり，管理することがSBUレベルの戦略の実施にとって重要となる。コントロール・システムの設計が適合するよう解決するためには，戦略使命かあるいは競争優位を変更するかである（p.617）。

　たとえば，セル2への移動は，成長使命をとるSBUを低コスト戦略（コスト・リーダーシップ戦略）から差別化戦略の選択へ変更することで可能となる。

図表 6-3　**コントロール・システム設計における適合と不適合**

戦略使命	成長	1 潜在的に不適合	2 適　合
	収穫	3 適　合	4 潜在的に不適合
		低コスト	差別化
		競争優位	

Govindarajan and Shank［1992］, p.22, Anthony and Govindarajan［1995］, p.618

同様にまた，差別化戦略を至上命令とする SBU を収穫から成長の使命へと PPM による事業ポートフォリオの変更によって可能となる。ただし，後者の収穫から成長という戦略使命上の変更はきわめて現実性が乏しい。

　移動が容易でない場合，戦略使命かあるいは競争優位のいずれか一方の実施をおこなうことが決定的となり，これによって適切なコントロール・システムのタイプの選択が可能となる。また，戦略使命も競争優位もともに等しく重要である場合は，コントロール・システムの設計はとりわけ困難となる。ここでは，コントロール・システムが多大な費用の発生を供なうことなく，単独で戦略使命あるいは競争優位のために設計されることはあり得ない（pp.617-618）。

　以上，Anthony の議論は，SBU 戦略と MCS との適合関係について都合 3 つにとりまとめられる。このうち最後の追加的な考察は，SBU レベルの戦略使命と競争戦略の同時的な検討を示唆する研究を視界にいれるもので，90 年代に入っても依然，理論的かつ経験的研究からの蓄積が要請される。

　先行研究を追うと，Fisher and Govindarajan［1993］は，インセンティブ報酬システムの設計が SBU レベルの戦略に適合するとき，優れた業績に結び付くことになると仮定する。潜在的に矛盾するコンティンジェンシーに焦点を当てて，その解決を関連する仮説を設定するもとで今後の経験的分析にもとめる点でユニークな研究といえよう。以下，改めてその骨子をみておこう。

(4) 戦略使命と競争戦略とインセンティブ報酬システム— Fisher and Govindarajan ［1993］

Fisher and Govindarajan ［1993］は，インセンティブ報酬が SBU 管理者が直面する2つの戦略のディメンション，SBU 使命と競争戦略に焦点を当てて設計される。インセンティブ報酬は，2つの変数，ボーナスの（給料との比較）割合と，ボーナスの決定の公式ベース対主観的方法に分ける。SBU レベルの業績は，これらの2つの変数に関する報酬システムの適合と不適合に関連するものでなければならないと考えるのである。

SBU 使命と競争戦略を同時に考察するとき，不適合なコンティンジェンシーが明らかとなり，これらのコンティンジェンシー間の適合と不適合の予測が可能になる。図表6-4 は，矛盾するコンティンジェンシーが生じることを示している。それは，低コスト戦略と成長使命が一緒に利用されるとき，あるいは差別化戦略が収穫使命と一緒に採用されるときである。

ここで気づくように，収穫あるいは低コストは，低いボーナスの額をもつ公式ベース・スキームに生じると仮定される。また，成長ないし差別化は，高いボーナスの額をもつ主観的な方法に生じると仮定される（Fisher and Govindarajan ［1993］, pp.135-137）。

こうしていま，前掲の図表6-3 をここでのインセンティブ報酬の設計に応用するとしょう。以上の仮定は，セル2とセル3における適合する，矛盾しないコントロール・システムの設計領域に当てはまるのである。対照的セル1とセル4は，不適合なコントロール・システムの設計領域である。上述されるように，矛盾するコンティンジェンシー，低コスト戦略と成長使命および差別化戦略と収穫使命に当てはまり，ここにその解決方法を探る必要が生じるのである。設計の一致は，高い業績に関連する可能性が高い。それゆえ，設計の不適合は低い業績に陥る可能性が大きい。ここから，Fisher and Govindarajan ［1993］, p.139 は，矛盾するコンティンジェンシーに関する最初の仮説を導く[6]。

仮説：使命と戦略との間の矛盾するコンティンジェンシーに直面する SBU は，平均して矛盾しないコンティンジェンシーに直面する SBU と比べて低い

図表 6-4　SBU 戦略とインセンティブ報酬システム変数

インセンティブ報酬変数	SBU 戦略使命		SBU 競争戦略	
	収獲	成長	低コスト	差別化
1. ボーナスの（給料との比較）割合	相対的低い	相対的高い	相対的低い	相対的高い
2. ボーナス決定のための公式化ベース対主観的アプローチ	より公式化ベース	より主観的	より公式化ベース	より主観的

Fisher and Govindarajan［1993］, p.138

業績を示す。

　これは理想で強固であるけれど，つぎのような基礎的な前提に立つ。特定の SBU 使命と競争戦略は短期的に変更されるものではない。また，双方は当該 SBU にとって重要な戦略のディメンションである。それ故，矛盾するコンティンジェンシーに直面する各 SBU がその解決のために使命と戦略のどちらかの採用をおこなうのは，トレード・オフ・コストの発生を避けられないであろう。つまり，別々に SBU 使命と競争戦略の設計はできないであろう（Fisher and Govindarajan［1993］, p.140）。

　ここに，Fisher and Govindarajan［1993］は，SBU 使命と競争戦略の同時的な考察に眼目を置く。このことで，低コスト戦略と成長使命の不適合について，つぎのような説明を根拠とする。例えば，低コスト戦略の成功要因は，成長使命の成功要因と比べて短期間により容易に測定可能である。ここからみて，低コスト戦略は，インセンティブ報酬によるコントロールにとって成長使命と比べてそのコントロール要求を満たさない傾向があると仮定される（Fisher and Govindarajan［1993］, p.140）。

　同様に差別化戦略と収穫使命の不適合について，収穫使命は利益やキャッシュ・フローの短期的最大化を意味する。もし使命が収穫であるならば，差別化製品はおそらくライフサイクルの終わりのステージにある。また，その製造環境は一層ルーチン化の傾向が強い。したがって，このような差別化戦略における製品不確実性は，製品が対照的にライフサイクルの成熟ステージにある時

より低い。それゆえ，インセンティブ報酬システムは，こうした相対的に低い不確実性に適合した設計が仮定されるであろう。

　この結果，Fisher and Govindarajan [1993], pp.135-137 は，矛盾するコンティンジェンシーに関する2つ目の仮説をつぎのように展開する[7]。

　仮説：成長使命と低コスト戦略が与えられるもとで，成長使命に適合するような報酬システムの設計がより高い効果を導くであろう。

　仮説：収穫使命と差別化戦略が与えられるもとでは，収穫使命に適合する報酬システムの設計がより高い効果に達するであろう。

　Fisher and Govindarajan [1993] は，この仮説をもって，効果的なインセンティブ報酬システムは，競争戦略に対しては矛盾しても戦略使命に適合するべきであることを暗示する。こうして，矛盾するコンティンジェンシーのケースにおいて，コントロール・システムは戦略使命のコンテクストに適合するよう設計されるべきであると結論する。もっとも，このことが競争戦略のコンテクストが重要ではないということを意味するものではないと付け加える（Fisher and Govindarajan [1993], p.141)[8]。

　以上，Fisher and Govindarajan [1993] からは，戦略使命および競争戦略という SBU レベルの戦略を同時に検討するもとで，矛盾するコントロール・システムの設計に関する理論的解決方法が提示された。それは，これまでの一変量分布モデルを拡張する試みであった（Fisher and Govindarajan [1993], p.142)[9]。その研究上の位置するところは，SBU 戦略とコントロール・システム（MCS）との適合関係の理論的研究のいきつく究極の到達点を見据えるものとして評価できるように思われる。この意味では，Fisher and Govindarajan [1993] に指摘されるように，それはまた，今後の経験的分析のための出発点を提供するものであろう。

　しかし，その後関連する経験的研究は乏しいのが実状である。Anthony の議論も，その後の12版までなんらの変更ないし修正は加えられていない。こうした背景に，実務において SBU 組織に限界が生じ，新たな事業構造のリス

トラクチュアリングが始まったことが 1 つの要因かもしれない。また，Prahalad and Hamel［1990］によって「コア・コンピタンス」の経営が提唱された影響があるかもしれない。Hamel and Prahalad［1994］は，SBU の経営に批判的である。SBU やリストラは，現在の市場に適合するだけで競合他社においつくことが目的である。差別化製品であっても，成熟のライフサイクルの後期や衰退期のステージでは利益があげられず，事業の撤退や売却を迫られる。しかし，こうした経営では，これまで事業を支えてきた技術力やマーケティング力やオペレーションのノウハウなどのコア・コンピタンスが消失するおそれがある。これらがもたらしたかもしれない潜在的な成長を考えると逸失利益は計り知れない（沼上［2010］，76-77 頁）。SBU という表層の背後にある，深層のコア・コンピタンスに焦点を定めた経営がもとめられることになるのである（沼上［2010］，78 頁）。

　最後に，Anthony は，以上の議論を次のように結んでいる。コントロール・システムを戦略にリンクする議論は，形にはまった機械的な方法で用いられるべきものではない。ここでなされた指摘はあくまで 1 つの傾向であり，普遍的に真実なものではない（p.621）。これは，SBU レベルの戦略とコントロール・システムの適合関係は，コンティンジェンシーのフレームワークにのみ依存するだけで解決できるものではないという認識に立つものであろう。

（注）

（ 1 ）事業単位の戦略が，あくまでジェネリックなものとしてとらえられており，この意味で SBU 戦略を包括するものと理解できる。

（ 2 ）思考ラインは，マーケットシェアを拡大することが高い収益性へとつながるルートを論じる。ここにマーケットシェアと収益性との間の関連は，PIMS（Profit Impact of Market Strategy）のデータベースによって確認されるものであった。Anthony によれば，いくつか限界もみられるが，注意して応用されれば強力な分析ツールとなる（p.274）。なお，PIMS は，市場は戦略が利益に及ぼす影響を調査するプログラムとして当初 GE 社の内部プロジェクトとして発足したものをさす。その後ハーバード大学などにその研究母体を移し，多様な事業を対象とするプロジェクトに拡大されるのである（石井［1996］，102 頁）。

（3）石井では，相互浸透モデルとして前2者，探索型–分析型–防衛型（Miles and Snow［1978］），保守型–企業家型（Miller and Friesen［1982］）がとりげられる。

（4）Govindarajan and Shank［1992］，pp.14–24 が初出で，これが Anthony and Govindarajan［1995］に転載されるのである。

（5）Anthony の指摘に従うとき，収穫戦略使命の管理者のボーナスの決定には短期基準によりウエイトがいくもので，成熟事業をもつ SBU に当てはまる傾向が強い。一方新規事業をもつ SBU には，長期基準によりウエイトをおいて決定されるインセンティブが成長戦略使命の管理者の報酬パッケージを支配することになる。

（6）この仮説は，Fisher and Govindarajan［1993］（原文）では仮説5である。

（7）注（6）と同様に，これらの仮説は，Fisher and Govindarajan［1993］ではそれぞれ仮説6と仮説7である。

（8）たとえば，その理由の1つに，矛盾するコンティンジェンシーのアプローチもつぎのような前提に基づくことが考えられる。成長使命の報酬が収穫使命と比べてそうであるように，同様に差別化戦略の報酬も，低コスト戦略より比べて高いボーナス割合を採用し，より主観的に決定される傾向にあるのである（Fisher and Govindarajan［1993］，p.141）。

（9）これまでのリサーチは，一変量分布モデル分析，すなわち1つの戦略構成と1つのコントロール・メカニズムを検討するものであった。これに対して，ここでの Fisher and Govindarajan［1993］の議論は，この一変量分布モデル分析を種々の戦略構成と報酬メカニズムを同時的に検討する，この意味において拡大するものと述べる。

第7章　成　功　事　例

　以上，伝統的な MCS の構造— Anthony を中心に—の検討を試みた。そこからは，Anthony が，MCS の各エレメントの設計にあたっていかにコンティンジェンシーのフレームワークの視角を取り入れるものであるかを見ることができた。最後に，コンティンジェンシー理論の基礎モデルに引きつけて，モデルの最終のステージ，「組織の効果」に進むことにしたい。それは，事業単位組織や SBU 組織に適応するよう MCS やコントロール・システムの設計が可能なとき，これらが企業の効果的業績を引き出すという仮定に立つものである。ここから，本章は，MCS やコントロール・システムを取り入れた大規模事業部制や SBU 組織企業がいかに高い業績を上げ，大きな成功をおさめることができたか，その成功事例を取り上げる。これらはいいふるされたケースであるが，いわば画竜点睛を欠く議論を避けることに本章の意図があると考える。

第1節　「組織の効果」とコンティンジェンシィ適応

　Chenhall［2003］，p.134 によるとき，良好なコンティンジェンシー適応（good fit）は業績の向上を意味し，貧弱な適応（poor fit）は業績の縮小を暗示することになる。言い換えれば，良好な適応は，貧弱な適応と比べるとき，より高い効果的業績を実現するものと定義される。Otley［2016］，p.48 によれば，ここに業績の効果（effectiveness）とは，最も共通する成果変数を生む財務業績で

使用される主要な従属変数を指す。Otley［2016］は，この変数である効果の尺度について，純利益やROIという伝統的な財務業績尺度を共通して用いるべきものと指摘する[1]。

　以下，これらの財務尺度をベースに評価されるコンティンジェンシィ適応について，つぎの3つのケースをとりあげる。

・事業部制の導入とともにボーナス制度を取り入れたGM
・わが国の大規模な事業部制企業で導入された社内資本金制度
・SBUを最初に導入したGEの戦略事業計画プロセス

第2節　コンティンジェンシィ適応の成功事例

（1）GM の事業部制とボーナス制

　GM（General Motors Corporation）の事業部制は，A. Sloanにより導入されたものである。GMでは戦略的な決定権限と業務執行の権限・責任とを明確に区別するもとで，後者を事業部に分権する。つまり一方で業務執行の権限を事業部に分権化するとともに，そのコントロールを本社に集中するという点にスローンの事業部制への考えがあった。ここで鍵となったのがROIによる事業部の業績評価である（加護野他［1983］，119頁）。原則的には経営のトップが個別の事業活動の成果を評価する手段さえ整っていれば，執行そのものは下部に任せても安全だという考え方だった。そして，その評価手段とは結局投下資本に対する収益という大原則を，各事業部活動の成果を測定する尺度にすることに他ならなかった（加護野他［1983］，119頁）。そして，このROIを事業部長や事業部の管理者のボーナスにもリンクするのがGMのボーナス制の特徴であった（加護野他［1983］，121頁）。

　ここでGMのボーナス制の具体的な設計と運用は，以下のとおりである。

　ボーナス・給料委員会（Bonus and Salary commitee）がボーナスの支給について全面的な裁量を持つ。まず年度の利益からいくらがボーナスに割り当て可能かその限度額を決める。（1962年当時）その限度額は税引後の利益から正味

資本の6%のリターンを差し引いた額の12%と定められる。次にボーナスの支料総額が決まると，ボーナス・給与委員会は各人のボーナス支給額を査定する。ここで，ボーナスの対象者は以下の3階層に分けられる。事業担当取締役，事業部長とスタッフ組織のトップ，および下限給料の基準を満たした全従業員（Sloan［1963］, p.423）。

　事業担当取締役につづいて事業部長とスタッフ組織のトップへのボーナス支給の予定額が決まる。残りが下限給料の基準を満たす全従業員に割り振られる。ここでは給料額（年俸）が，従業員の責任の大きさを考慮する上で，その大きさを測る最もよい方法とみなされる。つまり，給料を基準にボーナス対象者が絞り込まれるのである。これによる有資格社員たる対象者が所属する各事業部（スタッフ組織）への割り当ては，対象者の給料総額にくわえて当該事業部のROIの他事業部のROIとの比較結果や当該事業部の全般的な業績などが考慮に入れられる（Sloan［1963］, p.423）。

　各事業部（スタッフ組織）の割り当てが決まったのち，当該事業部長の判断と責任によって配下の各対象者への支給額が提示されることになる（Sloan［1963］, p.424）。

　このように，GMのボーナス制は，事業部制に密接に影響を受けるのである。まさしく，GMのボーナス制は，事業部制にコンティジェントである。GMでは，この事業部制とボーナス制の二つが重なりあって，分権化を進めながらも全体の足並みを揃え継ぐことができたのである。Sloan［1963］は，次のように述べている。事業部制は各事業部のトップに手腕を発揮する機会を与える。これに対してボーナス制は各人の業績にふさわしい報奨をもたらし，全社の利益のために常に全力を尽くそうとの意欲をかきたてるものである。ここで重要なことは，GMのボーナス制が各事業部の利益より全社の利益を優先させる発想を生み出したことである。全社の貢献度が定期的，しかも金額という形で評価されるために，各人は常に大きなやりがい，意欲をもって仕事に取り組むことになるのである（Sloan［1963］, pp.425-427）。

　GMのボーナス制度は，1918年に採用されたといわれる（Sloan［1963］,

図表 7-1　GM の業績推移

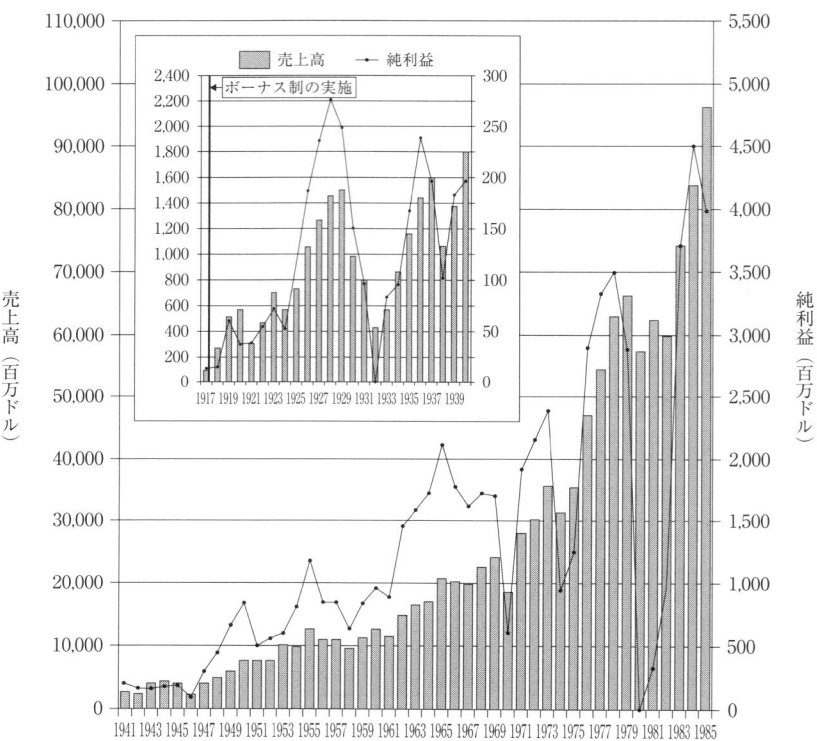

Sloan〔1963〕, pp.459-461, 63 年度からは、Annual report of General Motors Corporation の各年度版に基づいて作成

p.407）。図表 7-1 は，それ以降の GM の業績の推移を示している。長期にわたって GM が繁栄の一途をたどってきたことが分かる。Sloan もこの繁栄を支えてきた事実に，このボーナス制の効果があったことを確信する（Sloan〔1963〕, pp.425-427）。もとより他に経済的条件はあるものの，そしてボーナス制度の効果を定量的に示せないにもかかわらずである。ボーナス制は，GM の経営哲学にとって，また組織にとってなくてはならない役割を果たしてきた。この制度があったからこそ，GM はここまで発展を遂げられたのである。

（2）　事業部制企業における社内資本金制度

第4章でも触れられるように，社内資本金制度は，事業部損益計算書だけでなく事業部ごとに貸借対照表を作成し，その貸方に社内資本金を計上するもので，わが国の大規模な事業部制企業を中心にとり入れられる。1980年代までに松下電器産業［1954］，日立製作所［1968］，積水化学［1969］，ニコン［1975］，キヤノン［1978］，新日本製鐵のエンジニアリング事業［1986］，ヤマハ［1987］などで導入される[2]。

社内資本金制度の特徴は，企業によって異なるものであるが，前掲の図表4-5に基づいて小倉［1996］を中心にまとめておこう。

まず，本社から社内資本金や社内借入金に金利が課せられる。これらは，事業部の損益に係わりなく負担しなければならない資本コストである。これにより，資金の効率的運用を徹底させ，併せて金利意識を向上させる（小倉［1996］，70頁）。

また，こうした社内金利を負担したうえでもとめられるのが事業部税引前利益となる。これから社内税金と社内配当金の見合いを差し引いて事業部純利益までがもとめられる。社内税金は，事業部税引前利益に実効税率を掛けたものである。社内配当金は，社内資本金にもとづいて求められる場合と事業部税引前利益にもとづいて計算される場合に分かれる。社内配当金を社内資本金の大きさに比例させることは，利益の多寡にかかわらず安定的な配当率を維持しようとする日本企業の配当政策を反映させるものであるといわれる（小倉［1996］，70頁）。いずれにせよ，事業部は，これらを本社に収めるために，これらの財源を含む一定の利益を獲得しなければならないという利益意識を大いにはぐくむことになる。

さらに事業部純利益は，事業部貸借対照表の資本の部の事業部利益留保額に累積されていく。社内資本金制度は，この事業部純利益を貸借対照表の事業部利益留保額に振替え，積み上げていく仕組みをもつ点で際立つ（小倉［1996］，71頁）。事業部はこの留保額を事業部の再投資に回すことができ，投資が自前のカネでおこなえる。また，再投資の必要がなければ，松下電器産業やキャノ

ンのように社内借入金の返済に回し借入金を減少でき，その分金利負担をかる
くできる。また，社内借入金を返済し終わった後には本社への社内預金も可能
で，金利がついた。このように事業部に委ねられる投資権限の大きい程，金利
負担は減少，利益は増加する。事業部の活力は増す。本社の権限は大幅に縮小
され，事業部はほとんど独立した会社のような活動が許されることになるので
ある（小倉［1996］，71 頁）。

　第 5 章において議論されたように，米国企業では予算目標を設定し，その達
成をインセンティブ報酬に結びつける MCS が究極的に働いた。GM に典型な
ように米国では特に事業部長やスタッフ組織のトップ・クラスの業績にボーナ
スが提供される。これに対して，特筆すべき点は，社内資本金制度における事
業部留保利益の仕組みからは，米国企業のような信賞必罰に依存せず，純粋な
意味での目標達成に向けたインセンティブが働くことである（田中［1997］，208
頁）。

　また，事業部業績は，損益計算書ベースの単年度評価を中心としてきた。事
業部税引前利益などは，そのための指標である。こうした中で，事業部留保利
益の積上げを目標にする，いわば中長期の業績評価指標がクロズアップされる
のである（渡辺［1998］，96 頁，田中［1997］，206 頁）。それは，損益計算ベース
の単年度業績評価と比べてトップより示された目標達成に向けてより大きな動
機づけを生むといえよう。

　このようにみてくるとき，社内資本金制度は本来的にミドルである事業部
長，その配下の管理者に高い独立性，自律性意識の自覚をうながす機能を備え
るものであると考えられよう。これが，社内資本金制度を導入した企業の多く
が期待したものであると思われる。

　一連の図表 7-2 は，前掲の社内資本金制度の導入企業がほぼ高い業績をあ
げ，成功をおさめている。このことは，以上の期待に応えるものであり，組織
構造に MCS がうまく適合したことを物語るのである[3]。

図表7-2　社内資本金制度導入企業の業績推移[4]（単位：百万円）

（松下電器産業）

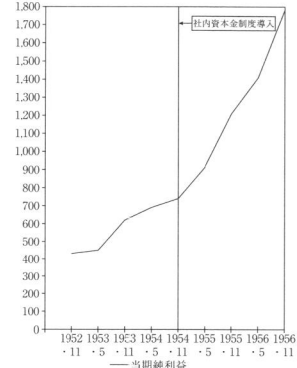

（日立製作所）

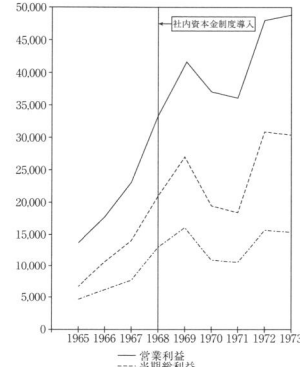

（積水化学）

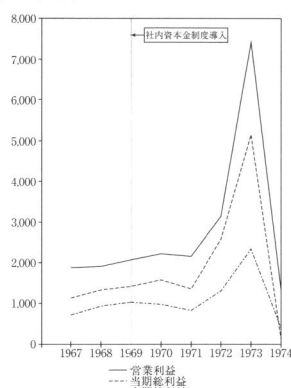

（ニコン）

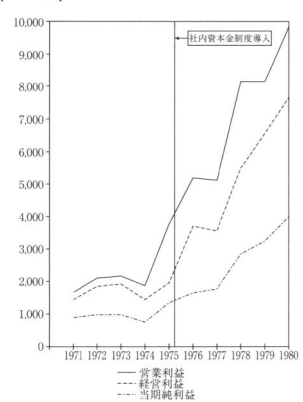

（キヤノン）

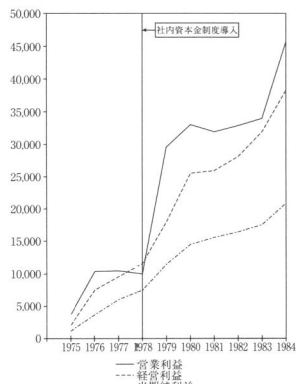

（新日本製鐵）

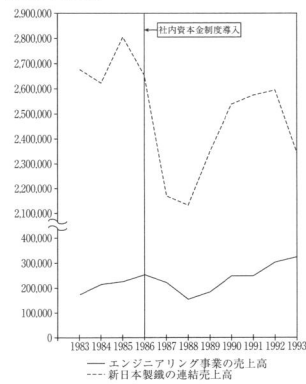

(3) GE の戦略事業計画プロセスにおけるコントロール・システム

わが国の東芝や日立製作所などが高い業績をあげた経緯がある中[5]，GE（General Electric Company）における戦略事業計画プロセスによるコントロール・システムは傑出するものとして知られる。

GE では，70 代 SBU が業務執行の 3 つのレベル（事業本部（事業グループ），事業部および製品部門）のいずれかにオーバーラップされる形で設定された。これにともなって，SBU 管理のための SBU 組織構造が編成された。本社（戦略スタッフ）と SBU のインタフェースとして（事業本部（事業グループ）ごとに）グループ経営委員会を設置するものであった。つぎに，GE ではこうした組織構造を機能させるために戦略，戦略的計画，実行計画（予算）の策定，作成という一連の戦略事業計画プロセスと，この過程で交換される情報の内容が極めて明確かつ論理的に設計された（加護野 [1981]，31 頁，坂本 [1989]，170-171頁）。そのフローチャートを描くと図表 7-3 の通りである。

GE では，この戦略事業計画プロセスを一年周期で繰り返し，毎年更新され，同時に毎年の短期的な実行計画と予算が作成されていくのである（加護野 [1981]，32-33 頁，坂本 [1989]，170-173 頁）。GE の戦略事業計画の実施にとっ

図表 7-3　戦略事業計画のフローチャート

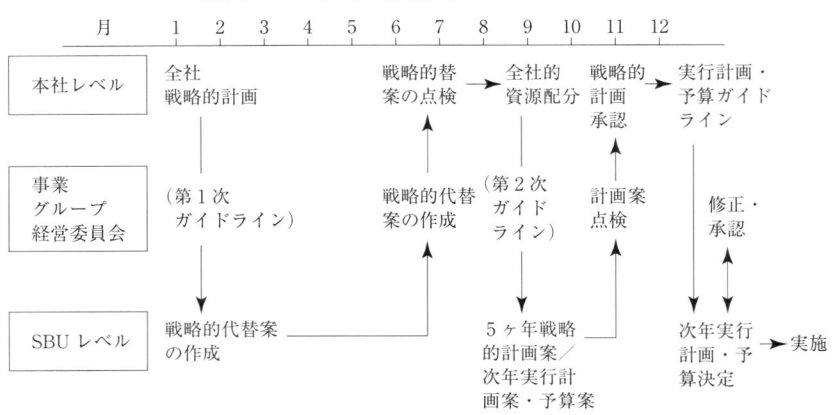

坂本（1989），171 頁

図表 7-4　戦略使命の業績評価とボーナスの決定

SBU のタイプ	短期の業績	長期の業績	その他
成長	40%	48%	12%
維持	60%	28%	12%
収穫	72%	16%	12%

加護野［1981］, 34頁, 坂本［1989］, 174 頁

て, 最大の関心は各 SBU の目標達成を動機づけることであった。図表 7-3 に示される第 1 段階で駆使される全社ポートフォリオ（第 1 次ガイドライン）の中で, 各 SBU に全社計画に占める目標をはじめ戦略使命と役割を与えられる。ここから, GE では, 具体的に各 SBU 長を目標達成に向けて動機づけるためのコントロールのシステムが取り入れられる（坂本［1989］, 174-175 頁）。

　まず, 各 SBU の戦略使命にふさわしいパーソナリティをもった管理者が SEU 長として配置された。彼らには, SBU にとりまとめられた事業分野での戦略的計画を与えられた目標や戦略使命に応じて立案し, 本社レベルでの承認を経てそれを実行する権限と責任が委ねられている。たとえば, 成長の SBU には, 成長をもとめて投資拡大に挑戦する企業家的管理者が, 維持の SEU には投資の拡大よりも事業内の高収益分野を選択し, 注力する機会選択眼のある管理者が配置されるという具合である。

　つぎに, 各 SBU の使命に応じて業績評価と年間のボーナスがきめ細かく設定される。図表 7-4 は, その典型例を表すもので, 成長の SBU には年間のボーナスの 40％ ほどが短期の業績, つまり当該年度の業績によって決定される。いいかえれば, ボーナスの決定に長期の業績（戦略的貢献）が比較的大きな比重（48％）を占めるのである。これに対して, 収穫の SBU には年間のボーナスの 72％ がその年の業績によって左右される。ボーナスの決定に短期の業績（収益的貢献）がきわめて大きな比重を占めるわけである（加護野［1981］, 33-34 頁, 坂本［1989］, 173 頁]）。

　GE は, 70 年代の SBU の導入以降 80 年までに急速に収益性を回復した。図表 7-5 にみられ通りである。以上の各 SBU 長を目標達成に向けて動機づける

図表 7-5　GE の業務推移

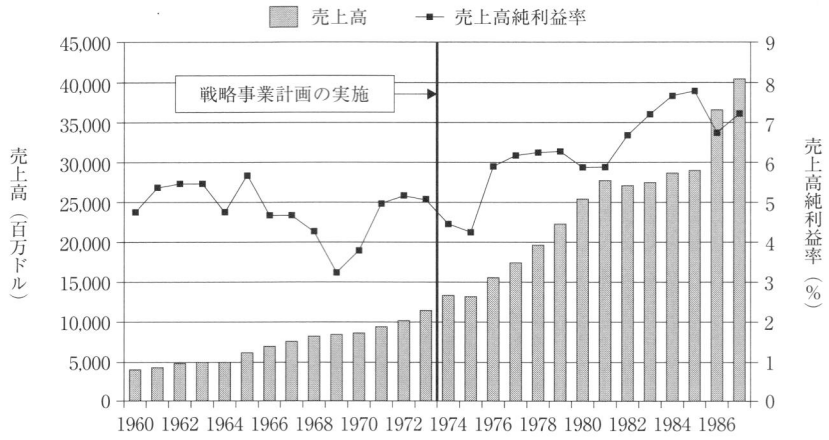

坂本［1989］，29 頁に基づいて作成

　ためのコントロールのシステムは，73 年に実施に移されている。図表 7-5 の GE の業績推移から，当該システムがその回復の大きな原動力となったことは容易に観察できる。ボーナス制に連携したシステムが SBU レベルの戦略にコンティンジェントであり，この適応の効果が GE の業績の回復につながったとみることができるのである。

　蛇足ながら，以上のことが最もあてはまるのは，SBU の積極的な推進者であった当時の GE の会長が R. Jones の時代である。80 年に入って，SBU 組織の限界が問題となった。いわゆる「分析まひ症候群」と揶揄される状況に陥ったのである。ジョーンズに替って新たに会長になった J. Welch 会長の主導による，SBU 組織と PPM の下で形成された事業構造のリストラクチュアリングがはじまるのである。それは，より長期の視野からの成長を重視するものであったが，その方向は依然 PPM をダイナミックに運用するという姿勢を貫くのである（坂本［1989］，207 頁）。

（注）

（1）Chenhall［2003］，p.135 では，こうした効果の尺度を用いる際には2つの問題があると指摘される。1つは，MCS の設計と利用以外の他の要因によって影響をうけると考えられる。2つは，財務業績それ自体が決定的なコンティンジェント変数として議論されることである。たとえば，思わしくない財務業績に直面する組織は，予算編成のようなコントロール技術に一層関心を払う可能性が高くなる。かりにこのことが事実なら，予算編成の利用が低調な財務業績とポジティブな関連性をもつという何ともつじつまの合わない結果となる。こうした，狭いコンティンジェンシー理論は，不必要なまでに制約的である。

（2）以下，松下電器産業については，2010 年度日本管理会計学会第1回関西・中部部会（平成22年7月17日）でのパナソニック常務取締役上野山実氏の講演，および筆者の同氏への聞き取り，また岡本［1979］および今西［1988］，日立製作所は朝日新聞 1968 年3月29日付，積水化学は横田［1993］，ニコンは佐藤［1993］，キャノンは田中［1991］，新日本製鐵のエンジニアリング事業は日本経済新聞 1987 年 11 月 19 日付および田中［1991］，ヤマハは田中［1991］をそれぞれ参照。

（3）なお，1990 年に入って，日本企業は長期的な収益悪化に苦しんだ。バブル期に横並びで無駄な投資を進めた反省から投資採算や事業の収益性を厳密にすることを迫られた。これに呼応するかのごとく，'90 年以降社内資本金制度を導入した企業における社内資本金制度のもつ機能は，ミドルや現場に高い独立性，自律性意識をうながすものから拡大をみることになる。たとえば，1992 年に社内資本金制度を導入した NEC では，社内資本金制度の社内配当システムを柔軟に工夫することで，資金に余裕のある事業単位から成長事業への投資資金に回す事業単位間の資金管理機能が期待される（渡辺〔1998〕，96 頁）。社内資本金制度はまた，カンパニー制（デイビジョン・カンパニー制）の導入を契機に，もともと独立採算色の強い総合商社で相次いで導入される。こうして，EVA ベースに切り替えたり，逆に資本金の増大や「想定資本」算出といった社内資本金制度を強化することで業績評価手段として期待されることになる。

　　ついでに述べるならば，こうした局面で必要とされるのは，ミドルのイニシアテイブよりもむしろトップの意思決定，判断であると考えられる。例えば，前出の NEC において，ミドルのレベルでは決められた配当が払えない部門（赤字事業）を撤退させるといったことは困難であろう。同様に，成長事業への投資資金を投入するのにミドルだけの努力では限りがあろう（沼上［2010］，48 頁）。これらは，ミドルや現場によるイニシアテイブを想定することと合い入れないといえる。しかし，ここにおいても，例えば沼上［2010］，48-49 頁は，ミドルのポテンシャルは依然として高いとみるべきであると述べる。すなわち，現場の情報をうまく活用し，ダイナミックに変化している企業環境の変化と自社とを結びつける役割を現場のストラテジストとして担う余地は大いに残されている。

（4）一連の図表の作成は，松下電器産業（企業史総合データベース）以外は，企業情報データベース eol の各年度に基づいている。

　　なお，わが国のセグメント情報の開示は，1990 年4月1日以降開始する事業年度から実施されている。よって新日本製鐵は，エンジニアリング事業本部の売上高の実績のみを掲げている。

　　併せて，新日鉄全体の連結売上高を掲げる。

（5）日立製作所や東芝は 70 年代に入ってから GE の PPM を長期経営計画（戦略事業計画）にとり入れる構造的な経営戦略（戦略経営計画）を展開してきた。

第8章　MCS の拡張化

これまでの章で伝統的な MCS の構造— Anthony を中心に—について検討した。本章は MCS の拡張化を図る議論を中心に，次章はこの議論をさらなる高みへと助長する目的から BSC と MCS の拡張化との関係を取り上げる。まず本章では，以下，MCS の拡張化を示唆する 2 つの方向を提示する。Anthonyを起点とする MC のフレームワークや MCS は，今日の企業環境の激変に応じた組織のおけるコントロールや戦略に関する研究分野の進展に確実に影響を受け変遷を見てきた。それは，一言でいえば，MCS の狭い見方を際立たせることに収斂するといえるかもしれない。Anthony を起点とする MCS のより広い見方あるいは概念の拡張を図る，この意味での MCS の拡張化を目指す議論である。

第1節　MCS の拡張化と 2 つの方向

MC や MCS をテーマとする膨大な先行研究の中にあって，Ferreira and Otley［2009］, p.264 は，つぎのように述べている。

「MCSs は，様々な方法で概念化されてきた。Anthony の著作［1965］によって明かとなった伝統的な方法は，コントロールの領域を戦略的計画，MCおよびオペレーショナル・コントロールに分割した。彼は，MC を『MC とは，管理者が組織の目的達成のために資源を効果的に取得し，使用することを

確保するプロセスである』と定義した。このアプローチは，MCS と戦略的計画の間を，また MCS とオペレーショナル・コントロールの間を分断する結果となった（Langfield-Smith［2007］，Otley［1999］）。さらに，それは MCS の設計と利用に含意される豊富な問題や関係をとらえる域に達しない，その意味でMCSs の狭い見方を助長した。とくに，それは，MCSs を広いコンテクストに配置することなく公式的（通常会計）コントロールに集中した。

　多くの MCS の定義が近年提出されている（レビューと議論は Malmi and Brown［2008］を参照）。Simons［1995］は，MCSs を上級管理者の意図した戦略を成功裏に実現するために，彼らによって利用される手段とみる。一方他の研究は，目的を実現するために人材あるいは文化によるコントロールといった他のシステムと連携した管理会計のシステマチックな利用として定義する（Chanhall［2003］）。MCSs の広い概念は，戦略プロセス全体を含むもの，すなわち戦略策定（Minzberg［1978］）と戦略実施の双方を包含するのである（Merchant and Otley［2007］）[1]。

　記述の前段は，Anthony による MCS の狭い見方を指摘する。この点を克服するために，後段では，2つの方向から Anthony を起点とする伝統的な MCS の概念が大きく拡張されてきたことをよみとれよう。改めて，1つ目の方向は，公式的会計システムだけでなく他のコントロール・システムを含むパッケージとして機能する MCS，2つ目は，戦略の実施だけでなく戦略の策定を含む戦略プロセス全体に焦点を当てる MCS の方向である。

第2節　コントロール・パッケージとしての MCS

　1つ目の方向は，Ferreira and Otley［2009］に述べられるように，Anthony を起点とする伝統的な MCS は，MCS を会計ベースの公式的コントロールに限定し，ほぼ管理会計と同義語として取扱われてきたことに深くかかわる。前章でみたように，1970年代の Bruns and Waterhouse［1975］，Gordon and Miller

[1976] や Waterhcuse and Tissen [1978] などはその典型で，公式的会計システム（管理会計システム）が組織構造にコンティンジェントであり，この結果会計システムが組織の業績効果に結び付くという管理会計のコンティンジェンシー理論の基礎モデルに基づくのである。

　これに対して，1980 年を境に，MCS の定義を中心に，MCS とみなされるべき範囲をより広くとらえ，会計システムによる公式的コントロール・システム以外の異なった様々なコントロールのタイプ（コントロール手段）が組織に存在することに注目が行く（Ouchi [1979], Otley [1980], Flamholtz [1983], Flamholtz et al. [1985], Merchant [1985b]）。

　こうした研究の経過を経て，1995 年以降 MCS のパッケージ（package）としての概念的拡張を図る理論的，経験的研究が出現する。MCS が会計システムだけではなく，組織構造や他のコントロール手段を含み，これらの要素が互いに影響し合いながらパッケージとして機能し，組織におけるコントロール・メカニズム（control mechanism）を構成するという議論である。いいかえれば，こうした概念上のフレームワークをもって MCS を体系化するものである。Simons [1995], Fisher [1995], [1998], Abernethy and Chua [1996], Langfield-Smith [1997], [2007], Otley [1999], Chenhall [2003], Merchant and Otley [2007], Merchant and Van der Stede [2003], [2007], [2012], [2017], Malmi and Brown [2008] などである[2]。その中で Malmi and Brown [2008] は，その後の MCS のコントロール・パッケージ研究に大きく影響を及ぼすもので，いくつかのポイントを提案する点で注目される。以下，Merchant and Van der Stede と合わせて取り上げる。

(1) Malmi and Brown の MCS パッケージ

　MCS パッケージの概念的タイポロジーを提示している。タイポロジーは，つぎの 5 つのコントロールのグループ，計画（planning），サイバネティック・コントロール（cybernetic controls），報酬（reward compensation），執行統制（administrative controls）および文化によるコントロール（cultural controls）か

図表8-1　Malmi and Brown の MCS パッケージ

文化によるコントロール						
クラン		価値		シンボル		
計画		サイバネティック・コントロール				報酬
長期計画	行動計画	予算	財務測定システム	非財務測定システム	ハイブリッドな測定システム	
執行統制						
ガバナンス構造		組織構造		方針と手続き		

Malmi and Brown［2008］, p.291

ら構成される。図表8-1に示される。

　Malmi and Brown［2008］によればこのタイポロジーの強みは，まず個々のコントロール・システムについて議論を深めるよりむしろパッケージとしての MCS におけるコントロールの拡い範囲に依存することである（Malmi and Brown［2008］, p.291）。

　次に，提案される MCS パッケージのタイポロジーは，理念（idea）と原則（principle）から出発する。理念は，コントロールに係るもので，従業員が組織の目標と戦略に調和する行動をおこなうように，管理者が確保することである。そのために，管理者が利用するツールとシステムは，MCS 設計に BSC のような近年に展開された技法（ハイブリッド・コントロール）を含み，またこれまで経験的研究になじみにくかった文化によるコントロールをも含む。この文化によるコントロールは，タイポロジーが広い範囲にわたるものであることを裏付けるために，図表8-1の最上方に位置づけられる。また，この文化によるコントロールは，変化がのろい鈍いために，他のコントロールに対して構造的な基盤とフレームを備えるものである（Malmi and Brown［2008］, p.295）。

　原則は，MCS の多くはサイバネティック原則のもとで効果的に作用するというものである。サイバネティック・コントロールが MCS パッケージの中で重要であるという認識である。サイバネティック・コントロールは，予算，財務的尺度，非財務的尺度そして最後のこれらの双方を含む BSC のようなハイ

ブリッドからなる。その一方で，MCS タイポロジーは，管理者にとって利用可能な他のコントロール要素，執行統制を含む（Malmi and Brown［2008］，p.295）。

　さらに，Malmi and Brown［2008］は，今後のコントロール・パッケージ研究の展望や方向性にあたって，以下の 2 つの課題が分析の対象となるとその要点を述べる。MCS パッケージの構成要素の形成・配置（configurations）と MCS パッケージにおけるコントロール・システムの相互関係（linkages）である（Malmi and Brown［2008］，p.297）。

　前者の課題は，パッケージのすべての要素のうちどれが組織の現在の環境状況にベストに適合するか，どれが効果的な業績確保に向かないか，さらに等しく効果的といえる要素の形成・配置は存在するかに関係する。例えば，BSC といった新しい技法がパッケージに加えられるとき，それはパッケージ全体にいかに影響を及ぼすか。また現在のパッケージの形成・配置は，こうした新しい技法の開発，採用，効果などにどのようなインパクトを与えることになるであろうか（Malmi and Brown［2008］，p.297）。

　一方，後者の課題は，各コントロール・システムの効果が既存のパッケージの形成・配置に依存するかどうかである。関連して，特定のコントロール・システムが他のコントロール・システムの代替えや補完として働くかどうかである（Malmi and Brown［2008］，p.297）。中心的な役割を果たすシステムが発見されるときは，他のシステムに関連するだけでなく，パッケージの全体の設計に影響を及ぼすことがある。たとえば，強い組織内の文化が他のコントロール・メカニズムの必要性を削減でき，そしてそれゆえ MCS の全体の配置設計に影響が及ぶのである（Malmi and Brown［2008］，pp.297-298）。

(2)　Merchant and Van der Stede のコントロールの対象

　Merchant and Van der Stede は，MCS の古い，狭い見方（narrow view）に変えて MCS のより広い見方（broader view）を唱えている。狭い見方は，サー

モスタットに類似するシングル・フィードバック・ループを含むサイバネ
ティック・システムのそれである。マネジメントは，業績を測定し，これを事
前に設定された業績標準に比較し，必要ならば，修正行動をとるというもので
ある。これに対して，より広い見方からは，次のように定義される。MC は，
管理者が従業員の決定行動が，組織目的や戦略に合致することを確保するため
に利用するシステムないしデバイスをすべて含む。ここでのシステム自身が，
MCS として呼ばれるのである（Merchant and Van der Stede［2017］, p.8）。

　具体的に，コントロールの対象（object of control）として MCS を多様な異
なるコントロールのアングルから議論するものである。結果によるコントロー
ル（results controls），行動のコントロール（action controls），人材のコント
ロール（personnel controls），文化によるコントロール（cultural controls）とい
う 4 つを提示する。このうち，結果によるコントロールは，多くの組織におい
て利用される MCS の主要なエレメントである。しかし，結果によるコント
ロールは，他の行動，人材および文化によるコントロールによって補完され
る。また，結果によるコントロールと行動のコントロールは，完璧に近い形で
おこなわれることはない。それをもとめるならば，組織は，このギャップを埋
めるために役立つ人材や文化によるコントロールを利用する必要があろう
（Merchant and Van der Stede［2007］, pp.34-46）。

　Merchant and Van der Stede では，パッケージ概念は採用されていない。
しかし，その分析は，MCS を多様なコントロールを対象とするものとしてみ
ることによって，そこにおける特定のシステム要素の特徴を考察し，またシス
テムが利用される方法を検討することが容易となる。これが，すでに実施され
ているコントロールを改善することに結び付くのである。

　さらに，上述される結果によるコントロールなどに典型なように，これら
が，他の異なるシステムでいかに代替えや補完されるか糸口を発見することが
可能になるのである（Merchant and Van der Stede［2017］, pp.230-232）。これら
の点は，Malmi and Brown［2008］に挙げられる研究上の展望の機会，方向性
に基本的に共通する。こうしたシステム間の形成・配置や相互の補完関係は，

パッケージにおけるグループによってもたらされる，あるいはこれらが生む組織の成果や業績にとって重要な分析対象になり，研究の蓄積が望まれよう。

　以上，MCS の 1 つ目の拡張化の方向は，組織においてコントロール・パッケージとしての MCS，すなわち MCS のコントロール・パッケージ現象が存在することに焦点を当てるものである。MCS が会計システムだけではなく，組織構造や他のコントロール手段を含み，これらの要素が組織のコントロールのメカニズムの全体を構成するという議論の出現である。

(3) コントロール・パッケージとコンティンジェンシー

　ところで，Malmi and Brown［2008］からは，コントロール・パッケージの執行統制の要素の 1 つを構成する組織構造に関連して，つぎのような記述をみることができる。組織構造は，管理会計の研究者がコンティンジェント変数として取り扱かってきた。しかし，われわれは，それを 1 つのコントロール・メカニズムであると考える（Malmi and Brown［2008］, p.295），と。

　前段部分は，管理会計のコンティンジェンシー理論の基本モデルを投影する。組織構造がコンティンジェントとして単独で，MCS の設計に影響を及ぼす。これに対して後段部分は，組織構造はコントロール・メカニズムの 1 つであって，他のコントロールと相互に関係しながらパッケージとして機能することを示唆する。

　コンティンジェンシーのフレームワークにおいて，コンティンジェント変数は，MCS の設計の鍵として伝統的に進化してきた。第 1 部での Anthony の MCS は，それを象徴的に物語るものである。このような中，以上の Malmi and Brown［2008］の記述は，コントロール・パッケージ概念と管理会計のコンティンジェンシー理論との間には相性が悪い，あるいは相入れない関係があることを暗に表現するものでもあるようにとれるのである。ことさら左様に，MCS のコントロール・パッケージ現象，すなわち 1 つ目の MCS 拡張化の方向にとって，コンティンジェンシー理論との関係は，MCS の分析上 MC の理論上のプロポジションを構築，展開する上で無視できない議論となる。

　先行研究において，管理会計のコンティンジェンシー理論を採用した Otley ［1980］，p.421 はまた，コントロールのパッケージ概念を導入した先駆けでもある。その Otley ［1980］によれば，管理会計のコンティンジェンシー理論にはいくつかの限界ないし制限が存在する（Otley ［1980］，pp.425-426）。

　・適切なコンティンジェント変数の性質は明確にされておらず，より経験的かつ理論的な関心を必要とする。

　・組織の効果の明示的な考察は，コントロール・システムの設計に関するコンティンジェンシー理論の核心部分でありながら，理論的なスタンスからネグレクトされている。

　・同じコンティンジェント変数がコンティンジェント変数と会計システム設計の双方に影響を及ぼすことがあるようなとき，組織構造をコンティンジェント変数と会計システムとの間の唯一の媒介変数として用いることは賢明ではない。このようなコンティンジェンシー理論による組織設計は弱く，組織の効果とのリンクも不確かである。

　・最終的には，コントロール・パッケージを構成する要素間の高い相互関係の性質からは，管理会計システムをその広いコンテクストから単独で独立して調査，検討できるものではない。

　以上の Otley ［1980］の指摘は，コントロール・パッケージ研究が進展し始めた 80 年代の後半以降，コンティンジェンシーのフレームワークに基づく会計コントロール・システムのとらえ方との関連に影響を及ぼす契機となるものであった。Merchant ［1985a］，Dent ［1990］，［1991］，Otley ［1994］，Chapman ［1997］，Fisher ［1998］，Chenhall ［2003］などである。

　例えば，会計コントロール・システムと特定のコンティンジェント変数との関係が発見されても，全体としてみればこの関係は弱く，結論は断片的である（Merchant ［1985a］，Dent ［1990］）。もし種々の MCS のコントロール要素の間のリンクが十分に確認されないようならば，検討中の要素を関連するコンティンジェント変数に関係づける方法は誤った結論を導くであろう（Fisher ［1998］）。コンティンジェンシーをベースとする研究は，会計という特定のコントロール

要素に焦点をあてて，他のコントロール・システムについて検討する調査研究を制限する。それ故，もし特定の会計コントロール・システムが他のコントロール・システムとリンクするようなとき，これらを除くあるいはコントロールの対象に置かない調査研究は見せかけの発見を報告することにつながる（Chenhall［2003］）。さらにまた，何故MCSパッケージ現象を研究することが重要であるか，MCSは単独では作用しないというのがその答えである。それは，コンティンジェンシー研究のもたらす限界を暗示する（Malmi and Brown［2008］）。

　このように，コンティンジェンシー研究と対峙する議論が散見できる中，Otley［2016］は，自身のOtley［1980］から35年を経たこの間のコンティンジェンシー研究の文献レビューをおこなう。議論が，ほぼ一貫して異なるコンティンジェント（独立変数）の特性等の記述に集中している[3]。多くが調査研究ごとに選択された1つあるいは2つの局面からの断片的方法によるもので，オーバーオールなMCS（overall MCS）のホリスティックな見方を扱うものではなかった総括する。例えばMalmi and Brown［2008］に対しても，それは，MCSのパッケージ要素にツールや技法の基礎的な分類を試み，これらのこれまでの計画や統制への利用に再度集中するにすぎないと指摘する。Otley［2016］によれば，より有益な研究の進展は，今やMCSそれ自体に大きく焦点を当てることから得られるのであり，いかなる構成要素が最も有用性をもって概念化され，いかに相互に関連するかを追求することである（Otley［2016］，p.54）。

　また，この間の最も顕著なコンティンジェンシー研究の文献サーベイであるChenhall［2003］，［2007］によれば，コンティンジェンシーなる用語は，理論というほどのものではなく，なんらかな事象が特定の状況のもとでのみ真実であることを意味する。それゆえ，個々のMCSが基づく状況を説明し，予測するために経済学，心理学，社会学，情報科学など広い領域の多様な理論が有用となる（Chenhall［2007］，p.161）。

　しかし，Otley［2016］によれば，コントロール・システムの設計に，こうした予測のメカニズムを展開する機械論的アプローチはあやまった方向に導く

ことになる（Otley［2016］,p.45）。コントロール・パッケージの存在は，継続的
に変化し進歩しつつある。これらの変化を時間の経過とともに追求し，かつ組
織において有用な配置をもって観察されるコントロールメカニズムの存在を説
明する，そのためのさらなる理論的，経験的研究が求められることになる
（Otley［2016］,p.55）[4]。

　以上，簡単にまとめよう。コンティンジェンシーの経験的研究では，適切な
測定の特性を有する各々のコンティンジェント変数から少なくとも1つの変数
（例えば組織構造）に関心が当たる。それが，MCS の設計に強くリンクすると
みなされてきたのである。ここに，コンティンジェンシー・アプローチに批判
的な根拠がみえてくる。ここから，MCS 全体の概念化を重視し，こうした方
向からコントロール・パッケージ研究の一層の蓄積が強調される[5]。MC の理
論上のプロポジションを構築し，一方で組織における実践上のインパクトをも
つという双方に有用な洞察が今後の重要なトピックとして展望されるのであ
る[6]。

第3節　戦略の実施と策定を含む戦略プロセス全体

　2つ目の MCS の拡張の方向は，以上の1つ目の拡張と比べてほぼ10年遅れ
て登場する。この方向を示唆する MCS の拡張化を他を圧倒して牽引するのが
Simons［1987］,［1990］,［1991］,［1994］,［1995］,［2000］による一連の実証研究で
あるといえよう。改めて前掲される Ferreira and Otley［2009］の指摘をみて
みよう。Simons［1995］は，MCSs を上級管理者の意図した戦略を成功裏に実
現するために，彼らによって利用される手段とみる。この Ferreira and Otley
［2009］の記述にあるように，MCS の拡張化は，MCS が新たな戦略の展開の
手段として用いられることにより，MCS の役割がこれまでの戦略の実施だけ
ではなく戦略の策定をも包含する戦略プロセス全体に及ぶことになるのであ
る。以下，本節は，以上の Simons の研究，とりわけ Simons［1995］を中心に
所説を概要することから進める。

　Simons［1987］では，上級管理者の部下の意思決定へのかかわり（involvement），および意思決定の局面で上級管理者を巻き込む必要性が強調される（Simons［1987］，pp.351-353）。

　Simons［1990］は，Anthony のフレームワークや理論について，戦略的計画で策定された戦略を所与とし，MCS を戦略の実施を支援するととらえるものと理解する。Simons は，これは，MCS と戦略の関係の理解不足によるものと指摘する。つまり，戦略的計画と戦略策定（strategy formulation）を同一視し，そして MC と戦略の実施を同一視する人為的な二分法を招くという（Simons［1990］，p.128）。Simons はこの Anthony のフレームワークの欠点を補うために，自らの MC 理論を MCS は戦略の実施だけでなく，組織学習に影響を及ぼしインタラクティブな利用によって戦略策定を可能にするような力を示す必要性を主張する（Simons，［1990］，p.128）。この上で，戦略的不確実性を重視し，MCS のインタラクティブな利用による MC のプロセスが創発戦略（emergent strategy）の管理に用いられると自らの MC 論を展望する（Simons［1990］，p.140）[7]。

　Simons［1991］は，事例研究を通じて，MCS のインタラクティブな利用による MC のプロセスが新たな戦略的イニシアティブの実現の触媒となると主張する（Simons［1991］，p.50）。新たな戦略的イニシアティブのために MCS をインタラクティブに利用する，このようなときの MCS を ICS と呼ぶ。MCS を ICS として利用することを通じて，上述されるように自身の MC 論に創発戦略の管理をも取り入れる。

　Simons［1994］，［1995］は，MCS の利用パターンとして 4 つのタイプ（コントロール・レバー）から構成される LOC（Levers of Control）モデルを提示する。4 つのキー概念が Simons の LOC に直接結び付く。これらが Simons によって提示される特定のコントロール・レバーによってコントロールされる。コア価値は新たな機会を探索する創造的プロセスを誘導し，広く共有される信念システムによってコントロールされるという如くである。図表 8-2 は，こ

図表8-2 LOCの概要

キー概念	コントロール・レバー	コントロール・レバーの役割
コア価値	信念システム	新たな機会を探索する創造的プロセスを誘導し，広く共有される信念を注ぎ込む
回避されるべきリスク	境界システム	組織があらたな機会を探索する場合に，負の，制限される境界（範囲）を定める役割を果たす
重要業績変数	診断的システム	主要な業績領域の達成をモニター，評価し，報酬を与える
戦略的不確実性	ICS	組織学習と新しいアイデアや戦略の展開のプロセスを奨励する

Ferreira and Otley［2009］，p.265

の関係を表わしている（Ferreira and Otley［2009］，p.265）。

　Simons［1995］では，4つのコントロール・レバーの1つであるICSについて，以下のようにICSの性質，特徴あるいは利用のための条件などが豊富な事例研究に基づいて議論されていく。

　ICSは，「管理者が部下の意思決定行動に規則的かつ個人的にかかわるために利用する公式的情報システムである」（Simons［1995］，p.95）。管理者自身が認識する戦略面での独特の不確実性に基づいて，管理者は，こうしたシステムを利用して探索活動を活性化する。ICSは，管理者の注意力に焦点を当て，組織ぐるみの対話を強制する。こうしたシステムは，ディベートのための議題を提供し，ルーチンの経路以外の情報収集を動機づける（Simons［1995］，pp.95-96）。上級管理者が，業務担当管理者に戦略的不確実性への注意喚起を促すことによって組織に学習機会がうまれ，その結果新しいアイデアや戦略の創発を奨励するために用いられるものである。

　続いてSimons［1995］，pp.96-97によれば，すべてのICSは以下の4つの局面を決定づける特徴をもつ。

　i　システムから生じる情報は，トップ・レベルの管理者によって発信され

る重要かつ繰り返されるアジェンダである。

ii　ICS は，すべてのあらゆる組織階層レベルにおける業務管理者から頻繁
で定期的な注意を要請する。

iii　システムから収集されるデータは，上司，部下，および同僚間の対面型
の会議の中で解釈され，議論される。

iv　システムは，その基礎にあるデータ，仮定そして適切な行動計画に対す
る継続的挑戦とディベートのための触媒形態である。

さらに，どんなコントロール・システムもそれをインタラクティブに利用す
るためには，次の5つの条件が必要である（Simons［1995］, pp.108-109）。

i　コントロール・システムは，修正された当期情報に基づいて将来の状態
を再予測する必要がある。

ii　コントロール・システムに含まれる情報は，理解が容易でなければなら
ない。

iii　コントロール・システムは，上級管理者によるだけでなき，組織の多階
層レベルの管理者によって利用されねばならない。

iv　コントロール・システムは，修正されたアクション・プランを生むもの
でなければならない。

これらの4つの条件は，上級管理者がインタラクティブに利用するために必
要であるが十分条件ではない。5番目の条件が重要である。

iv　インタラクティブに利用されるためには，コントロール・システムは，
事業の戦略に関する戦略的不確実性の影響結果に関連する情報を回集，生む必
要がある。

また，コントロール・システムの利用がインタラクティブであるためには，
上級管理者の人的なかかわり，取り込みによってダイアログを生むこと
（Simons［1995］, ɔ.151），および情報共有を奨励するポジティブな情報環境を創
ることが望まれる（Simons［1995］, p.158）。

最後に，Simons［2000］は，Simons［1995］を補足するものであり，主とし

てインタラクティブに利用する条件などについて追加的な説明を行う。

　以上，Simons［1995］のLOCモデルを軸に，MCSをICSとして利用するインタラクティブ・コントロールは，新たな戦略の展開（創発）に機能する，そのための役割を果たすことを決定づける。幾度も述べられるように，MCSがこれまでの戦略の実施だけでなく戦略の策定をも包含する戦略プロセス全体に焦点を当てる，MCSの拡張化を方向づけるものであるといえよう[8]。

　このように，LOCは，MCがこれまでの制約（統制）の1つではなく，新たな戦略を展開する，変化のインスツルメントであるという強力なアイデアを構築することになる。とりわけ，ICSの果たす機能は大きく，LOC研究の経験的，実証の対象はそのほとんどがICSを取り込むといってよい。こうした中にあって，SimonsのICSの定義に対して総じて曖昧な部分を含むあるいは曖昧性をもつといった論評が試みられた。この点は，当面のMCSの拡張化の方向からみると無視できないところと思われる。何ら議論も準備されることなく，いわば放置されたままでMCSの拡張化の方向を受け入れることは釈然としないであろう。その結果，誤った結論を導く可能性も否定できないのである。以下，このような問題意識から，節を替えて「SimonsのICSと戦略策定の思考過程」のもとで検討する。

第4節　SimonsのICSと戦略策定の思考過程

（1）SimonsのICSの曖昧さと改善案

　検討にあたって，SimonsのICSの定義ないし意味のもつ曖昧さを論じ，その改善を試みた先行研究に着目することから始める（Bisbe et al.［2007］，Ferreira and Otley［2009］，Mundy［2010］，Tessier and Otley［2012］）。

　理論ベースの経験的リサーチをとるBisbe et al.［2007］は，Simonsに定義されるICSの意味を多次元構成概念（multidimentional construct）としてモデリングをおこなう。ここで提案される次元（dimentions）とは，ICSに関する次の5つの顕著な特性を指す。上級管理者による集中的な利用，業務管理者に

よる集中的な利用．対面型の挑戦とデベートの浸透，戦略的不確実性への焦点および互いの支援的関与介入（Bisbe et al.［2007］, p.797, p.807）。

Bisbe et al.［2007］によれば，これらの特性は明確な性質を持つことから，これらの ICS の次元は，一連のインディケーターによって観察される。上級管理者による頻繁な個人的関心への定期的なパターンを始め，部下の活動への強い個人的介入，上級管理者によるアジェンダの利用などが，それである。

これによって，Bisbe et al.［2007］は，ICS の次元とインディケーターとの間係を認識態様の関係（epistemic relationships）を用いて記述することで，ICS の多次元構成概念がプロフィル・アプローチ（profile approach）によって操作可能となると考える。結論的に，ICS は，以下に表わされるようなクラスターとして確認される。ICS は，上級管理者と業務管理者の両方による高い集中的な利用，高いレベルの対面型の挑戦と議論，戦略的不確実性への強力なコントロール，そして強い支援的で高い精神的な介入（Bisbe et al.［2007］, p.809, p.817）。

Ferreira and Otley［2009］は，Bisbe et al.［2007］による 5 つの顕著な特性を踏まえて，Simons の ICS をつぎの 5 つの異なるサブ・エリアの合成からなるととらえる。上級管理者による集中的な利用，業務管理者による集中的な利用，対面型の挑戦とデベートの浸透，戦略的不確実性への焦点，および互いの支援的かかわり，関与である。これらが，インターラクティブだといわれる，あるいは評されるコントロールが存在するための必要なサブ・エリアとなると考えられる（Ferreira and Otley［2009］, p.274）。

このうえで，Ferreira and Otley［2009］, p.274 は，Simons が「管理者による情報の集中的利用」と「不適切な戦略の検証」とを混在させていると述べる[9]。これらはキー・イシューであるけれども，インターラクティブな利用という全体的なコントロール概念に管理者による情報の集中的利用と不適切な戦略の検証の要素を一緒に混在させてリンクすることでまごつかせるように見えるのである（Ferreira and Otley［2009］, p.274）。

こうして，Ferreira and Otley［2009］は，Simons の ICS の定義が 2 つの明確な構成要素に分離されるものであると提案する。「インターラクティブなコ

ントロールの利用（interactive use of control）」と「戦略の妥当性のコントロール（strategic validity control）」である（Ferreira and Otley［2009］, p.266）。前者は管理者の注意を喚起し学習を促すこと，後者は現行の戦略の妥当性をモニターすることである。

　Tessier and Otley［2012］も，以上の Ferreira and Otley［2009］と同様に Simons の ICS の意味の曖昧さに言及する。Otley が両方の研究の共同執筆者であることもあって，Ferreira and Otley［2009］の主張と類似する。彼らの提案もまた，Simons の ICS の定義を目的に応じて，「インターラクティブな利用」と「戦略的業績のコントロール（strategic performance controls）」に二分して利用するという見直しを示唆するものであった（Tessier and Otley［2012］, p.177）[10]。

　以上，Simons の ICS の意味（の曖昧さ）と改善案について，Bisbe et al.［2007］の経験的研究をよりどころに Ferreira and Otley［2009］の所説を中心に紹介した。

　ところで，以上の改善案はこのままでは，2つ目の MCS の拡張化の方向を受け入れることに懸念を生むであろう。ここでは，こうした提案が，2つ目の MCS の拡張化の方向に矛盾することがないよう整合性を確保する必要があると考えられるからである。これが，すでに記されるようにそのために準備される議論である。以下の2つのステップをとる。まず拡張化の方向における戦略の策定とは，具体的に Simons にあってはどうような思考過程をとるものであろうか検討を試みることである。つぎのステップは，この Simons の戦略策定の思考過程を以上の改善案に関連づけることである。

(2)　Simons の戦略策定の思考過程
①Mintzberg の戦略クラフティング

Simons［1995］は，戦略策定のプロセスとしてハイアラーキー型（hierarchical）な見方と創発型（emergent）な見方の2つのモデルを提示する。図表8-3のように双方のモデルが特徴づけられる。双方が対立する仮定に基

図表 8-3　ハイアラーキー型モデルと創発型モデルの前提

ハイアラーキー型モデル	創発型モデル
戦略は意図的	戦略は漸進的
意図された戦略	意図された戦略は置き換えられる
戦略の策定と実施は区別される	戦略の策定と実施は互いに絡み合う
戦略的決定はトップ・マネジメントの専権事項	戦略的決定は組織の全の階層を通じておこなわれる
戦略は計画に等しい	戦略はプロセスに等しい
戦略は実施に先行して明文化される	戦略は時間の経過のなかで創発される

Simons［1995］, pp.19-20

づくことに強調がある（Simons［1995］, p.19-20）。

　興味ある点は, Simons が, Mintzberg［1987］の主張を重視して, 自身のハイアラーキー型と創発型のモデルも戦略策定のプロセスにおいて互いに競合し対立する見方をとるものではあるが, 相互に排他的であると考えてはならないと判断していることである。むしろ, 双方のバランスをとる（balancing）ことに主眼を置くのである（Simons［1995］, pp.20-21）。

　ここに, Simons が重視する Mintzberg［1987］の主張とは, 以下の内容である。

　戦略を策定する行為, 戦略策定作業ないし業務は二本足で進んでいく。計画の足と創発の足である。計画は統制を意味し, 学習を排除する。一方, 創発は学習をうながし, 統制を排除する。したがって, 純粋な計画や純粋な創発によるものは存在しない。つまり, どんな組織も計画（統制）の足も学習（創発）も無視できない。創発の足もなんらかの統制が要求されるのである。こうして, 戦略策定作業にとって統制と創発は結びついていなければならない。双方の純粋な戦略は, 一本の線上の両極にあり, したがってもしほとんどの戦略を策定する行為は, この線上のどこかに位置することになる（Mintzberg［1987］, p.69, 訳書 78-79 頁）[11]。

　この Mintzberg の主張にあって, Simons のハイアラーキー型モデルは計画

（統制）の足に，創発型モデルは創発（学習）の足と同義にとらえられる。このようにして，Simons は，互いに対立する見方をもつハイアラーキー型モデルと創発型モデルであるけれども，戦略策定の際にはこれらをある程度のところでバランスさせ，併用して用いる方が望ましいと思考するのである（Simons [1995], p.21）。

②沼上の経営戦略の複眼的な利用

　Simons の戦略策定（の作業）での思考過程は，現在でも大きな影響力をもつ経営戦略論の基本的な学説（経営戦略観）においても注目すべきポイントの 1 つである。沼上［2010］, 5-12 頁によるとき，経営戦略観は，戦略計画学派，創発戦略学派，ポジショニング・ビュー，リソース・ベースト・ビューなどに分類される。沼上［2010］は，戦略を策定する作業の局面ではこれらの戦略観の併用が実際におこなわれているし，それが望ましいバランスのとり方であるとポイントにおく。どの戦略観を優先するか究極の決断を迫られる場合を除いて，これらの 5 つの戦略観を複眼的に用いて自らのオリジナルな経営戦略を策定し，構築していくのが適切であると提言されるのである（沼上［2010］, 115-144 頁）。

　上述されたように，Simons は，ハイアラーキー型と創発型の双方のモデルは戦略策定作業の際にはこれらが混在することが可能であり，バランスをとる方が望ましいと思考している。これは，以上の沼上［2010］の提言する経営戦略を複眼的に用いていくというやり方にそのまま当てはまる。それは，Mintzberg の戦略クラフティングと同じ戦略策定の思考過程である。さしあたって，ここでは，経営戦略観のうち戦略計画学派と創発戦略学派のペアーが，Simons のハイアラーキー型モデルと創発型モデルのペアーと同一視できる関係にあることに着目しておこう[12]。

　沼上［2010］, 37, 117 頁によれば，戦略計画学派のもとでは，本社の戦略スタッフやトップによる分析的な思考によって経営戦略が策定されると暗黙のうちに想定される。事前に明示的に戦略的計画を設定し，それをトップダウンで

戦略に関する考え方を降ろしていくというのが，基本的な戦略の姿である。これとは異なり，トップで策定される戦略ではなく，現場に近いミドルが日々の環境に適応する努力を積み重ねた結果として，企業の経営資源と環境の機会・脅威のマッチングが事後的に何らかのパターンとして創発する。こうした創発重視のボトムアップ志向の立場が，創発戦略学派である（沼上［2010］，37-39頁，115-116頁）。

　以上，Simons の戦略策定の思考過程について概要した。実際の戦略策定作業の際にはハイアラーキー型と創発型の双方のモデルが混在し，バランスをとり，複眼的に用いることが望まれるというものであった。それが，Mintzbergの戦略クラフティングに影響をうけるものであり，また沼上［2010］の戦略観でいえば，戦略計画学派と創発戦略学派の複眼的利用と同じ戦略策定の思考過程をとるものであることを学ぶことが理解できた。

③ Simons による ICS の特徴と戦略策定の思考過程

　Simons は，前掲されるように，すべての（局面に応じた）ICS の 4 つの特徴を掲げている。これらは，事例研究にもとづく ICS を MCS として利用する具体的パターンを描写するものである。以下では，4 つの ICS の特徴との関連を通して，ハイアラーキー型（戦略計画学派）と創発型（創発戦略学派）とがいかに実際に混在し，またバランスをとるものであるか見ておこう。

　ⅰの特徴は，上級管理者が知覚した戦略的不確実性に基づいて，インターラクティブに利用するコントロール・システムを選択する。組織全体の注意力を集中させて，ディベートのための枠組み，アジェンダを提供するハイアラーキー型（戦略計画学派）の考え方である。
　ⅰの特徴には，様々な環境の不確実性や意図せざる結果が発生することが認められる。不確実性や意図せざる結果を想定の範囲内に抑え，また発生する方向を望ましいものにとどめようとするさらなるより高いレベルの合理性を追及

する姿勢がみられる。

　ⅱの特徴は，こうした合理性を目指して，すべての組織階層の業務管理者
が，ICS を利用してそのための意思決定への参加が可能なよう，システムから
の情報に常時注意を払うことをもとめるものである。この意味において，この
ⅱの特徴は，一部の創発を認めつつハイアラーキー型（戦略計画学派）にウエ
イトを置くといえよう。

　ⅲの特徴では，収集される不確実性に関するデータを中心に，上司と部下の
垂直的な関係，同僚観の水平的な関係での対面型対話による話し合いがおこな
われる。この対話による話し合いでは，データに基づいて，諸仮定やアクショ
ン・プランを対象に継続的な討議と果敢な挑戦が試される。

　こうした体制のもとでは，ある程度の自立的イニシァティブ行動（自由度）
を容認する。意思決定が行われる空間はミドル以下の層で現場であり，戦略の
絵姿が決まる時間は事後である。創発型（創発戦略学派）の見方の重視である。

　ⅳの特徴では，システムは，ディベートと果敢な挑戦，そしてこの中での実
験やアイデアのテストなどのインタラクティブ・プロセスを囲む組織学習を通
じて，新たな戦略イニシアティブの開発を期待する触媒となる。創発型（創発
戦略学派）の見方であり，真骨頂といえる[13]。

　以上，Simons の戦略策定の思考過程について検討を試みた。以下は，これ
を Ferreira and Otley［2009］の改善案に関連づけるステップである。

(3) Ferreira and Otley の提案と Simons の戦略策定の思考過程

　上述されるように Ferreira and Otley［2009］の提案は，Simons の ICS の
定義を「インターラクティブなコントロールの利用」と「戦略の妥当性のコン
トロール」の構成要素に分離することを要請するものであった。Ferreira and
Otley［2009］，p.274 によれば，「戦略の妥当性のコントロール」の要素は，戦
略をレビューする必要性を伝えるものであり，こうしたレビューによる修正が
上級管理者と他の従業員との間での率直かつオープンな議論によって実行可能
になる。くわえて，戦略の妥当性のコントロールの利用は，意図された戦略の

図表 8-4　Ferreira and Otley の提案と Simons の戦略策定の思考の対応

Ferreira and Otley（2009）の提案		Simons の戦略策定の思考
Simons の ICS の定義	戦略の妥当性のコントロール	ハイアラーキー型モデル
	インターラクティブ・コントロールの利用	創発型モデル

失敗を検証するという重要な役割に本質的に役立つ（Ferreira and Otley [2009], p.275）。この戦略の妥当性のコントロールの役割は，ハイアラーキー型の考え方にウエイトをおくものであるといえよう。

また，Simons がこだわる戦略的不確実性は，現行の戦略にとって脅威あるいは無効にするものであった。ここに現行の戦略とは，意図された戦略という事前にトップや本社の戦略スタッフが策定し，計画していくパターンをさす。この意味で，「戦略の妥当性のコントロール」はまた，意図された戦略をトップダウンで降ろしていくアプローチに立つものであり，戦略計画学派の考え方に共通する。

一方，「インターラクティブなコントロールの利用」は，Ferreira and Otley [2009], p.265 によれば，Simons の定義の戦略的不確実性へ業務管理者に注意を喚起させて，組織学習を促進するためのキー要素である。創発型の考え方にウエイトをおく。沼上 [2010] の，ミドル階層のマネジメントの戦略との関わりを前提にボトムアップ・アプローチをとる創発戦略学派に通じる。

図表 8-4 は，以上の Ferreira and Otley [2009] の改善案と Simons の戦略策定の思考過程との対応を表わしたものである。

結論を急ぐとしよう。以上からのインプリケーシは，ほかでもない。Ferreira and Otley [2009] の提案は，Simons の ICS の定義が Simons 自身の戦略策定の思考過程を折込むものであることを結果として裏付けることになるように思われる。Ferreira and Otley [2009] による ICS が曖昧な故に提示される改善案に不備があるわけではない。むしろ，こうした提案が，皮肉にも 2 つ目の MCS の拡張化の方向と整合性を確保するものであったことに通じるのである。それほど実際のところは，MCS を ICS として利用する戦略策定の作業局面で

は，ハイアラーキー型と創発型の双方のモデルが混在する可能性があるといえるのではなかろうか。MCSをICSとして利用する局面では，これらが混在することが前提で，またそのように意図的に混在させて相互補完の効果を得ることも可能であると考えられるのである[14]。

第5節　MCSの拡張化とAnthonyのMC理論

　以上のようにみてくるとき，Simons [1995] が自身のMCのフレームワークは，伝統的な関係を逆にするものであると評したことも理解できる。すなわち，インターラクティブなコントロールを戦略策定と同等に，そして戦略的計画を戦略の実施と同じものとしてあつかうというのが，それである（Simons [1995], p.115）。

　ここで，Anthonyに重ねてみよう。8版はこれまでの戦略的計画のプロセスを戦略策定に変更，この戦略的計画をこれまでのMCのプログラミングに変えて採用する。一方，9版はインターラクティブ・コントロールを取り上げ，新たな戦略の展開に関連づける。まさしく，Anthonyにあって，戦略的計画が実施と，またインターラクティブ・コントロールが戦略策定と同じものとして考えられることになる。幾度も記されるように，Simonsに大きく影響をうけるのである。この展開が，12版 [2007] に至って，以下のようにAnthonyのMC理論のMCSの特徴（nature）に鮮明に織り込まれる（Anthony and Govindarajan [2007] p.1）。

　「MCの1つの見方は，MCSは企業の戦略に適合しなければならないことを議論する。ここでは，戦略がまず公式的かつ合理的なプロセスを通して降ろされていく。つぎに，それから戦略が企業のマネジメント・システムの設計に影響を及ぼすことを意味する。オルタナティブな視点は，戦略が実験作業を通して創発するということである。この見方のもとでは，MCSはまた，戦略の展開に影響することができる。われわれは，MCSの設計と業務に関連して，これらの双方の見方のインプリケーションの観点から考察するものである。」

　もとより，このように Anthony の理論は，2 つ目の MCS の拡張化の方向を
受け入れるのである。

(注)

（1）引用の Ferreira and Otley［2009］の記述では，関連文献の出所もそのまま載せている。た
とえば Langfield-Smith［2007］では，Anthony 理論では MCS が戦略から分離されている
（p.208），Otley［1999］では，組織の上層階層に集中したためオペレーション・レベルの実践
が捨象されてしまった（pp.364-365）というごとくである。いずれにせよ，Simons［1995］以
降，Simons の LOC モデルを引き合いに出して，Anthony を起点とする MC 理論やフレーム
ワークに対する批判的コメントが突出した。ここでの MCS の拡張化の方向も，こうした一連の
議論の流れである。

（2）福嶋［2012］，横田［2018］，［2022］，伊藤［2019a］は，コントロール・パッケージ研究のレ
ビューを踏まえて拡張化の方向性について提起する。

（3）この点は，Chenhall［2003］，［2007］のレビュウでも，技術，環境，組織構造，戦略さらに文
化などのすべてのコンティンジェント変数と MCS との関係が詳しくかつ丁寧に調査されている
ことからも明かである。

（4）さらに，Otley［2016］は，コンティンジェンシー研究の調査結果が普遍的ではないという可
能性を認めることが重要であると述べている。

　　　特定の調査が特定の状況でおこなわれ，これらの多くが測定されなかった。たとえその状況
では妥当であっても，時間の経過は他の関連する要素をも変更をもたらす。その結果，そのシ
ステムのタイプの有用性はあっても，それが明らかに類似する環境下であっても発見さるもの
と予測する可能性は低い。

（5）その中で，Henri［2006a］や Kruis et al.［2016］の研究は，これまでのコンティンジェン
シー理論あるいはアプローチを用いてきた伝統的管理会計研究からの知見の蓄積を議論に採用
する。例えば，Henri（2006a）は，組織文化と業績測定システム（PMS）の設計とその利用と
の相互関係を検証するものであるが。コンティンジェンシー・アプローチを用いてきた管理会
計を拡張するものであると主張する。ここに文化は，組織の相互作用のすべての局面に実践的
に影響を及ぼす遍在的（comnipresent）コンテンジェント変数である。そのためには，PMS を
ホリスティックな見地から検討し，理解することが必要なのである（Henri（2006a, pp.96-97）。
また，Kruis et al.［2016］は，Simons の LOC モデルのレバーすべてのバランスについて探索
的分析をおこなう。ホリスティックなアプローチを用いていかにそのバランスが達成されるか，
その洞察のために，コンティンジェンシー・アプローチ理論の断片的な概念から広いパターン
を総合的に扱う。結果的にこれまでのコンティンジェンシー・フレームワーク理論を強化する
ことになる。

　　　ついでに，Chenhall［2003］，［2007］によれば，すでに述べられるようにコンティンジェン
シー・ベースのフレームワークに経済学，心理学などに基づくアプローチが含まれることが求

められる。ここには，これらの理論からの知見が，管理会計の伝統的なコンティンジェンシー理論のモデルをさらに洗練するために役立つという Chenhall の思考が働いている。

（ 6 ）ちなみに，こうした有用な洞察を盛り込む研究がいかになされているか，Otley ［2016］，p.55は，次節で検討される Simons ［1995］の研究とそこで取り上げられる実践はその際立つものであると指摘する。

（ 7 ）ここに Simons のいう創発戦略は，Mintzberg ［1978］によって唱えられるもので，経営戦略の策定における創発性の必要性を重視する。Mintzberg の創発戦略概念の特徴は，「戦略における学習」という視点を固守する点にある。戦略的不確実性に関する MC 情報をインタラクティブに利用することで組織に学習の機会が生まれる。そして，こうした組織学習が繰り返され積み重ねた結果，何らかの行動パターンとして創発するものが戦略となる。これが創発戦略と呼ばれる。

（ 8 ）尻無濱（2011）が参考になる。

（ 9 ）例えば，サブ・エリアの戦略的不確実性への焦点や上級管理者による集中的な利用は，「不適切な戦略の検証」を重視する傾向が強いことがわかる。このことは，Simons の戦略不確実性が現行の戦略の脅威となり，その妥当性をおかす不確実な要因や偶発的事象をさすと定義されることから明らかである。逆に，「管理者による情報の集中的利用」のウエイトは低い。

　　これに対して，業務管理者による集中的な利用，対面型の挑戦とデベートの浸透のサブ・エリアでは，不確実性に関するデータや意思決定が行われた結果によるデータに基づいて，諸仮定やアクション・プランを対象に継続的な討議と果敢な挑戦が試される。これらは，「管理者による情報の集中的利用」の要素が重視される傾向が強いといえよう。これらは，「不適切な戦略の検証」の要素と混合してはてはならないもので，インタラクティブ・プロセスを囲む組織学習に通じる。これが，「インターラクティブなコントロールの利用」として括られるわけである。西居 ［2012］や庵谷 ［2017］は，Ferreira & Otley ［2009］の ICS の定義に関する提案と併せて参考になる。

（10）Tessier and Otley ［2012］，p.177 は，戦略的不確実性との関係で，現行の戦略の妥当性をモニターすることと，業務管理者に注意喚起させて，学習を促すこととは識別する方がのぞましく，修正改善がもとめられるところであると述べている。

（11）この Mintzberg ［1987］の主張は，本節の小見出しに示されるように戦略クラフティング（strategic crafting）というテーマ下で論じられるものである。創発のプロセスと計画が学習を通じて融合し，その結果独創的な戦略へと発展していく。この様が，戦略は工芸的に創作される crafting と比喩されるもので，いかに戦略を形成すべきかではなく，いかに戦略が形成されていくのかという立場である。

（12）以下では，以上の沼上 ［2010］の提言を考慮して，Simons のハイアラーキー型と創発型のペアーを，ハイアラーキー型（戦略計画学派），創発型（創発戦略学派）という 2 項対立的位置関係を含ませて対比的に表現する。

（13）Simons では，ペプシ社をはじめ，上級管理者が新しい戦略のために ICS を活用する事例が業種や企業のいかんを問わず多くみられる。ここで，こうした ICS の実践が，米国企業における

80 年代以降，労働市場の流動性が高く，また M&A が進展する中でおこなわれたこととの関係で推測するとき意味があるように思われる。以下，沼上 [2010] の議論を踏まえて補足しておこう。すなわち，米国企業では，自身が蓄積する技術やノウハウをいかされず不満をかかえたコア人材の他社への移籍や社外に自身で事業をスタートする選択が可能な立場にあった。このような状況のもとで，ミドルや現場のイニシァティブによる戦略提案が生み出される可能性からみるとそれは低い傾向にものであったといえよう。その基本的認識は戦略計画学派の主張が成立する背景にあったといえよう（沼上 [2010], 138-141 頁）。

これに対して，Simons の事例は，もちろんステレオタイプにもとづく一面であるが，実際の米国企業にあってコア人材がそれほど他社への移籍することもなく，創発戦略を生み出すい企業が増えた実態を物語るものであろう。この点において意味深長なのである。たとえばペプシの事例は，自社内の技術やノウハウをいかすために，人材を登用して，新たな市場マーケットをもとめた戦略提案が生み出され，実験が繰り返され，全社的なイベントにつながるものであった。

関連して，沼二 [2010] は，創発戦略学派の貢献の存在をつぎのように述べている。戦略策定に注意を向けすぎるトップや戦略スタッフに対して，むしろ組織の設計と人材育成が，戦略創発上重要であるということを指摘する機能を担った（沼上 [2010], 51 頁），と。このことが 2 つ目の MCS の拡張化に投げかけるインプリケーションは，MCS を ICS として利用するためには，現場の戦略的イニシアティブを生かせるような組織構造の設計と人材育成を積極的に図ることが重要であることである。

(14) 沼上 [2010], 127 頁では，通常の戦略策定作業の局面に 5 つの戦略観を意図的に混在させることで相互補完の効果が得られることも可能であると述べられる。同様，Simons にあっても，ICS の定義に盛り込まれる特徴にハイアラーキー型と創発型の双方を意図的に混在させることで戦略策定の作業における相互補完の効果を期待できるという発想が可能となるかもしれない。

第9章　バランスト・スコアカードと MCS の拡張化

　本書の第1部の構成は，Anthony によって9版で追加されることになるインターラクティブ・コントロールと BSC が MCS の拡張化を図る議論と何らかの関係をもつという推測のもとで組み立てられた。そこで，この第9章では，第8章において提示される MCS 拡張化の方向にインターラクティブ・コントロールと BSC を関係づけてみることにする。インターラクティブ・コントロールは，Simons の MCS を ICS とし利用するコントロールそのものである。ここからは，Anthony の追加するインターラクティブ・コントロールは，具体的に2つ目の MCS 拡張化の方向を志向するものであることが明らかになる。

　同じ視点からみるとき，BSC についてはどうであろうか。BSC はいかに MCS の拡張化の方向を取り込み，関係するものであろうか。本章の目的は，これを読み解くことである。ただし，Anthony に追加される BSC は，業績測定システムとして BSC である。戦略の実施を支援するツールとしてとらえられる。しかし，今日日米の実務界において根強く支持されている BSC の多くは，戦略をマネジメントする目的で利用される。BSC の関心は，そのための設計に向けられる。

　このようにみてくるとき，BSC の MCS の拡張化は，何も業績測定システムに限定されるものではなく，戦略的マネジメント・システムとしての BSC も当然視野に入る。言い直せば，業績測定システムから戦略的マネジメント・システムとしての BSC について，MCS の拡張化という「同じ現象」から思考で

きると考えるのである。

　以上，本章は BSC と MCS の拡張化との関係について具体的に以下の3つ
の角度から検討する。Anthony による業績測定システムとしての BSC，ハイ
ブリッドな測定システムとしての BSC および戦略的マネジメント・システム
としての BSC の各角度であり，BSC はいかに MCS の拡張化の方向を取り込
み，関係するものであろうか検討を試みることになる。

第1節　インターラクティブ・コントロールと MCS の拡張化

　Anthony に追加されるインターラクティブ・コントロールについて簡単に
説明を加えて，それが2つ目の拡張化の方向からの議論そのものであることを
確認しておく。

　Anthony and Govindarajan [1998] によれば，インターラクティブ・コント
ロールは，戦略的不確実性のマネジメントに注意を喚起し，新たな戦略を考え
させることによって急速に変化する環境に管理者が適応する基礎となるもので
ある（Anthony and Govindarajan [1998], p.472）。Simons の定義と基本的にかわ
るものではなく，また Simons と同様のインターラクティブ・コントロールの
特徴を挙げている。

　こうして，Anthony は，MCS のインターラクティブ・コントロールな利用
によって，MCS が新たな戦略の展開にもアフェクトする可能性について高く
評価する。インターラクティブ・コントロールを追加する根拠がここにある。
ここに改めて，MC 情報は，戦略の実施を確保することだけでなく，環境変化
（不確実性）の状況に応じて新たな戦略を考察するためのベースを提供するも
のである，と定義される（p.9, 472）。Anthony and Govindarajan [1998] は，
こうした情報ベースの機能を Simons [1995] が主張するインタラクティブ・
コントロールとして図表9-1のように示している。

　このように，Anthony に取り上げられるインターラクティブ・コントロー
ルは，MCS が新たな戦略の展開を促すことで，これまで戦略の実施を重視し

図表 9-1　インタラクティブ・コントロール

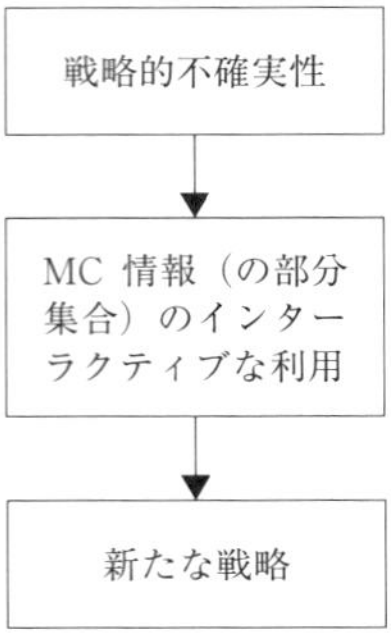

Anthony and Govindarajan［1998］, p.473

てきた MCS の果たす役割を拡張することつながる。2 つ目の MCS 拡張化の方向を志向するものであると考えられるのである。

　さて，以上より，BSC と MCS の拡張化との関係について，最初の Anthony による業績測定システムとしての BSC の角度から検討を進める。

第 2 節　Anthony による業績測定システムとしての BSC と MCS の拡張化─その 1

　ここに業績測定システムとしての BSC は，Anthony が 9 版で新たに加えている BSC を指す。通常 BSC とは，Kaplan and Norton［1992］,［1993］による初期の業績測定システムから，その後発表される著作 Kaplan and Norton［1996］,［2001］において提唱される戦略的なマネジメント・システムのデバイスとして発展してきたものをもって考えられる。このうち，Anthony は，Kaplan and Norton［1992］と Kaplan and Norton［1996］に展開される BSC を業績測定システムとしてとらえ，その一例とみるのである。以下，この Anthony による業績測定システムとしての BSC を理解する。

(1) 業績測定システムとしての BSC

　Kaplan and Norton［1992］が BSC の考案にとりかかった背景は，財務尺度偏重を克服することにあった。財務尺度は遅行指標で，過去の活動の成果を報告する。BSC は，将来の財務業績のドライバーに関する非財務尺度，すなわち先行指標で財務尺度を補完する。こうして，Kaplan and Norton［1992］では，BSC は，次のように定義される。非財務尺度をボトムラインに結び付け，また非財務尺度間を調整し，相互のバランスをとり，これらを戦略ないし成功要因の達成に貢献するように 1 つに統合する総合的な業績測定システムである。4 つの視点のうち財務は，株主にどう目を向けるべきかという視点である。企業の戦略の実施，その計画と実行が最終のボトムラインの改善にどの程度貢献したかを示す財務尺度に関係する。そして，これを補完する形で他の 3 つの視点であるある顧客，内部企業，成長と学習の非財務尺度が結合するのである（Kaplan and Norton［1992］, pp.71-72）。

　このように，BSC は，非財務尺度をボトムラインに結びつけるために非財務尺度と財務尺度とのバランスを図るものである（Kaplan and Norton［1992］, p.72）。具体的に，Kaplan and Norton［1992］では，これまでの偏重されてきた伝統的な業績測定システムとの違いが表明される。伝統的な業績測定システムは，トップが部下にとって欲しいと望む特定の行動を明確に示し，それから部下がこの行動を実際にとったかを確かめ伝えるために行動の結果を測定し，評価するよう仕組まれていたといってよい。これに対して，BSC の核にあるのは，こうした方式による人のコントロールではなく，ビジョンや戦略全体に向けて人を引っ張ることである（Kaplan and Norton［1992］, p.79）[1]。ここから，Kaplan and Norton［1996］において，BSC は，戦略をマネジメントするためのツールであると見直されるのである[2]。4 つの視点は，組織目標や戦略を具体的な行動に変換するために提示される。4 つの視点にはそれぞれ，過去の活動の成果を事後的に測定する成果尺度（遅行指標）と，この成果を生み出す原動力であるパーフォマンス・ドライバー（先行指標）が設定される。この中で，先行指標であるパーフォマンス・ドライバーは，戦略目標を達成するための具

体的な行動を組織の成員に示すために重視される（Kaplan and Norton［1996］,
p.8, pp.149-151）。

　以上より，Anthony and Govindarajan［1998］, pp.463-464 では，業績測定
システムとしての BSC の特徴が以下のようにまとめられる。
　BSC は，成果尺度（遅行指標）とドライバー尺度（先行指標）と，財務尺度
と非財務尺度，および内部尺度と外部尺度の組み合わせの構築を図る総合的な
業績測定システムである（p.463）。とりわけ，成果尺度とドライバー尺度の設
定は，事業単位組織全体の財務，戦略目標を下層レベルの目標に連結させるこ
とによって目標一致の達成を可能にする能力をもつ。これは業績測定システム
としての BSC の最も重要な視点であり，これらの尺度をもって，すべての従
業員は，いかに自らの行動が事業単位組織の戦略に影響を与えるかを理解でき
るのである。
　いかなる業績測定システムも，その目的はすべての管理者や従業員に戦略を
うまく実施させるよう動機付けるものでなければならない。そのために，BSC
は，組織のフォーカスに関心を集中させ，コミニケションを改善し，組織目標
を設定し，そして戦略に関するフィードバックを提供するツールになるのであ
る。

(2) Anthony による業績測定システムとしての BSC と MCS の拡張化との 関係

　さて，第 1 章で記されるように，Anthony は，BSC が戦略を実施するため
のツールとして，財務尺度と非財務尺度とを統合するという，この一点に着目
するものであった。
　顧みて，今日まで Anthony の MCS は，会計情報をベースとする公式的コ
ントロール・システムに限定，制限されるものにこだわる。このもとで，
Anthony は，早い段階で伝統的な MCS における会計情報（財務尺度）を中心
に据えられる中で，財務尺度偏重による限界を指摘してきた。ほぼ財務尺度に

頼って業績を評価することは，短期業績のための短期行動の偏重を促し，組織を誤った方向に向かわせるというものである（Anthony and Govindarajan［1998］, pp.461-462）。ここに，これを補うために非財務尺度の利用が不可欠となると主張されることになる（安酸他［2008］）。

　過去において，企業は財務尺度と非財務尺度を用いてきた。しかし，企業は，タスク・コントロールのために組織の下層レベルで非財務尺度を通常利用し，マネジメント・コントロールのために高い組織レベルでは財務尺度を利用する傾向にあった。すなわち，非財務尺度の重要性を認めながらも，多くの企業が非財務尺度を企業の取締役レベルによる業績レビューに結合することに失敗したのである。トップの上級管理者の戦略を業績測定システムに解りやすく落とし込むことができる企業ほど，戦略をはるかにうまく実行できる。ところが，そのための肝心な非財務尺度が財務尺度と比べて十分に洗練されていなく，複雑すぎた。上級管理者は，これらの利用にうまく順応できなかったのである（Anthony and Govindarajan［1998］, pp.462-464）。

　折しも，Kaplan and Norton［1992］,［1996］に描かれる BSC は，ドライバー尺度（非財務尺度）をボトムラインに結びつける，ドライバー尺度と成果尺度（財務尺度）との統合を図る総合的な業績測定システムであった。BSC は，財務尺度と非財務尺度を通じて戦略をコミュニケーションできるのである。BSC は，長年のストレスを一気に開放することにつながったのである。Anthony の言葉を借りれば，みごとに非財務尺度は洗練された方法で用いられるよう工夫されたわけである（Anthony and Govindarajan［1998］, p.464）。

　ここに繰り返されるように，Anthony は，9版において BSC は，それが戦略を実施するためのエードとして財務尺度と非財務尺度を統合するツールである点に着目する。自身の MCS の特徴として8版での財務尺度と非財務尺度を含むにとどまることなく，双方の統合を表明し，そのツールとして BSC を加えるに至るのである。それは，まさしく今日までの Anthony の MC 理論における MCS の概念上の拡がりを意識し，かつ意図するなにものでもないといえよう[3]。

　それでは，以上の Anthony による業績測定システムとしての BSC は，果たして第 8 章で起こされた MCS 拡張化の方向とどう関係づけることができるであろうか，どのような説明が可能であろうか。それを読み解くためには，目下のところ基礎的なアイデアもなく，また独自の実証研究も見当たらないのが現状である。

　ここで，3 つの異なる角度からの検討は，BSC の MCS 拡張化という「同じ現象」の流れを通貫するものであるに着目したい。ここから，以下では，ハイブリッドな測定システムとしての BSC と戦略マネジメント・システムとしての BSC の 2 つの角度からの検討を優先することにしよう。以下に明らかにされるように，双方の角度からの検討がそれぞれ MCS の拡張化の方向を志向するものであることが確認される。そこでの議論は，これまでの究極 MCS 知見を体系的に取り入れる思考法に基づくことがわかる。ここから，これらの思考法の応用が，当面の Anthony による業績測定システムとしての BSC と MCS の拡張化との関係を読み解くうえで役立つと考えるのである。

　なお，本節が，「Anthony による業績測定システムとしての BSC と MCS の拡張化―その 1」と表記されるのはこのためである。

第 3 節　ハイブリッドな測定システムとしての BSC と MCS の拡張化

　MCS のコントロール・パッケージを唱えた Malmi and Brown［2008］は，ハイブリッドな測定システムとしての BSC を取り上げている。ここでは，BSC をコントロール・パッケージのタイポロジーの 1 つである「サイバネティック・コントロール」のシステムの 1 つに含め，重視されていることに関心がいくのである。ここに，ハイブリッド（hybrids）とは，財務尺度と非財務尺度の双方を含むよう測定システムが設計されることを含意する[4]。

　具体的に，第 8 章で記されるように Malmi and Brown［2008］によれば，MCS コントロール・パッケージのタイポロジーが，理念と原則に出発するという認識に立つ（Malmi and Brown［2008］, p.295）。まず理念は，提案される

MCSコントロール・パッケージのタイポロジー，つまりすべてのタイポロジーが出発点とするもので，コントロールとは，従業員の行動が組織の目標や戦略に一致するよう確保する管理者に係るものである。このコントロールは，管理者が公式的，非公式に従業員の行動を導くために利用するツールやシステムの囲りに広く構造化される。こうしたツールやシステムの確立に際して，コントロール・パッケージのタイポロジーは，BSCのような近年のハイブリッドな測定システムの展開を含むのである（Malmi and Brown［2008］，p.295）。

　一方で，幾つかのコントロール・パッケージのタイポロジーは，そのすべてのMCSがサイバネティック原則のもとで機能するという原理から出発する。これによって，サイバネティック・コントロールは，MCSパッケージの最も重要な要素であると認識される。ここで，Malmi and Brown［2008］は，サイバネティック・コントロールを，以下のようなフィードバック・ループで表わされるプロセスとして定義する。フィードバック・ループは，業績の基準を利用し，システムの業績を測定し，この業績を標準に比較し，システムにおける望まれていない差異情報を取り出しシステムの行動を修正するものである（Malmi and Brown［2008］，p.292）[5]。そして，このサイバネティック・コントロールを構成する4つのサイバネティック・システムの最後に財務尺度と非財務尺度の双方を含むハイブリッドな測定システムとしてBSCをとりあげるのである。図表8-1に見られるごとくである。

　以上，Malmi and Brown［2008］からは，BSCがハイブリッドな測定システムとして，提案されるコントロール・パッケージのタイポロジーが出発点とする理念と原理原則の双方の要求を満たすものとみてとれるのである。こうして，本章では，この地平にハイブリッドな測定システムとしてのBSCをとらえ，この角度からのMCSの拡張化との関係を描くのである。すなわち，以上から得られるインプリケーションは，ハイブリッドな測定システムとしてのBSCは，その軸足をコントロール・パッケージに関する戦略的洞察におく思考法に基づくと考える。それは，1つ目のMCSの拡張化の方向を志向する可能性をイメージさせるであろう。

第4節 戦略的マネジメント・システムとしての BSC と MCS の拡張化

　ここに戦略的マネジメント・システム（strategic management system）としての BSC は，Kaplan and Norton［2001］によって提唱されたものを指す。Anthony からみれば，自身の業績測定システムとしての BSC と戦略的マネジメント・システムとしての BSC との分岐となる著作が，この Kaplan and Norton［2001］ということになる。以下，Kaplan and Norton［2001］の所説に依拠することになるが，あくまで戦略的マネジメント・システムとしての BSC が MCS の拡張化とどう関係し説明できるかが議論の焦点である。このことを意識し，そのために，枚挙にいとまがない多くの関連文献で紹介される中で，あえて戦略的マネジメント・システムの土台である BSC の基礎をなす戦略マップから進める。

(1) 戦略的マネジメント・システムとしての BSC の背景

　当初の業績測定システムシステムとしての BSC は，合理化や現状突破を成し遂げるための戦略に照準を絞り込むためのテコとして，米国製造業にあって一層の広がりをもって浸透するであろうと予測され，かつ期待された。しかし，BSC の導入あるいは自社の実務での応用実験を試みたいくつかの米国製造業がおしなべて業績の下降傾向を経験することになる（Kaplan and Norton［2001］, p.3）。

　早々に，BSC は，4つのコントロール・レバーを唱えた Simons［1995］によって，診断型コントロールに利用される MCS の一例として評価される。Simons［1995］の診断的コントロール・システムは，組織の成果を監視し，事前に設定された業績基準からの乖離を修正するために管理者が利用する公式的情報システムとして定義されるものであった。伝統的な MC 論に立つものである。Simons によれば，Kaplan and Norton［1992］, ［1993］による BSC もまたそれに類する業績測定システムである。トップの上級管理者が自らの事業を

期待される目標に導くために，BSC の４つの視点のそれぞれにおける診断的尺度を利用するという主張をおこなったものとみるのである。

　こうした産業界とアカデミアの双方の反応に対して，Kaplan and Norton [2001]，p.3，訳書 18 頁において，つぎのような総括をみることができる。

　「それでは何が将来の業績の適切な尺度だったのであろうか。仮に財務尺度が組織をあやまった事態にした原因だったとするならば，どのような尺度であれば組織を正しい方向に導くであろうか。答えは自ずと明らかとなる：戦略を測定せよ！　こうして，BSC のすべての目標や尺度—財務と非財務—は，組織のビジョンや戦略から導き出されるべきである。我々は，その当時その意味合いを十分に評価できていなかった。けれども，まもなく BSC は戦略をマネージするためのツールとなる。」

　一言でまとめれば，財務尺度や非財務尺度にこだわりすぎたことにつきる。非財務尺度が企業戦略をより直接に追跡できることは，強みであった。しかし，これは，いわば戦略のプロキシにすぎない。肝心なことは，戦略を測定することであり，財務や非財務に関係なく，尺度は戦略から導かれるものでなければならないことである。

　これが，1990 年代の米国の産業界の状況に応じて，また実際企業からの要請に答えるための経営ツールとして[6]，戦略的マネジメント・システムとしての BSC の新たな開発につながるのである。Kaplan and Norton [2001] は，戦略に焦点を当る経営組織（strategy focused organization）への変革のための BSC を提案する。とりわけ，そのためのツールとして戦略マップ（(strategy map）の役割が強調される。

(2) BSC の戦略マップ

　Kaplan and Norton [2001] によれば，戦略マップは，戦略を描き出す記述するための論理的で包括的なフレームワークである。戦略マップは，企業組織が，市場のリーダーを目指していくためには市場でどのポジションをとればふさわしい利益を獲得できるかあるいは利益が出にくいか，ということを基本に

置いて SBU における事業戦略や競争戦略を組み立て，描き出すものとみることができる。それは，新しい戦略マネジメント・システムの土台である BSC を設計する，そのための基礎となるものである（Kaplan and Norton［2001］，p.10）[7]。

　Kaplan and Norton［2001］によれば，戦略マップは，トップ・ダウンの形で作成される。生産性，収益性や株主価値に関するハイ・レベルな財務戦略から開始する。ROI や EVA が使用されるが，これら財務業績を導くためには，収益増大戦略と生産性向上戦略の 2 つの基本的な戦略に分解される（Kaplan and Norton［2001］，pp.83-84，訳書 117-118 頁）。

　収益増大（財務）目標を導くために顧客の視点へと向かう。ここでは，いかに顧客の成果を価値提案（value proposition）や組織の戦略的テーマ（strategic themes）に結び付けるかについて考察することである（Kaplan and Norton［2001］，p.86，訳書 120 頁）。

　図表 9-2 は，Kaplan and Norton［2001］に採用される戦略マップの雛形である。顧客価値提案が，顧客の成果尺度の測定から財務の視点へと雛形のマップの上方に結びつくことを表す。顧客は，BSC における顧客の成果尺度の焦点となる。一般的な顧客尺度として，満足，得意先シェア，市場シェアおよび収益性などが標的とする顧客に対して測定される。BSC は戦略を忠実に表現するために，こうした顧客の成果を企業によって選択された価値提案を高く評価する標的とする顧客について測定するのである（Kaplan and Norton［2001］，p.89）。

　Kaplan and Norton［2001］，p86，97 によれば，顧客への価値提案は，戦略マップを開発する際の最も重要なステップである。価値提案とは，プロバイダーが顧客に提供する製品価格，サービス，イメージなど他にはないような組み合せからなる[8]。図表 9-2 には，顧客の視点における企業が顧客に提供する「製品／サービス」，「顧客関係」および「イメージ」という独自の組み合わせを記述するものとして示される（Kaplan and Norton［2001］，p.86，訳書 120 頁）。価値提案によって，戦略が標的とする市場のセグメントはどれなのか，競争優位を得るためにそのセグメントでいかに自社を差別化していくかが決定され

図表 9-2　戦略マップ

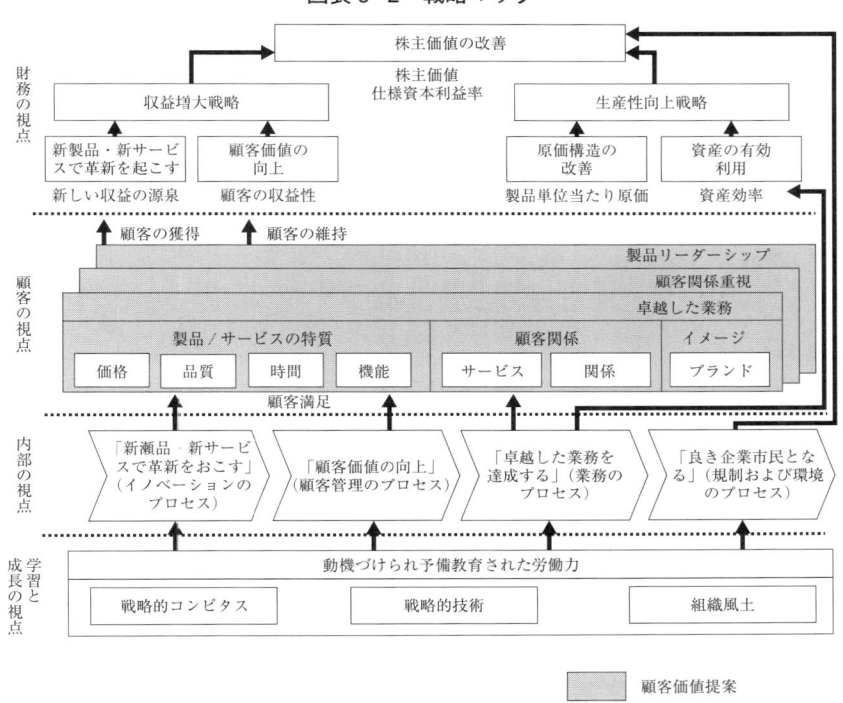

Kaplan and Norton ［2001］, p.96, 訳書 132 頁，一部修正

る。したがって，価値提案は，戦略によって異なる形をとるのである（Kaplan and Norton ［2001］, pp.86-87）。

　具体的に，差別化するために採用する戦略は，「製品リーダーシップ」,「顧客関連重視（customer intimacy）」,「業務上の卓越さ」に関するものである（Kaplan and Norton ［2001］, pp.86-87, 訳書 120-122 頁）。図表 9-3 に示されるように，価値提案は，これらの 3 つの戦略にうまくマッチする必要がある。標的とする顧客は，彼らの購買上の意思決定にさいして，提供される価値提案の特質に高い重要性をおくためである。(Kaplan and Norton ［2001］, p.87)。

　たとえば，業務上の卓越さの戦略をとる企業は，競争的な価格，顧客の認知

品質，リードタイムの短縮，納期遵守に優れている必要がある。これらの特質が，「製品／サービス」という価値提案の差別化要因であり，他の「顧客関係」などは一般的ないし基礎的要件となる。また，顧客関連重視の戦略についてみれば，それは顧客との関係の質，顧客に提案されるソリューションの完璧性に強調を置く。これらの特質は，「製品／サービス」の差別化要因とはならない。「顧客関係」や「イメージ」が差別化要因である（Kaplan and Norton［2001］, p.87, 訳書 122 頁）。

　一方，戦略マップは，価値提案に内部ビジネス・プロセスが結びつかなければならないという意識を促す。雛形のマップの下方の，企業が標的とする顧客へ提供する自社の価値提案を現実に実行可能とする内部ビジネス・プロセスに結びつくことが不可欠となる（Kaplan and Norton［2001］, p.90）。ここで，Kaplan and Norton［2001］は，エグゼクティブが常に彼らの戦略をいくつかのテーマに細分化する点に注目する。すなわち，戦略的テーマがこれであり，戦略的成果を実現するために内部でなにが実行されなければならないか，エグゼクティブの意向を反映する。ここから，戦略的テーマは，内部ビジネス・プロセスに関連するのが一般的であると述べる（Kaplan and Norton［2001］, p.78）。

　さて，Kaplan and Norton［2001］, p.375 は，戦略の基礎を M. Porter の戦略観に置いている[9]。Porter［1996］は，活動（activities）は競争優位を獲得するための基本的な単位であると考える（Porter［1996］, p.64）[10]。これによって，Kaplan and Norton［2001］は，継続的な市場のポジションをうまく維持するための技法は，組織の内部の活動と顧客への価値提案との間の連携をいかに確保するかに依存するというシナリオを描く（Kaplan and Norton［2001］, p.90）。

　すなわち，Kaplan and Norton［2001］によれば，組織の内部の活動は，内部ビジネス・プロセスで具体的に例示されるもので，組織の価値連鎖（value chain）の全体を構成する。ここに，組織の価値連鎖を内部ビジネス・プロセスに分解することが有用であることを発見するのである（Kaplan and Norton［2001］, p.90, 訳書 124-125 頁）。上述されるように，内部ビジネス・プロセスに

エグゼクティブの意向を反映する戦略的テーマが関連する。ここから，ここでの分解は，以下に見られるように，4つの戦略的テーマに一致させる目的で行われる (Kaplan and Norton [2001], p.90)。

　図表 9-2 で示すならば，戦略的テーマは「新製品・新サービスで革新をおこす」，「顧客価値を向上させる」，「卓越した業務を達成する」および「良き企業市民となる」ことである (Kaplan and Norton [2001], pp.78-79, 訳書 111 頁)。そして，このテーマに一致するように価値連鎖が4つの内部プロセス，「イノベーションのプロセス」，「顧客管理のプロセス」，「業務のプロセス」，および「規制と環境のプロセス」に分解される (Kaplan and Norton [2001], p.91, 訳書 126 頁)。こうして，戦略的テーマは，価値提案の実行を可能にする内部ビジネス・プロセスに関連する。これによって，戦略的テーマは目標とする顧客への価値提案を明確にすることになるのである。

　ところで，内部のプロセスは，組織によって十分に実行が可能でなければならない。この点で，組織は，自社の顧客価値提案に最大なインパクトを及ぼす1つのプロセスに秀でる必要がある。それ以外のプロセスは，補助的で主要なものではない (Kaplan and Norton [2001], p.90, 訳書 126 頁)。こうして，この内部のプロセスを価値提案に連携させることになる。すでに記されるように価値提案は，組織に採用される3つの差別化戦略によって決まる。例えば，製品リーダーシップ戦略にマッチする価値提案は，魅力ある新製品を生み出し，これを市場に短期間で送り出すイノベーションのプロセスを必要とするであろう。「イノベーションのプロセス」が，製品リーダーシップ戦略による価値提案と結びついていなければならないことになる。また，顧客関連重視の戦略にマッチする価値提案は，製品リーダーが創造する先行者優位を固めるためにできるかぎり早く新しい顧客を獲得する「顧客管理のプロセス」に焦点が当たるであろう (Kaplan and Norton [2001], p.90, 訳書 126 頁)。

　以上のようにして，Kaplan and Norton [2001] によれば，価値提案は，企業が標的とする顧客への製品価格やサービスなどを提供するために決定的な内部のビジネス・プロセスへと下方につながっていくのである。

　最後に，成長と学習との視点は，これらの優先順位の高いプロセスや活動を支援するために必要なコンピタンスおよびテクノロジーや組織風土（組織文化）をさすものであり，長期的に変化をともなう（Kaplan and Norton［2001］，p.97）。このようなインフラの上にたって内部のビジネス・プロセスが機能し，その成果として顧客からの評価が生まれ，その結果として最終的な財務的成果につながるという縦の因果関係の階層が描かれる。うまく設計されれば，BSCは戦略のストーリーを物語ってくれ，そのロジックを遡って戦略を演繹することが可能になる（Kaplan and Norton［2001］，pp.97-98）。

(3) 戦略マップとBSC

　以上の戦略マップを描いたうえで，BSC（初期のBSC本体）は，4つの各視点における戦略的に重要な諸要因を測定する指標，目標や尺度を体系的に設定することになる。戦略マップには，縦の因果連鎖を示す戦略的テーマが描かれる。このBSCによって，戦略的テーマを4つの視点ごとに戦略目標と成果尺度および目標値に落としこむことが可能となる。しばしば，狭義のBSCとよばれる。

　図表9-3は，Kaplan and Norton［2001］，p.69に紹介される大手小売り業が作成した戦略マップである。

　また，図表9-4は，4つの戦略的テーマの1つである「調達と物流」について，詳細な戦略マップとBSCを表すものである（Kaplan and Norton［2001］，p.71）。視点ごとの尺度，この尺度の到達目標である目標値およびイニシアティブが配置される。ここにイニシアティブは，期待をこめた目標値による業績と日常の経営活動によって達成可能な業績との間の計画上のギャップをうめるための実行プログラムないし方策をさす（Kaplan and Norton［2001］，p.292）。大手小売り業のリーダーチームは，厳しい目標値を達成できるようにするイニシアティブを確認の上選択する。すべてのイニシアティブの選択が決まったら，将来の次年度に向けたBSCの尺度のための業績目標値を設定することができる（Kaplan and Norton［2001］，p.294）。また，次年度の目標値は，その後

図表 9-3　ファッション小売業者の戦略マップ

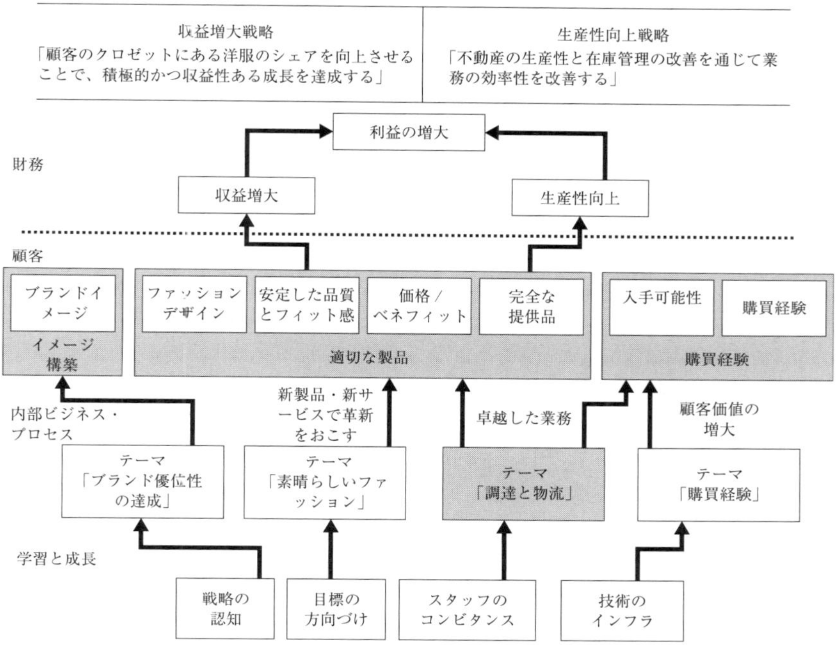

収益増大戦略	生産性向上戦略
「顧客のクロゼットにある洋服のシェアを向上させることで、積極的かつ収益性ある成長を達成する」	「不動産の生産性と在庫管理の改善を通じて業務の効率性を改善する」

Kaplan and Norton［2001］, p.70, 訳書 100 頁

　の期間における戦略上の見直しのための基礎を提供する。それは，イニシアティブが計画通りに実行に移されているか，因果関係の仮説が妥当であるか，近い将来の業績を期待する上でのベースラインを提供する。そして，なによりも重要なことは，これらの情報が戦略的フィードバックと学習プロセスのためのアジェンダとなるのである（Kaplan and Norton［2001］, p.294）。

　このようにして，戦略マップにおける因果関係，および BSC における尺度，この尺度の到達目標である目標値およびイニシアティブが「調達と物流」のテーマに関する戦略を形成することになる[11]。

図表9-4　ファッション小売業者の戦略マップと BSC

調達および物流のテーマ	尺度	目標値	イニシアティブ
財務 収益性 ↑ 収益増大	営業利益 店舗の収益増大率	20％増加 12％増加	 ストア・ロイヤリティ・プログラム
顧客 製品の品質 → 購買経験	返品率 —品質 —その他 顧客ロイヤリティ —会員数 —ユニット数	毎年50％削減 60％ 2.4 ユニット	品質管理 顧客のロイヤリティ
内部ビジネス・プロセス Aクラスの工場 ↔ ライン計画の管理	Aクラス工場からのマーチャンダイズ 在庫の品目	3年以内に70％ 85％	本社工場開発プログラム
学習 工場のリレーションシップスキル　マーチャンダイズ購入・計画システム	利用可能は戦略スキルの％ 計画に対する戦略システム	第1年（50％） 第3年（75％） 第5年（90％）	戦略スキル・プラン バイヤーの情報システム

Kaplan and Norton［2001］, p.71, 訳書356頁

(4) BSC と ABB

　Kaplan and Norton［2001］では，さらに BSC が予算編成を結合する手続きがとりあげられる[12]。つまり，戦略的マネジメント・システムとしての BSC が年次予算のためにも用いられるのである。Kaplan and Norton［2001］では，年次の予算として業務予算と戦略予算の2つのプロセスが必要となる（Kaplan and Norton［2001］, p.288）。

　業務予算について，業務予算における製品やサービスおよび顧客等の構成に基づく費用は，支出の予想レベルを反映する。Kaplan and Norton［2001］では，こうした業務予算の支出決定に ABB（activity-based budgeting）が活用さ

れ，ABBモデルによる説明が展開される。ⅰ 次年度の生産量と販売量を見積もる，ⅱ 活動の必要量を予測する，ⅲ 資源の需要量を算定する，ⅳ 実際の資源供給量を決定する，4つステップを採る（Kaplan and Norton [2001], pp.289-290）。

　ここでは，予測される資源の需要量に基づいて，これを満たす資源の供給量と支出がダイナミックに決定される点が特徴となる。すなわち，ABBがうまく実施されるときは，真にボトムアップとなる。それは，生産，マーケティング，販売活動から予測される資源の需要量にマッチするために供給されねばならない資源の量を決定する[13]。ABBは，過剰なキャパシティが組織のどこに存在するかを事業部門ごと，あるいはプロセスごとに特定する。また，次期の活動にはもはや必要とされない資源の再配置や除去処分の方策を構じる機会を提供するのである。

　戦略予算は新たに選択されたイニシアティブに必要とされる人的，財務資源の承認である（Kaplan and Norton [2001], p.292）。こうした戦略予算の支出の量とその組み合わせ構成の決定にも，ABBは効果を発揮する。ABBによって，当座のイニシアティブに余剰の人的，財務資源を流用できるかどうか一連の判断が可能となり，イニシアティブのランク付けなど最終の選択決定にも影響を及ぼすことになる（Kaplan and Norton [2001], p.292）[15]。

　なお，Kaplan and Norton [2001], p.294によれば，これらの予算は，業務予算の費目項目とは別個に管理される。こうしたプロセスが，高く設定された目標値の達成をぐんと可能にすると考えられる。

(5) 戦略的マネジメント・システムとしてのBSCとMCSの拡張化との関係

　以上，戦略を目標，イニシアティブそして予算と連携させれば，組織か動きだす。業務業績がモニターされ，フィードバックのループによって微調整がおこなわれる。くわえて，重要なことは，彼らの描く戦略が依然妥当であるかどうかを確かめることが可能となる。かつての経営会議の大半は業務の評価と検討についやされた。これに対して，BSCを取り込むことで経営会議の焦点は，

業務以外に戦略上の課題がとりあげられ，参加者は職能や部門の垣根を越えてそれに取り組むようになる（Kaplan and Norton [2001], pp.303-306）。経営会議は，チームワークと組織学習を促進する（Kaplan and Norton [2001], p.328）。このように，Kaplan and Norton [2001] は，Mintzberg に主張される新たな戦略が展開（創発）される可能性をしっかりとうけとめるのである。

　最終的に，BSC は，ディベートや対話を引き起こす組織のインターラクティブ・システム（interactive system）とみるべきであると結ぶ（Kaplan and Norton [2001], p.353）。Simons が唱えた ICS としての利用を引き出すのである。BSC が効果を発揮するには，過去を説明するようなときではなく，学習を刺激し，将来にむかってどう進むかという議論を導くときなのである。

　ところで，Kaplan and Norton [2001] は，戦略経営の組織を目指して戦略的マネジメント・システムとしての BSC の導入の成功をみたモービル NAM&R（Mobil North America Marketing and Refining Division，モービル北米マーケティング&リファイング事業部，以下モービル）の事例を縦横に引き出しながら展開を進めるものであった。たとえばこのモービルにおいて，新たな戦略を組織内部に浸透させるために戦略的フィードバックと学習の継続的なプロセスが徹底されたことが強調される。これによって，どちらかといえば不利差異の説明に終始したこれまでの経営会議の議題は大きく変わった点に注目がいく（Kaplan and Norton [2001], p.52）。

　また，モービルの上級管理者は，従業員が創発戦略を生むよう奨励すべきであり，四半期ごとの経営会議を通じて現場でのイニシァティブの可能性を評価することに傾くことになる。例えば，革新的なアイデアとして，モービルの技術設計グループによって，顧客に「迅速で親見のサービス」を提供するためのスピード・パス（speedpass）[16] の開発が見られたのである（Kaplan and Norton [2001], p.52）。こうした戦略的イニシァティブは，モービルにおける強力な差別化要因になっただけでなく，BSC の尺度の変更も起こったのである（Kaplan and Norton [2001], p.52）。

　こうして，モービルでは，組織内部から生まれてきたアイデアに基づいて戦

略の背後にある仮定または戦略の修正ないし新たな展開が自発的におこなわれる。またその可能性について討議し検討できるようになったのである。

　Kaplan and Norton［2001］は，このモービルの成功例を引き出して，戦略的マネジメント・システムとしてのBSCにとって，ICSの利用如何が導入の成功例と失敗例につながると強調する。失敗例は，BSCを診断的システムとして用いたために，便益をえられなかったことである。成功例は，上級管理者達がBSCをインターラクティブに利用して，学習や改善の促進とコミュニケーションに役立てたことである（Kaplan and Norton［2001］，p.350，訳書436頁）。

　以上，Kaplan and Norton［2001］からは，戦略的マネジメント・システムとしてのBSCは，これをICSとしての利用するとき，その実践においインターラクティブ・コントロールに利用されるとき最も効果を収めることが明らかとなった。ここから，戦略的マネジメント・システムとしてのBSCにみることができるのは，究極のところはその軸足を戦略の実施と新たな戦略策定をも包含する戦略プロセス全体に置く思考法であることがわかる。つまり，この思考法に基づくとき，戦略的マネジメント・システムとしてのBSCは，2つ目のMCS拡張化の方向を志向する，あるいはそこに立ち現れる可能性が見えてくるのである。

　以上，2つの角度，ハイブリッドな測定システムとしてのBSCと戦略マネジメントとしてのBSCからの検討をこころみた。双方がそれぞれ，MCS拡張化の方向を志向するという理解に到達することができるように思われる。ここで，第2節でエクスキューズされるAnthonyによる業績測定システムとしてのBSCとMCSの拡張化との関係について答えを出さなければならない。

第5節　Anthonyによる業績測定システムとしての BSCとMCSの拡張化—その2

　Anthonyによる業績測定システムとしてのBSCのMCS拡張化の現象をどう説明することができるであろうか。前述されるように，「同じ現象」であるかぎり，以上の2つの角度からの検討において取り込まれた特有の知見や思考

法の応用が役立つと考えるものである。以下の通りである。

　Anthonyによる業績測定システムとしてのBSCは，設計上Malmi and Brown［2008］によるハイブリッドなBSCと同じイメージである。ハイブリッドなBSCの角度からMCS拡張化の検討は，その軸足をコントロール・パッケージの洞察に置く思考法に基づいて，1つ目のMCS拡張化の方向を志向するものであると理解した。ところが，AnthonyのMC理論は，MCSのコントロール・パッケージを取り入れるものではない。Anthonyは1つ目のMCS拡張化の方向に組みしない，冷淡である。この結果，いわば消去法によるとき，残された選択としては，Anthonyによる業績測定システムとしてのBSCの角度は軸足を戦略の実施と新たな戦略の（展開）策定を包含する戦略プロセス全体に置く思考法によらざるを得ないことになる。

　このことを，図表9-5にみられるような2×2のマトリックスに描くもとで説明しよう。縦軸は，MCSの戦略プロセス全体に果たす役割を表すもので，上側に事前の戦略の実施をおき，下側に新たな戦略展開（創発）の思考をおいている。これに対して，横軸は，その右側にSimonsのLOCモデルの診断的コントロール・システムをおき，左側にICSをおいている。

　ここで，前節で確認された戦略的マネジメント・システムとしてのBSCとMCSの拡張化（の関係）は，このマトリックス上の左下方側に位置づけることができる。同様にして，Anthonyによる業績測定システムとしてのBSCの拡張化の関係を図表9-5上に位置づけてみよう。結論から言えば，それは，図表9-5の右上方側に位置づけることができるであろう。

　Anthonyによる業績測定システムとしてのBSCは，あくまで戦略の実施に役立つためのツールであると強調される。このことを考慮するとき，この位置づけは，図表9-5の縦軸に描かれることになり，その軸足を戦略の実施と新たな戦略の策定（展開）をも包含する戦略プロセス全体に置くものであろうと見てとれよう。より厳密にいえば，戦略プロセス全体にあって発想の起点を限りなく戦略の実施に置く傾向をとるという理解に立つものと考えることができるのではなかろうか。

図表 9-5　Anthony による業績測定システムとしての
BSC と MCS の拡張化

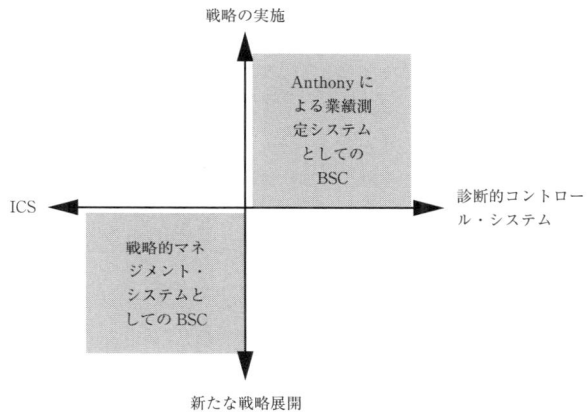

　このことは，横軸の Simons の LOC モデルの診断的コントロール・システム
との関連でも説明がつくところである。前節で記されるように，Simons［1995］
は，Kaplan and Norton［1992］，［1993］による初期の業績測定システムとして
の BSC を診断型コントロールに利用される MCS の一例として評価する。
Anthony による業績測定システムとしての BSC は，この Kaplan and Norton
［1992］，［1993］における BSC に重なるもので，以上の Simons による評価がそ
のまま Anthony による業績測定システムとしての BSC についても当てはまる
とみることができよう。
　まとめるならば，いみじくも Anthony による9版で追加された BSC が契機
となって，業績測定システムとしての BSC からハイブリッドな測定システム
としての BSC，そして戦略的マネジメントとしての BSC に至る，MCS 拡張
化という「同じ現象」を前章で起こされる MCS の拡張化と関係づけることが
できた。結果として第8章での MCS の拡張化を図る議論を更なる高みへと助
長し，MCS の地層形成の助けになるのではなかろうか。こうした可能性が示
唆できたことに意義を見るものである。Anthony が9版においてインターラ

クティブ・コントロールと BSC を追加した背景を推測すると，そうすることが MCS 拡張化の視野を自身の MC 理論に総合的にとりいれる望ましいバランスのとり方であったと思われるのである。

_____

（注）

（1）Kaplan and Norton［1992］では，BSC の導入によって米国製造業は業績測定に関する諸前提に基本的な変化がうながされたことがドキュメントされる。その内容は，上級管理者との協力，コントローラーの役割の変化，ビジョンや戦略の組織の下層レベルの落とし込み，さらにエンパワーメント・プロセスの役割に関わるものであったとされる。詳細は，古田［1997］，252-258 頁に譲る。

（2）Kaplan and Norton［1996］は，伊藤他［2002］が参考になる。

（3）第 5 章で検討された RAPM の議論における Brownel［1987］，Cnenhall［2003］，Otley［2016］による RAPM のイメージをこうした BSC は充たすものであろう。

（4）Malmi and Brown［2008］では，Kaplan and Norton［1992］，［1993］による初期の業績測定システムから，その後発表された Kaplan and Norton［1996］，［2001］までの著作が取り上げられている。にもかかわらず，戦略的マネジメント・システムとしての BSC については言及されていない。この点では，Anthony と同様であろう。

（5）ちなみに，Simons［1995］の LOC モデルの診断的コントロール・システムも，サイバネティック・モデルの応用を重視するものである（Simons［1995］，p.57）。

（6）1990 年代にはいって，米国の企業は，1980 年からの原価低減や規模の縮小，高品質といった戦略的選択から，競争市場における特定のポジションを得ることで利益を獲得する戦略にかじを切り始めた。

（7）Kaplan and Norton［2001］の戦略マップについて，長谷川・清水［2001］，伊藤［2011］，長谷川［2011］が参考になる。

（8）ここに価値提案は，まえがきに記されるハーバード・ビジネス・レビュー誌において 2010 年代に飛躍的に取り上げられた戦略のトピックのカテゴリーに応じた用語である。

（9）Kaplan and Norton［2001］，p.75 によれば，Porter のフレームワークとは別個に開発されるものであったが，きわめて類似する戦略観に立つとされる。

（10）Porter［1996］，p.64 によれば，戦略の本質は活動の中にある。特定の活動を競合他社とは違う方法で実行するか，あるいは競合他社とは異なる活動を遂行するのかの選択である。差別化は，活動の選択と活動がどのように達成されるかの双方から生じるとされる。

（11）いうまでもなく，ここでの BSC 上のプロセスにも因果関係が認められる。戦略目標から出発し，これの達成度合いを現す尺度，その達成度を判断する数値目標である目標値，そして，この（厳しい）目標値を達成するための具体的な実行プログラムであるイニシァティブからなる（長谷川［2011］，300 頁）。

（12）長谷川（2002），乙政（2005），伊藤（2005），伊藤（2007）などを参考。

(13) Kaplan and Norton［2001］で取り上げられる ABB のステップは，以上の資源の供給量の決定で終了するのであるが，Bleeker［2001］によれば，これに最終のステップとして資源のコストの決定のステップが追加される。決定された資源の供給量を資源のコスト（原価）に変換するステップである。これが，製品ごとに予測される販売量を満たすために必要とされる資源の総原価に累積される。そして，これによる財務結果が当初の組織の財務目標，ROI を達成するかどうか，財務上のバランスに関する検討がおこなわれる（Bleeker［2001］, p.10）。詳細については，古田［2015］, 97–116 頁を参照。

　　ちなみに，ABC の理論では，決定された資源の供給量を資源のコスト（原価）に変換するそのタイミングが，コスト・ビヘイビアの視点をもつといわれる。除去される資源は短期的とみなされ，ここでの論点は，これまで固定費としてみなされてきたものがいまでは長期的にみれば変動費となることである。Kaplan and Cooper［1998］は，ABC を唱えた初期から ABC が長期変動費の情報を提供するものと指摘してきた。ABB は，この長期変動費の曖昧な考え方をより明確化し，しかも実効性を与えることが解る。ABB はほとんどの組織のコストを変動費化させる情報を提供する（Kaplan and Cooper［1998］, p.313），ABB がうまく実施された暁には，コストを変動費と固定費とに 2 分してきた伝統的な思考は吹き飛ばされる，というごとくである（Kaplan and Cooper［1998］, p.302）。

(14) Kaplan and Norton［1992］において，すでにつぎのような記述をみることができる。BSC によって，仮に業務改善がなされたとすれば，余剰生産能力が生じている。この余剰分を売り上げ増を目指して使いきるか，あるいはコストの削減を図ることを検討しない限り，改善の効果は業績に現れてこないのである。

(15) Kaplan and Norton［2001］, p.292 では，図表 9–4 の BSC 上のイニシァティブ項目の実行に必要な資源の承認されるケースが紹介される。下表は，具体的なイニシァティブとして「本社工場開発プログラム」に割り当てられる資源の計画表である。

本社工場開発プログラム								
エグゼクティブのスポンサー　プロジェクト期間			フレッド・ベル　98/1–99/8					
割り当てられた資源			5 人半日給　5 × 1,900 ドル ＝ 9,500 ドル					
予想ベネフィット合計	1998				1999			
	Q1	Q2	Q3	Q14	Q1	Q2	Q3	Q4
コスト　資本　収益	9,500	9,500	10,500	12,000 50,000	9,500	9,500 20,000	8,000	
合計								
戦略的テーマに与える影響　A クラスの工場への売上量増大を促す長期投資　B クラスを維持する：新しい調達先を認定する								

Kaplan and Norton［2001］, p.293, 訳書 245 頁

(16) ここにスピード・パスは，ガソリン給油機の光電セルに通すと代金を請求するクレジット
カードを認識する装置である。ガソリンの購買が迅速，煩わしさが減る（Kaplan and Norton
［2001］，p.56）。

第 2 部

MCS の実践例としてのアメーバ経営

　第 1 部に俯瞰される今日拡張化を見る MCS の構造について，その実際は 4
つのパターンがあることに気づく。2 つの拡張化の方向には，時間軸にたとえ
ばその登場の時期にズレがある。先行研究によるかぎり，1 つ目の拡張化が先
行する。このことを考慮すると，1 つ目の拡張化は受け入れるが，2 つ目の拡
張化をうけいれるものと，うけいれないパターンがある。逆に，1 つ目の拡張
化は受け入れないが，2 つ目の拡張化はうけいれるものと，うけいれないパ
ターンがある。4 つのパターンにあって，MCS の知識地層の形成からは，双
方の拡張化の方向を受け入れるパターンが理想であろう。ちなみに，Simons
の MC 理論は，このパターンをとるものであるといえよう。これに対して，
Anthony の MC 理論は 2 つ目の拡張化のみを受け入れる傾向の強いものであ
ると考えられる。

　こうして，第 2 部は，2 つの方向からの MCS の拡張化をとり入れる具体的
な MCS の実践例としてアメーバ経営を取り上げる。組織が成長し発展してい
くためには，そこにはセオリーが必要と考えられる。企業が成功した背後には
MC の理論が存在し，その実践に貢献，関係するのである。同様にみるとき，
拡張化を見る MCS を自らの経営システムに取り込んでいると思われる MCS
実践例も存在すると考えられる。本書では，それをアメーバ経営にイメージす
るものである。3 つの関連するイシューを扱う。

第10章　MCSの拡張化とアメーバ経営

　本章では，第2部の最初のイシューとして，アメーバ経営が2つの方向からの拡張化を取りいれる具体的なMCS実践例であることをイメージする。以下，MCSの2つの拡張化の方向がそれぞれアメーバ経営の実践にいかにとりこまれ，いかに関係するものであるか検討を進める。アメーバ経営は，京セラフィロソフィによる強力なコントロールを発信する経営システムとして定着をみるものである。ここから最後に，イメージされるアメーバ経営におけるMCS実践についてスケッチをおこなう。

第1節　コントロール・パッケージとアメーバ経営

　アメーバ経営（京セラ株式会社におけるアメーバ経営を指す）を対象とするアメーバ経営学術研究会[1]において，京セラフィロソフィの役割に着目する研究が際立つ。以下の2つの潮流を見ることができよう。

　第1の潮流は，アメーバ経営のノウハウの全体像を最初に著わした三矢他 [1999]，アメーバ経営論を著わした三矢 [2003]，窪田他 [2017] の存在によるところが大きい。

　各アメーバでは，リーダーに自律的な経営判断が任せられる。リーダーの自主性は最大限保証されるが，全社的，長期的視野から会社に対して迷惑をかけると判断されるような行動は許されないことになる（三矢他 [1999]，80頁，三矢 [2003]，146頁）。これが任せっぱなしにより陥るリスク，すなわちリーダー

が近視眼的な目先の利己的な目標達成にとらわれたり，またこれによる部分最適化な判断行動に陥るリスクといわれるものである（窪田他［2017］，235，239頁）。

とりわけ，アメーバ経営では，時間当たり採算表上での感度の高い管理会計システムが存在，これがあることで任せる経営のメリットを享受しつつ，任せぱっなしにより陥る前述されるようなリスクを減らすことができる（三矢［2003］，146 頁）。

これらによるチェックにくわえて，三矢［2003］，76 頁に指摘されるように，稲盛氏の経営哲学を収めた『京セラフィロソフィ手帳』と呼ばれる小冊子が配布されるである。ここでは，やるべきである，やってはならないことが述べられている。また，朝礼における唱和（の儀式）など京セラフィロソフィの教育に多くの時間が割り当てられ，考え方や価値観の共有が徹底的に行われるのである（窪田他［2017］，235，239 頁）。

第 2 の潮流には，2 つの視座が確認できる。1 つは，潮［2006］，澤邊［2010］，潮［2013］にみられるものである。潮［2006］は，時間当たり採算という独自の会計指標の計算構造に関連する京セラフィロソフィが具現化されており，これらのフィロソフィが全従業員に教え込まれることを明らかにする。澤邊［2010］，潮［2013］は，京セラフィロソフィとして知られる経営理念が時間当たり採算を中心とする管理会計システムの計算に具現化されることによって，管理会計の実践が作り上げられることを主張する。

もう 1 つの視座は，澤邊・庵谷［2017］で，経営理念の浸透との関連で部門別採算制度（時間当たり採算を含む）が成員のエネルギー量を増大し，経営理念を実現する強い気持ちを発揮できる「場」を提供するものかどうか，検証を行う。興味ある点は，この視座が，最初の視座である，京セラフィロソフィ（ここでの経営理念）が時間当たり採算の計算構造及び管理会計システム（部門別採算制度）に具現化，銘刻されているというコンデションを前提におくことである。つまり，以上の 2 つの視座は，連続的かつ同時進行的にとらえるものであろう。この結果，第 2 の潮流は，部門別採算制度に経営理念が具現化され

ているもとで，部門別採算制度の実践を通じて経営理念が実現されることに眼
目をおく。

　以上，第1の潮流では，任せっぱなしにより陥るリスクを防ぐために，京セ
ラフィロソフィを徹底して伝える，京セラフィロソフィの一義的な役割を述べ
るものと理解できよう。京セラフィロソフィを収めた小冊子，感度の高い管理
会計システムを通じておこなわれるものである。京セラフィロソフィを徹底し
て伝える，京セラフィロソフィの一義的な役割を述べるものと理解できよう。
これに対して，第2の潮流は，すでに経営理念（京セラフィロソフィ）が具現化
されている部門別採算制度という管理会計の実践を通じて経営理念が実現され
るという点で，副次的，付随的な意味で，二義的な役割を述べるものであろう。

　以来，アメーバ経営は，京セラフィロソフィよる強力なコントロールを発信
する経営システムとして特徴づけられ，今日まで定着してきたのである。ちな
みに，図表6-1は三矢他［1999］，三矢［2003］に掲げられる時間当たり採算
表であるが，京セラ株式会社（以下，京セラ）では，京都セラミック（株）の
創業8年目の1965年に時間当たり差引を導入，今日の京セラの基礎が確立し
た。図表6-2に示されるように，翌1966年から京セラの体質を一変させるこ
とになるのである（青山［1987］，215-217頁）。

　さて，京セラフィロソフィは，京セラの操業者である稲盛和夫氏の経営哲学
を収めたものであり，氏の考え方や原理・原則を含めた判断基準を指すもので
ある。氏の膨大な著作や講演などから整理，俯瞰するとき，アメーバ経営で
は，京セラフィロソフィは，時間当り採算を基軸とする管理会計システムに限
定されるものだけでなく，さらに，組織構造および人材管理に具現化（反映さ
れ）されることが明らかである。このことを通じてアメーバ経営のMCS実践
が作り上げられていくというイメージが強く膨らむのである。上述されるよう
に，アメーバ経営は京セラフィロソフィによる強力なコントロールを発信する
経営システムとして特徴づけられてきた所以でもある。

　もう少し加えるならば，アメーバ経営の組織構造は，分権化とその広がりを
特徴とするものであった。その立場にとらわれず心を開いて切磋琢磨する，市

図表 10-1 採算表（製造部門）

総出荷	A = B + C
社外出荷	B
社内売	C
社内買	D
総生産	E = A − D
費用合計	F = a + b + … + q
原材料費	a
金具・仕入商品費	b
外注加工費	c
修繕費	d
電力費	e
…………	…
…………	…
金利償却費	m
部内共通費	n
工場経費	o
内部技術料	p
営業・本社経費	q
差引売上	G = E − F
総時間　　　　　　　(h)	H = x + y + z
定時間	x
残業時間	y
部内共通時間	z
当月時間当たり　　　(円/h)	I = G ÷ H
時間当たり生産高　　(円/h)	J = E ÷ H

三矢他［1999］，34 頁，三矢［2003］，93 頁

　場や顧客に応答した自由闊達なオープン・マインドを通して組織を現場から活性化する。関連して三矢［2003］によれば，アメーバ経営の分権化にみる組織構造の設計の根底には，人材育成という考え方が存在する。京セラではリーダーの能力に応じて責任範囲を柔軟に調整するなど，人材育成を強く意識しながら組織構造が設計されるのである（三矢［2003］，129-130 頁）。
　また，三矢のアイデアによれば，人材育成はアメーバ経営の組織構造の設計

図表 10-2　京セラの業績推移

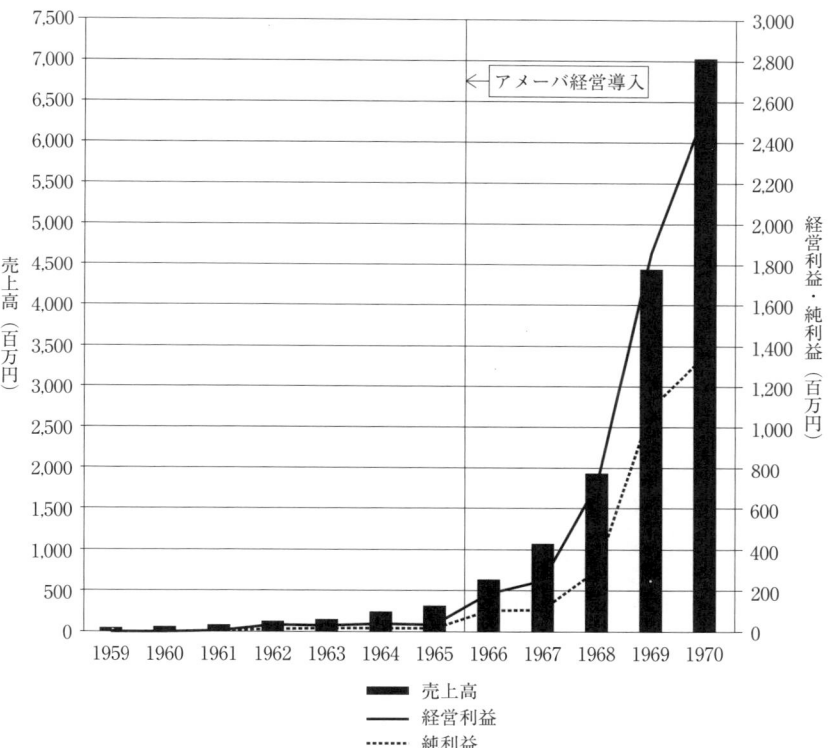

青山［1987］, 214 頁の京セラ発展の経過一覧表（の一部）に基づいて作成

　と関連するだけではなく，管理会計システムの設計，すなわち後述される
PDCA サイクルの運用の中においても強く意識される。PDCA サイクルの中
で，高い目標を設定し掲げることで，上司は，リーダーが自らの能力を「未来
進行形」で考えられるように導こうとする。高いレベルの目標を達成するため
に高度な思考が要求され，高い次元の対話が起こる。これは，まさに人材養成
のプロセスでもある（三矢［2003］, 144 頁）。
　　こうして，決定的なインパクトは，アメーバ経営にあって，京セラフィロソ
フィを中心に，管理会計システムだけでなく，分権化設計の組織構造さらに人

材（人材管理）の要素がコントロール手段として組織のコントロール・メカニ
ズムを構成することである。ほかならぬ，ここに，アメーバ経営においてこれ
らが束になって機能するコントロール・パッケージとしての MCS の存在を確
認することができるのである[2]。

　以上，アメーバ経営は，1 つ目の方向からの拡張化を取り入れる経営システ
ムであることをイメージできよう。

第 2 節　戦略の実施と策定を含む戦略プロセス全体とアメーバ経営

　2 つ目の MCS の拡張化の方向は，MCS を ICS として利用するインターラ
クティブ・コントロールが戦略の実施の確保だけではなく戦略策定において果
たす MCS の役割を際立たせ，結果戦略プロセス全体に着目するものであっ
た。この MCS 拡張化の方向は，いかにアメーバ経営のシステムの枠組みに取
り入れられ，実践に移されるであろうか。

　アメーバ経営において ICS として利用される MIS は，アメーバ経営の MCS
のコントロール・メカニズムを構成する要素である管理会計システム（あるい
はその一部）を特定できよう。具体的には，時間当たり採算を軸に PDCA（Plan
→ Do → Check → Action）のサイクルを回すよう設計されるものである（三矢
[2003]，130 頁，谷・窪田 [2017]，109 頁）。ここから，以下では，アメーバ経営
にあって，PDCA サイクルをインターラクティブ・コントロールの利用に運
用し，その実施を通じて新たな戦略の展開（創発）を促すという，こうしたイ
メージを抱かせることができると考えるのである。

(1) アメーバ経営における PDCA サイクル

　アメーバ経営における PDCA サイクルに関して，アメーバ経営では，年次
のマスタープランの上に立って，月次予定の立案策定→日次の実行→日次の
チェック→月次のアクション→次月の予定立案という PDCA サイクルが月次
単位でもたれる（谷・窪田 [2017]，153-154 頁）。マスタープランである年度計

画にあたって，アメーバのリーダーは，社長方針，あるいは事業部方針を基に
ボトムアップで自部門のマスタープラン案を作成することがもとめられる。こ
れが経営トップで承認された後，このマスタープランを達成するための月単位
の計画が，月次予定の立案策定である。高く設定されたマスタープランの目標
を達成するために，リーダーはときには発想の転換をともないながら，新しい
アイデアを見出し，試行錯誤をくりかえすことになる。そのために，アメーバ
経営では，月次サイクルの日次のチェックの段階で日報にもとづいて，さまざ
まな組織階層のアメーバ・リーダーがどれだけの創意工夫をさらに積み上げる
べきかを判断し，実行につなげていく日次のサイクルが存在する（谷・窪田
[2017]，153-154頁）。日次のチェックを"隠れたアクション"に結びつける，
日次のPDCAサイクルの反復が貫徹しているのである[3]。

　谷・窪田[2017]，153-154頁によれば，つぎのように述べられる。日報をみ
れば，前日の実績と月初からの累積が翌朝にはわかる。この情報にもとづい
て，さまざまな組織階層のアメーバのリーダーは，月次予定の目標を達成する
採算数字を上げるために採算表のどの項目にどのようなアイデアを当初のアク
ション・プランにさらに積み上げ，あるいは修正する必要があるかを判断，そ
の実施に移していく。結果でチェックするという考え方であり，結果のチェッ
クではない。

　かつて京セラの経営管理部門のトップであった石田秀樹氏は，以上のような
アメーバ経営におけるPDCAサイクルの運用をリアルタイムでフィードフォ
ワードであるという表現を用いて説明される。すなわち，実施結果がリアルタ
イムで素早くフィードバックされて，予めこうなるであろうと将来を予測して
（未来進行形で）対策をこうじることとなる。日次のPDCAサイクルが，リア
ルタイムでフィードフォワードによる管理を可能にする効果をもつのである
（石田[2018]，22頁）。リーダー間のインタラクティブ・プロセスあるいはイ
ンタラクションを通じて知恵が注入され，当初のアイデアが徐々に修正され
実施に移される。これによって，日々の採算（実績）をリアルタイムで着実に

積み上げ，修正し，月末には確実に目標が達成されることが求められるのである（稲盛［2006］, 221-222 頁，［2017b］, 194 頁）。

　一方，こうした日々の努力を積みあげながら，そしてその結果に反応していくと，それが，何日か後あるいは何か月か後かはわからないが，事後的にみると何らかの行動のパターンが出現してくる，創発されていることがある。既述されるように，これが，Mintzberg の「戦略における学習」，つまり創発戦略において学習が促される場合である。Mintzberg によれば，その状況に直面して学習し，かつこの学習能力を支援する経営資源が存在しているならば，知らず知らずのうちに次第に形成されてくる戦略ともいわれる。アメーバ経営にあって，セラミック技術に目を付けた経験豊かな技術者達が苦労を乗り越えてファインセラミック関連の多角化製品を生み出してきた中には，そのものではないけれども，この種の戦略をイメージあるいはそれに近いものが存在するように思えるのでる。

　稲盛氏によれば，製品化，量産化に成功した３つの技術開発を取り上げられている。まずは，高周波絶縁特性を持ったセラミック材料（フォルステライト）の開発であり，ファインセラミックの量産化（U 字ケルシマ）に成功したことである。つぎは，単純なプレス成形のセラミック部品から焼成技術の開発による多層パッケージの概念化であり，IC を機能させる容器，半導体のパッケージの量産に発展，今日を迎えている。そして，太陽電池の技術開発であり，多結晶シリコンの内製化である（稲盛［2008］, 3-21 頁）。稲盛氏によるとき，これらの技術開発の実現はすべて大胆な「ひらめき」，アイデアによるもので，実験と試行錯誤を重ねて何としても形にしていくという努力の結果である。このことが，クリエーション，独創性につながったのである（稲盛［2008］, 9 頁）。

　以上，アメーバ経営はまた，PDCA サイクルのインターラクティブなコントロールの運用を通じて新たな戦略の展開（創発）を促す可能性をイメージさせるシステムであるように思われる。さらに，こうしたイメージをより高めるために，「プラットフォーム」の概念を採用することから得られるいくつかのインプリケーションが役立つであろう。

(2) PDCAサイクルとプラットフォーム

①プラットフォームとPDCAサイクルの管理方式

　ここにプラットフォームは，創発経営のプラットフォームを論じた国領他［2011］に依拠する。それによれば，プラットフォームは「道具」であるという認識で，伊丹［1999］が唱える「場」に近いものであるが，場そのものではないと位置づけられる（国領他［2011］, 21頁。)[4]。それは，道具を使って戦略の展開（創発）を生み出す場を現出させるという構図に立つものである。

　このプラットフォームの概念を採用するとき，アメーバ経営のPDCAサイクルは，新たな戦略の展開（創発）を生み出す場を提供する道具に重なるものである。国領他［2011］, 5頁によれば，プラットフォーム論の大きな特徴は，それが設計可能な「道具」を対象とする。このことは，アメーバ経営のPDCAサイクルの設計という視点に当てはまる。すなわち，PDCAサイクルが新たな戦略の展開（創発）を生み出す場を提供するということは，アメーバ経営の月次のPDCAサイクル，この中での日次のサイクルの反復は通常あるいは従来型の管理方式ないしスタイルから"離脱"する，そのような設計のアプローチが有効だという，このことに気づかせるのである[5]。

　ここに通常の管理方式とは，事前に戦略や達成目標を明確に設定することによって組織を効率的に管理する目的の方式ないしスタイルである。ハイアラーキー型（戦略計画学派）の見方に共通するコントロールのスタイルである。これに対して，アメーバ経営におけるPDCAサイクルは，月次のサイクル，この中での日次のサイクルの反復は，ここでの通常の管理方式によるトップあるいは上司から与えられた目標や業務活動を効率的にこなすだけではない。先行研究（三矢［2003］, 144頁，谷・窪田［2017］, 154頁）からは，PDCAサイクルに関連して，それぞれつぎのような説明を見ることができるのである。

　「ストレッチングなレベルに目標が設定されているのは，現行の手法のままの経営では組織の成長に限界があることをリーダーに気づかせて，より画期的なアイデアを生み出すよう促すためでもあった。これは，リーダーに対して上位者が決めた戦略を決められたとおりに遂行させることを目的とした診断型の

コントロールからは出てこない発想である。」

「アメーバ経営以外では，マスタープランにあたる予算の月割りがＤの指針として使われる。これに対して，アメーバ経営では，マスタープランを指針に月次のＰがＤのナビゲーターとして詳細に設定される。」

また，日次のサイクルは，「Ｃのチェックが翌月になってはじめて行われる予算管理のシステムとは異なる。」

これらの説明はともに，アメーバ経営における PDCA サイクルが，管理指標を KPI といった事前に目標を掲げることで組織の効率を管理するスタイルから"離脱"するアプローチに符号することを示唆する。

こうして，プラットフォームの概念は，アメーバ経営における PDCA サイクルの運用が，通常の管理方式の枠組みをとりながらも（Simons の診断型のコントロールに類似させながらも），新たな戦略の展開（創発）を促すというイメージを助長する。総合すれば，アメーバ経営には，ハイアラーキー型（戦略計画学派）だけでなく，創発型モデル（創発戦略学派）の考え方や見方が色濃く混在する。のみならず，アメーバ経営において戦略の策定過程と実施過程の区別は無意味であるという理解に達するのである。

②プラットフォームとインターラクティブ・プロセス

つぎに，プラットフォームの概念からのインプリケーションとして，アメーバ経営においてイメージできる MCS のインターラクティブな利用の多くが，基本的に PDCA サイクルというプラットフォーム上で生じることである。この点で，Simons と異なる部分をみることができる。

例えば Simons では，上層レベルの上級管理者自身が関心をもつ戦略の不確実性に対処するために組織の構成員を参加させる目的で ICS を利用する。これに対して，アメーバ経営では，インターラクティブなプロセスやインターラクションは，PDCA サイクルを運用する様々な階層（主としてミドル層までのレベルのアメーバ・リーダー）で起こる可能性がある。半面，インターラクティブ・プロセスが上層のレベルで起こることはほとんどないといえよう。

　また，何がどうなったなら，インターラクティブなプロセスやインターラクションを引き起こすきっかけとなるであろうか。Simons では，それが戦略の不確実性に関する情報収集に関連する。現行の戦略の脅威となる，事前の戦略上の仮定やショックの崩壊につながる戦略の変化のパターンを上級管理者が知覚したときである[6]。

　これに対して，アメーバ経営では，このような戦略の変化のパターンだけではなく，むしろ変化が行動のパターンとなって出現する局面にまで関心がいくのである。日次の PDCA サイクルが，リアルタイムでフィードフォワードによる管理を可能にする。日々計上される実績，採算をリアルタイムで見据えながら，月末には目標達成を確実にすることが求められる。したがって，それは，目標達成を上回る採算数値を獲得するために，アメーバ内，アメーバ間での構成員のインターラクティブなプロセスやインターラクションから工夫やアイデアを引き出す必要に迫られるときである。

　さらにまた，この際のコントロール・システム（MCS）はどのようなタイプが効果的であるであろうか。Simons では，上級管理者が自身の関心をインターラクティブに構成員に向けるために選択する特定のコントロール・システムである[7]。これに対して，アメーバ経営では，ハイアラーキー型の意図された戦略は基本的に存在しないとみられる。存在しても，大きな方向性やビジョンが提示される抽象レベルであろう。このために，アメーバ経営には，Simons にみられるような戦略の不確実性に関連する対話やアジェンダに結び付く，そのためのコントロール・システムのタイプは常に存在するものではないといえよう。基本的に，日次のサイクルでのチェックに利用される日報の採算表を軸に，また営業アメーバからの顧客の要望などの情報に基づく，こうした環境の変化とその変化よる行動のパターンに応じるための構成員のインターラクティブなプコセスやインターラクションが起こる可能性をイメージできるのである。

第 3 節 アメーバ経営における MCS 実践—そのスケッチ

以上，アメーバ経営は，2 つの方向からの MIS 拡張化を取り入れる経営の
システムとしての可能性をイメージできよう。こうしたイメージが，アメーバ
経営を具体的な MCS の実践例として取り上げられる根拠になると考える。繰
り返し述べられるように，アメーバ経営は，京セラフィロソフィによる強力な
コントロールを発信する経営システムとして特徴づけられる。最後に，いかに
京セラフィロソフィが組織構造，管理会計システムおよび人材管理の構成要素
に具現化され，イメージされるアメーバ経営における MCS 実践がおこなわれ
るものであるか，スケッチする[8]。

組織構造　　ここでは，組織の存在意義として成員が「何のために働くか」
という基本的な問いに答えるようなフィロソフィの提示が必要であろう。京セ
ラに当てはめれば，同社の「経営理念」に示される，京セラという組織におい
て「全従業員の物心両面の幸福を追求すると同時に，人類，社会の進歩発展に
貢献すること」という考え方にあたる。この考え方に象徴されるのが，「大家
族主義」という京セラフィロソフィである（稲盛 [2006]，53 頁）。そのエッセ
ンスは，従業員という仲間を一つの大きな家族であるように大事にすることで
ある。もとより，このフィロソフィを組織の末端のレベルにまで浸透させるた
めの組織的な工夫が必要である。これがアメーバが階層をなす「アメーバ組
織」であり（谷・窪田 [2017]，217-218 頁），稲盛 [2000]，68 頁では，「売上を最
大に，経費を最小にする」という原則を実践していくために，組織を小集団組
織に細分化したものであると述べられる。製造機能しか持たないアメーバでも
プロフィットセンター化して，利益責任を負うのである。こうした下位の階層
のアメーバに対しても利益責任をもたせるアメーバ経営の組織構造の特徴が分
権化である。

管理会計システム　　ここに管理会計システムは，アメーバ経営学術研究会
によるとき，おおよそ時間当たり採算を基軸に PDCA サイクルを回す仕組み

からなるものとされる（三矢［2003］，146 頁，谷・窪田［2017］，154 頁）。三矢
［2003］，146 頁では，時間当たり採算の PDCA サイクルを日次のベースで回す
と説明される。ここから，アメーバ経営の管理会計システムについて，時間当
たり採算と PDCA サイクルの 2 つの側面から検討を進めることができよう。
時間当り採算という 1 時間当りの付加価値を指す独自の業績指標の計算構造
（潮［2006］，208 頁）と，各アメーバが業績指標を目標に月次予定の立案策定に
はじまる PDCA サイクルである。

　まず，時間当り採算の計算構造に関して，棚卸資産という勘定がない。原材
料や補助材料などその月に購入したものは，全額差し引いて時間当り採算が計
算される（三矢［1999］，107 頁）。このように，棚卸資産は設定されず，モノを買
えばただちに経費として扱われる，つまり「購入即経費」である（稲盛［2006］，
197 頁）。青山（［1987］，210 頁）によれば，稲盛氏の「インテリでは物は買えな
い，物はつくれない」という考え方に根ざしており（青山［1987］，210 頁），こ
の不合理について次のように見抜いている。大量に買い入れた月は時間当たり
が低下する，低下すると叱られる。よって，不用なものは買わないようにする
ことで，自然に購入を調整するようになる。結果，在庫管理や管理費が節約さ
れるなどの利点がある（青山［1987］，210 頁），と。これが，潮［2006］，210 頁に
よれば，在庫を含めた保有資産の削減を意識した保有資産に対する社内金利の
存在との関連でとらえられていく。つまり，これらを保有する部門に経費とし
て計上，「筋肉質経営」の実現をめざすのである（稲盛［2017b］，140 頁）。

　以上の考え方は，「稲盛会計学　7 つの会計原則」のうちの「キャッシュ・
ベースで経営する」原則にもとづくものであり，「購入即経費」は，その基本
をなすと述べられる（稲盛［2017b］，139 頁）。「購入即経費」という当座買が徹
底されることで，キャッシュフローが向上すると考えられるのである（稲盛
［2017b］，140 頁）。同様のフィロソフィや考え方は，毎月末の仕掛品を計上しな
い処理手続きに反映される（三矢他［1999］，107 頁）。ここでも，やはり買えば全
部その月の経費にするという「購入即経費」のルールが適用されるのである。

　また，アメーバが所属する事業部内の間接部門費，工場共通費，研究開発等

の内部技術料や営業口銭，さらに「時間」は，受けたサービスに応じて各末端のアメーバまでに振り分けられる。これらは，「受益者負担」という考え方に現れる（稲盛［2006］, 201-202 頁)[9]。また，「時間」のうち「間接共通時間」についても，事業部における間接部門，工場共通部門からサービスをうけたアメーバに応分に振り分けられ，負担させられる（稲盛［2006］, 207 頁）。

　以上の「経費」の範囲に関連して，人件費は経費に算入されない。人件費を経費として取り扱うと，あるいはオープンにすると，給料の高い人がいるアメーバは採算が低くなるために当該アメーバからその人を移動したり，小さなアメーバでは個々人の給料が解かったりするからである（稲盛［2006］, 203-204, 稲盛［2017b］, 144 頁）。人件費の経費不算入は，こういうことがないよう「時間当たり付加価値をベースとする」原則から採算管理をおこなうものである（稲盛［2006］, 204 頁）。

　これに対して，社内売上は，受注生産方式を前提に，アメーバ同志による中間生産物（半製品）の社内売買における値決めがベースとなるといわれる。後にも述べられるように，アメーバは，ミニ・プロフィット・センターとして独立しており，利益責任をもたされている。ここに，値決めには，リーダーは市場の動向を常に意識しつつ，コスト削減に積極的に取り組むことになる（三矢他［1999］, 71-72 頁，澤邊［2010］, 98 頁，窪田他［2017］, 236 頁）。また，さまざまな知恵やアイデアを他のリーダーに提案したり，自工程の歩留りや生産性をどうよむか，リーダーの才覚である（三矢他［1999］, 70-72 頁，稲盛［2014］, 451 頁）。さらに，稲盛［2000］, 79-80 頁，［2006］, 71-72 頁では，値決めには，リーダーのフェアな判断が要求され，アメーバ間の納得，製造と営業との合意に達する決定を伴うとされる。以上は，稲盛「経営 12 ヶ条」において，「値決めは経営である」というフィロソフィの存在が重要とされるのである（稲盛［1998］, 32 頁）。

　つぎに，PDCA サイクルに関して，まず月次予定の立案策定では，マスタープランである年度計画との関連で[10]，「ぜひ達成したい」という思いが目標にこめられ，「こうありたい」という願望が結晶化される（稲盛［1998］, 215-

216 頁，[2006]，213-214 頁，[2017b]，193 頁)。ここには，つぎのフィロソフィ
が反映する。稲盛氏によって創業以来，「自分の能力を未来進行形で考えよ」，
「潜在意識にまで透徹するほどの強い持続した願望熱意をもつ」(加藤 [1979]，
261，394 頁) とことあるごとに説かれてきた。

　マスタープランを達成するための月単位の計画，すなわち月次予定の立案で
は，結果が「見えてくるまで考え抜く」(稲盛 [2014]，314 頁) という強い意志
のもと，時間当たり採算表の全科目を 1 円単位で検討していく。そのために
は，リーダーが現場のことをよくわかっていなければならない (稲盛 [2017b]，
193 頁)。リーダーは，アメーバのメンバー一人一人に具体的なテーマとアク
ション・プランを与え，1 ヶ月間の行動を明確にしていく必要がある。ここで
は，「現場主義に徹する」というフィロソフィが具現化される (稲盛 [2014]，543
-544 頁)。

　PDCA サイクルの日次の実行段階に入って，先行研究 (三矢他 [1999]，153
頁，三矢 [2003]，90，132 頁，窪田他 [2017]，239 頁) では，高い目標の設定は，
リーダーにプレッシャーとなって自身のために行動する，利己的な部分最適行
動に走る可能性が高くなると述べられる。結果，アメーバ間に競争意識が刺激
されて，社内にコンフリクト (衝突) が生じ，全体最適が損なわれるのではな
いかという危惧が予想されるという。しかし，こうした危惧には，リーダーや
上司の影響によるところが大きく，未然に防ぎ，かつそれが起きても対処でき
るようになる。すなわち，リーダーは会議や朝礼の場を通じて，上司と計画の
進捗状況などの情報を共有する。また，人員の貸し借りや社内売買を通じてア
メーバ間の意思疎通が積極的におこなわれる。とりわけ，上位単位のアメーバ
の採算は，下位単位のアメーバの採算の総和からなるという構造上の仕組みに
注目がいく。鈴木 [2017]，218 頁は，この存在によって，他のアメーバあるい
は採算が連動する上位単位のアメーバに迷惑をかけたくないというリーダーの
意識が醸成されることになると指摘する。その顕著な機会が，人員の貸し借り
である。三矢他 [1999]，153 頁に述べられるように，リーダーは，仮に自分の
課のアメーバの目標が達成不可能と分かったとき，その影響が部全体の採算に

及ぼすことを避けるために，余った人員を他の課のアメーバに貸し出し，ここで稼いでもらおうと考えるのである。利己的な行動に走ることなく，上位の階層レベルの採算まで考え全体にとって最適となる方法が躊躇なくとられるのである。

　以上の日次の実行の段階との関連で，稲盛 [2000]，81 頁では，個々のエゴを追求しつつ立場の違いをこえて，さらに高次元の判断ができるようなフィロソフィの必要性が強調される。その典型が，「競争意識が刺激されるなかで，自己のエゴを離れ，周りのアメーバとの調和を保つために，アメーバの枠を超えて全体を考える必要がある」というフィロソフィに現れる（三矢他 [1999]，80-81 頁）。

　つぎに，日次のチェックの段階では，前節に説明されるように日次のチェックを“隠れたアクション”に結びつける日次の PDCA サイクルの反復が貫徹している。日次のサイクルで日々の採算（実績）をリアルタイムで着実に積み上げ，修正し，月末には確実に目標が達成されることが求められるわけである（稲盛 [2006]，221-222 頁，[2017b]，194 頁）。

　この日次のチェックには，「日々採算をつくる」という京セラフィロソフィが厳然と反映されている（稲盛 [2014]，489 頁）。「日々採算をつくる」ためには，日々計上される実績を見ながら次の手を考えていくことが不可欠となる。リアルタイムでフィードフォワードによる管理がこれであった。既述されたように，実施結果がリアルタイムで素早くフィードバックされて，将来を予測して対策を講じる。リーダー間の相互作用，インターラクティブ・プロセスやインターラクションを通じて知恵が注入されることによって当初のアイデアが徐々に修正され，それらが実施に移されていく。それは，究極アメーバ経営が 2 つ目の拡張化の方向を取り入れる，あるいはそれに近いとイメージできる経営システムとしての核につながると考えることができよう。このことからも，「日々採算をつくる」という京セラフィロソフィの具現化がアメーバ経営における MCS 実践に果たす役割は大きい。

　最後に，月末になって採算結果が出てくるため，日次のサイクルが1ヶ月の稼働日だけ回ってから月次のアクションの段階に戻る。月末には，最終稼働日の前日までの実績の累計値が日次のサイクルを通じてわかっている。これに最終日の分を足しこんでその月の概算採算表がつくられる（三矢［2003］, 142頁）。これを使ってその月の成果が報告されるのである。今月できなかったことが検証反省され，課題が抽出され，これらを次月の予定立案につないでいくことになるのである。

　ところで，この月次のアクションに対しては，稲盛氏により発信されるフィロソフィがはっきりとは確認できなかった。結果，本稿では，月次のアクションの段階では京セラフィロソフィが具現化されないままの状態を想定している。

　人材管理　　ここに人材管理は，選抜，教育・訓練などに評価を含めるものからなる。評価に金銭報酬や昇進などの人事評価をさすもので，年1回おこなわれる。ここでの評価について，アメーバ経営では，それが短期的な成果や時間当たり採算の実績だけに結びつくシステムではないことに着目する。谷・窪田［2017］, 217–218頁によれば，アメーバのリーダーは，発想を変えてチャレンジしなければ，目標の達成ができないことに気づいたとされる。この姿勢を評価するために，業績の向上にむけて果敢にチャレンジし，成功した社員が最も高く評価され，次に評価すべきは，チャレンジして失敗した社員であるとされる（稲盛［2017b］, 206頁）。チャレンジせずに成功した社員は，この次なのである。

　こうした評価基準が明確なもと，京セラでは，アメーバのリーダーの交代やアメーバの分裂や統合という組織変更や部課長の役職変更は日常茶飯事であるといわれる。このために，これらのことをスムーズにおこなう，つまり給料（収入）の増減や昇進を気にしなくてもよいように，アメーバ経営では，リーダーや部課長といった職制上の（責任者の）手当は設けられない仕組みになっている（稲盛［2017b］, 205頁）。代わって，給料報酬のベースを理事，参事，副参事，主事（技師），主務（技員），社員という資格等級制度上の責任者に結

びつけることで安定した処遇がとられるのである[11]。

　以上の内容が，稲盛 ［2014］, 397 頁, ［2017b］, 205 頁では，「実力主義にもと
づく人事制度」と括られ，「実力主義に徹する」というフィロソフィに反映す
る。その一方で，稲盛氏は，アメーバ経営にあって崇高なフィロソフィが色濃
く反映されるのが給料報酬制度であると説かれてきた（稲盛 ［2000］, 82 頁）。
「素晴らしい実績には，会社全体にたいして大きな貢献をしたということで，
仲間から賞賛と感謝をもって報いる」[12]，また「信じ合える仲間の幸福のため
に貢献できてこそ，自分たちの部門の存在価値があるのだ」というフィロソ
フィがそれで，「大家族主義」という集団的志向の性格を帯びるものである。
この点で，鈴木 ［2017］, 229 頁による，京セラの昇給や賞与の報酬制度が利己
的行動を刺激するためだけのものではなく，集団志向的行動をも妨げないもの
となっているという指摘は的を射ている。聞き取りからは，「実力主義と大家
族主義とが両立する，同時に存在する」と説明される。

　これに対して，評価以外の選抜，教育・訓練，退職などの要素は，京セラ
フィロソフィの具現化の対象，表現媒体にならない傾向の強いものであるよう
に思われる。後（第 11 章）に詳述されるように，これらは，組織成員が組織
文化をじかに感じ，受容しやすくなり，また組織文化を共有，伝承する直接の
機会ないし契機となるものである。

　図表 10-3 は，以上の検討の内容をまとめるものである。図表 10-3 に示さ
れている双方向の矢印は，京セラフィロソフィが，組織構造，管理会計システ
ムおよび人材管理に具現化される中で，これら諸要素と京セラフィロソフィと
が互いに作用する関係を表している[13]。

　また，図表 10-3 で京セラフィロソフィの欄で，人材管理の選抜，教育・訓
練，退職などの該当欄がブランクとなっているのは，上述されるように，ここ
では京セラフィロソフィが具現化の表現媒体とならないと考えられるためであ
る。

図表 10-3　アメーバ経営における MCS 実践と京セラフィロソフィ

組織構造・管理会計システム・人材管理 ◀━━━━━━━▶ 京セラフィロソフィ

組織構造		アメーバ組織	「全従業員の物心両面の幸福を追求すると同時に，人類，社会の進歩発展に貢献すること」 「売上最大・経費最少」
管理会計システム	時間当り採算	棚卸資産設定しない 仕掛品計上しない 社内金利	「キャッシュ・ベースで経営する」
		事業部内の間接部門費・工場共通費・研究開発等の内部技術料・営業口銭および「時間」の振替	「受益者負担を原則とする」
		人件費疑費不算入	「時間当たり付加価値をベースとする」
		社内売買	「値決めは経営である」
	PDCAサイクル	月次の予定の立案・策定	「自分の能力を未来進行形で考えよ」 「潜在意識にまで透徹するほどの強い持続した願望熱意をもつ」 「現場主義に徹する」
		日次の実行	「競争意識が刺激される中で，自己のエゴを離れ，周りのアメーバとの調和を保つためのアメーバの枠を超えて全体を考える必要がある」
		日次のチェック	「日々採算をつくる」
		月次のアクション	未確認
人材管理		評価	「実力主義に徹する」 「素晴らしい実績には，会社全体にたいして大きな貢献をしたということで，仲間から賞賛と感謝をもって報いる」 「信じ合える仲間の幸福のために貢献できてこそ，自分たちの部門の存在価値がある」
		選抜，教育・訓練，退職など	

（注）

（1）アメーバ経営学術研究会とは，京セラ創業者の稲盛和夫名誉会長により創り出されたアメーバ経営を世界に発信することを目指して研究を行う，経営学者と会計学者からなる研究会である。2006 年 11 月，廣本敏郎一橋大学教授（当時）を委員長に発足した。

（2）谷・窪田 [2017]，125 頁では，フィロソフィとアメーバ経営はコントロール・パッケージという表現が用いられる。

（3）月次単位でもたれる PDCA サイクルの中で日次の PDCA サイクルが反復する。ここに"隠れたアクション"とは，この日次のサイクルの中のアクションを指す。つまり，月次のアクションと対比して用いられている（京セラにおける聞き取りより。本章の注の（8）を参照）。次表は，谷・窪田 [2017] によって作成されるアメーバ経営における PDCA サイクルで，参考

になる。

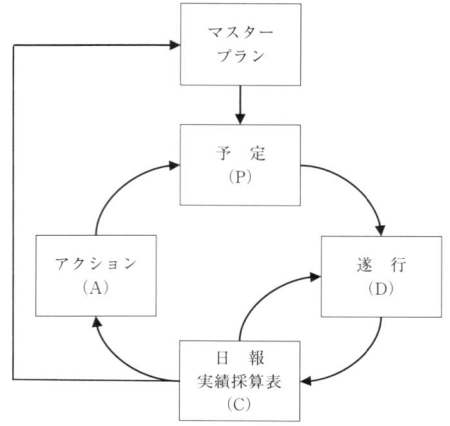

谷・窪田（2017），151 頁

（4）国領他［2011］，20 頁によれば，プラットフォームは「多様な主体が協働する際に，協働を促進するコミュニケーションの基盤となる道具や仕組み」と定義される。

　　澤邊・庵谷［2017］や谷・窪田［2017］では，場の概念を用いて，PDCA サイクルにおけるインフォーマルなコミュニケーションが説明される。

（5）国領他［2011］によれば，プラットフォームの設計という視点を通じて，企業戦略を考えるということは，特定の帰結（目標）を設定し，解決の方法も決定したうえで資源を動員し投入するという従来型の計画的なアプローチからの離脱を意味するものである。代わって，多くのプレーヤーに課題解決に向けた協働を行いやすくなるようなコミュニケーションの道具を提供することによって，創発的な解決を見出そうと考えるアプローチをとることになる（國領他［2011］，3 頁）。

　　なお，創発的な実践が PDCA サイクルに代表される通常の管理方式とは対極にあることを重視して，創発責任経営を論じた國部他［2019］の議論も参考になる。

（6）小林［1988］は，Simons［1987］の議論を踏まえて組織メンバー間の情報の共有と交換からインターラクティブなプロセスを描写し，その意義と会計情報の役割について提言する。谷［1991］，［1992］は，Simons［1990］に展開されるインターラクティブ・コントロールをとりあげ，その対象となる戦略的不確実性の環境要因（競合他社の新製品導入のタイミング）について，これらのモニタリングを通じて月次予算・実績検討会議などにおける組織のメンバー間に価値観の共有が生じ，トップ・マネジメントと事業本部長との垂直的インターラクションが強く起こることを実証している。

（7）Simons の事例に取り上げられるペプシ社では，上級管理者は，ICS として Nelsen よりリリースされる市場占有率のデータを選択している

　ペプシ社にとって，戦略的不確実性は，商品の魅力度，ブランドの価値を侵食する恐れのある消費者選好趣向の変化と関係があった。ペプシ社にとっての戦略的不確実性の具体的な内容は，次の通り。コカ・コーラ社の価格設定，販促，またパッケージ面での動向に対する消費者の反応，フルーツ・ベース飲料を代替えする傾向，甘味炭酸飲料に対する消費者選好の変化，ダイエット飲料に対する消費者選好の変化などである（Simons［1995］,p.94）。

　こうした内容の変化が，例えばブランドの価値を侵食する恐れがあるものであり，市場占有率に影響する。

（8）京セラに対する聞き取り調査の実施記録は，下記の通り。2018 年 9 月 5 日に総務人事本部稲盛ライブラリーアーカイブ課責任者岩崎友彦氏による京セラの歴史とアメーバ経営の概要についてファインセラミック館の見学やビデオ観賞を通して説明を受け，3 時間半の聞き取り，9 月 14 日，9 月 26 日，10 月 23 日，11 月 7 日および 11 月 28 日には稲盛ライブラリーアーカイブ係責任者宮田昇氏のご協力により各 1 時間の聞き取り，さらに 2019 年 3 月 14 日，5 月 31 日には加えて総務人事本部稲盛ライブラリー研究・出版課責任者粕谷昌志氏の出席により各 1 時間の貴重な聞き取りを実施できた。毎回稲盛ライブラリー7F で実施された。

（9）本社経費は現在，本社でまかなえられている（9 月 14 日の聞き取りより）

（10）3 ヶ年ローリングプランの設定は，現在では中断されている。理由として，ローリングプランという性格上，より精度が高い 1 年間の計画であるマスタープランで十分機能するものと考えられた（3 月 14 日の聞き取りより）。

（11）9 月 14 日および 3 月 14 日の聞き取りより

（12）全社的な表彰というキャンペーンがこれで，個人ではなく部門やかかわった集団を対象におこなわれる（3 月 14 日の聞き取りより）。精神的栄誉という色彩が強く，高い付加価値を生み出す独立の経営体，アメーバがなければ会社全社として高い賃金を払えないし，新しい仕事への投資も，発展もない，という考え方が貫かれている（加藤［1979］,224 頁）。

（13）京セラフィロソフィと他の要素間の相互作用については，限られた範囲での聞き取り調査や稲盛氏の著作からだけでなく，稲盛氏に率いられたアメーバ経営の長い歴史を遡って調査かつ検証される必要があろう。聞き取り調査からは，規則や方法に変更があっても，あくまで稲盛氏の経営哲学をベースにして守るところはしっかり守りながら，アメーバ経営が発展してきたと説明される。今日までのこの間，稲盛氏の考え方や経営哲学に変化は見られず，ブレることはなかった。このことは，1994 年の『京セラフィロソフィ手帳』と 2014 年の『京セラフィロソフィ』の内容を比較しても明らかである。変化があっても，それは稲盛氏の考え方をさらに深めるものであったといえる。例えば，2014 年の『京セラフィロソフィ』には，稲盛氏の次のような述懐の箇所がみられる（稲盛［2014］,445 頁）。

　「値決めの経営は，これをフィロソフィに加えた当時は，それ程重要なことだと思っていなかった。しかし，その後今日に至るまで値決めは大変重要なことであるとわかってきたのです。」

　また，挽［2007］にみられる事前合理性と事後合理性の分析視点に通じるものであろう。

第11章　アメーバ経営における
MCS実践—オルタナティブな見方

　以上，アメーバ経営が，MCSの拡張化をとりいれる具体例なMCS実践例であることをイメージできた。ここでは，アメーバ経営が，MCSに関する新たな経験的，実証的研究からの知見をふんだんに盛り込んだシステムであることに着目できよう。とはいえ，この点からいえば，イメージされるアメーバ経営がこうした研究からの知見を系統的，体系的に取り入れたシステムであるとは必らずしも言い難い。たとえば，1つ目の拡張化の方向からの経験的研究は，MCSの構成要素に組織文化，組織文化によるコントロールを含める傾向の強いものであった。ところが，イメージされるアメーバ経営は，MCSの構成要素に組織文化によるコントロールの要素を含めるものではなかった。ここで，アメーバ経営システムが「完全に理論化できるマネジメント・コントロール・システムの具現化したシステムである」（Adler［2010］, 98頁）と指摘されていることが思い起こされる。完全に理論化できる，という部分のニュアンスは微妙ではあるが，イメージされるアメーバ経営が，完全に理論化できる，そのための更なる議論を盛り込み積み上げていく可能性を秘めるシステムであるとうけとめることができよう。

　以上の意識から，本章は，アメーバ経営における組織文化をとりあげ，組織文化によるコントロールをアメーバ経営のMCSの構成要素の1つに含めて見ることにする。これによって具体的に展開されるMCS実践を前章においてイメージされるアメーバ経営におけるMCS実践のオルタナティブな見方（alternative view）として位置づけるものである。これが，本書の第2部の2

番目のイシューである。以下の順序で検討を進める。

　・アメーバ経営と組織文化によるコントロール

　・アメーバ経営における組織文化と京セラフィロソフィによるコントロールの関係

　・オルタナティブな見方による MCS 実践のダイナミズム

第1節　アメーバ経営と組織文化によるコントロール

　アメーバ経営は，京セラフィロソフィによる強力なコントロールに裏付けられる経営システムである。ところで，何故京セラフィロソフィによる強力なコントロールが発信されることになったのであろうか。そこには，どのような背景があったのであろうか。まず，議論の糸口としてこの問いかけに答えることから出発しょう。以下のように，アメーバ経営を採用した京セラという組織の発達段階の中年期における文化的視点の特徴が深く関わるように思える[1]。

(1) 京セラの中年期における文化的特徴

　Schein［1999］,pp.142-143 は，組織の発達段階の中年期における文化的視点の特徴に着目した。Schein［1999］は，その中年期は，創業期および初期の進化の段階における課題とは大きく異なる文化のダイナミクスに直面するという議論を展開する。それは，組織の中年期には，次のような文化的特徴に出くわすというものである（Schein［1999］, p.142, 訳書 145 頁）。「文化の最も重要かつ本質的要素はもう組織の構造や主要なプロセス，つまり日常のルーチンに埋もれてしまっている。このため，文化をことさら意識したり，さらに構築，統合，保持しようと努めることは重要ではなくなっている。組織がその創業期および初期に獲得した文化は，今では当然のこととされているのである。」

　かわって，Schein［1999］は，組織の発達段階の中年期における文化的視点の特徴として見落としてはならぬ側面がフィロソフィであると指摘する。「意識されるであろう唯一の要素は，信条，支配的な標榜されている価値観，ス

ローガン，文書化された憲章および自社が表わすその他の公式宣言などのフィロソフィや主義である。」

　ここで，以上の Schein［1999］のいう組織の発達段階の中年期における文化的視点の特徴を，京セラの組織の発達段階に重ねてみることにしよう。

　京セラでの聞き取りにおいて京セラの組織文化の特徴について質問をこころみた[2]。それに気づかれ，うなずかれるという場面にしばしば直面した。また，「空気のようなもので，古くからのベテランの社員ほど根強くある」と強調された。何らかのきっかけがない以上，文化を意識することはなかったと言外ににおわされた。

　Schein［1999］にも示唆されるのであるが，京セラの発達段階において，組織文化がはすでに獲得されている文化であるとみなされ，あるいはみすごされてきて成員にもう当然視されている可能性があることも否定できない事実であったということができよう。Schein［1999］によれば，それが中年期における文化的視点の特徴としてみなされるのである。

　一方，京セラでは，1994年京セラの創立35周年を記念し，京セラフィロソフィの概念を取りまとめ，組織成員向けに配布された『京セラフィロソフィ手帳』の作成をかわきりに，全社レベルで京セラフィロソフィを体得し，実践する勉強会が始まるのである。以降，稲盛氏による講話や講義等を通して徹底した京セラフィロソフィの社内教育がおこなわれる一方，こうした講話や講義の内容をベースにした稲盛氏の精力的な著作活動を通じて，京セラフィロソフィのアメーバ経営における重要性を意識する機会が一気に加速することになる。これに呼応して，アメーバ経営の学術研究会をはじめとする先行研究の主たる関心も，その対象が，稲盛氏によって発信された京セラフィロソフィによる強力なコントロールへ必然的かつ圧倒的に傾斜していったのである。これに対して，組織文化に話題がいくことはなかった，つまり言及されることはなかったのである。

　例えば，1994年辺りが果たして京セラという組織の発達段階の中年期に相当するものかどうかは，必ずしも確証は得られない[3]。しかし，以上にように

見てくるとき，それが，Scheinのいう組織の発達段階の中年期における文化的視点の特徴と共鳴する部分であるように思えるのである。ここから，アメーバ経営において京セラフィロソフィによる強力なコントロールが発信される背景には，京セラという組織の発達段階の中年期の（したがって今日に至るといえるかもしれない）文化的特徴の存在が深く関係するものであるとみてとれるのである。

（2）京セラの文化的特徴と組織文化

　つぎに，以上から投げかけられるインプリケーションは，京セラフィロソフィにとどまらず，さらに京セラにおける組織文化の存在にまで踏み込んだ議論が無視できないことである。1980年代前半から米国を中心に脚光を浴びてきた機能主義的組織文化論，組織文化の機能主義的なアプローチからはじめよう。ちなみに，対立するのが解釈主義的組織文化論である。

　組織文化の機能主義的なアプローチは，同時期のPeters and Waterman［1982］やDeal and Kennedy［1982］またSchein［1985］に代表される。このうち，Deal and Kennedy［1982］は，組織文化のマネジメントの可能性をより深く掘り下げた研究としてしられる。このDeal and Kennedyを受け継いだのがSchein［1985］である。坂下［2001］，16-17頁，［2002］，17-18頁では，Deal and Kennedy［1982］とSchein［1985］を取り上げ，組織文化の機能主義的なアプローチについて，次のように要約される。

　組織文化は，組織成員によって共有された意味体系とシンボル体系である。組織文化は，成員が共有している価値観，行動規範，信念といった「意味体系」が，組織構造，手続きやルーチンな業務システム，儀式，物語，特定の言語といった「シンボル体系」によって表現され，明示化されたものである。ここから，組織文化を成員の意識の外のある客観的実在物と見なし，変数として扱い，外部からの操作を容易にすることが，組織文化の機能主義的なアプローチの特色である[4]。

　ここでは，組織文化が「変数として扱い，外部からの操作を容易にする」と

いう点が重要である。組織文化がコントロール手段として，マネジメント可能
であるという立場がみてとれるのである。この組織文化の機能主義的なアプ
ローチに関連して，石井他［1985］，210頁では，組織文化（環境適応のメカニズ
ムを機能させる条件の1つ）の特徴について，つぎのような指摘がおこなわれて
いる。

　「組織文化とは，『企業の構成員によって共有・伝承されている価値観，行動
規範，信念の集合体』である。…企業は，この組織文化を共有・伝承させるた
めの多様な手段を，意識的にあるいは無意識に生み出している。成分化され，
経営者によって繰り返し説かれる経営理念，経営信条，行動規準などは，組織
文化を共有・伝承するための手段である。強い個性を持つカリスマ型リーダー
に率いられているベンチャー型企業のなかには，独特の組織文化を持った企業
が少なくない。稲盛和夫によって率いられた京セラは，その代表ともいえる会
社である。」

　この石井他［1985］の説明において，経営信条や経営理念が組織文化を共
有・伝承するための手段であると定義される点に着目したい。この定義の根底
には，経営信条や経営理念と組織文化の双方が互いに独立したいわば線引きが
できるようなものではなく，一本の線上にあり，むしろ重なりあって企業独特
の文化をうみだすという思考が存在すると考えられる。

　くわえて，この定義にみられる経営理念，経営信条，行動規準の一連の用語
は，アメーバ経営の京セラフィロソフィと同意語であるととらえられる[5]。こ
こから，これらの経営理念に代えて京セラフィロソフィを採用するならば，京
セラフィロソフィが組織文化を共有・伝承するための手段であるといいかえて
みることが可能となると考えられる。

　ここに，本節の冒頭の問いかけに対して一定の答えを用意することができよ
う。すなわち，京セラフィロソフィによる強力なコントロールが発信される背
景からは，京セラフィロソフィは，京セラの中年期の文化的特徴に関係して中
年期の京セラにあってはすでに獲得されており，また成員によって当然視され
ている組織文化の共有・伝承に結び付くという構図が見えてくることでる[6]。

　もとより，こうした構図の確かなエビデンスはないけれど，組織文化による
コントロールをアメーバ経営のMCSの構成要素に含めることがかなり高い確
率でサポート可能であり，アメーバ経営におけるMCS実践のオルタナティブ
な見方に一段と踏み込む議論へ入っていく。

第2節　アメーバ経営における組織文化と京セラフィロソフィによるコントロールの関係

　さて，オルタナティブな見方は，MCSの構成要素の1つに組織文化による
コントロールを含めることを前提に置く。ここでは，組織文化によるコント
ロールがアメーバ経営の既存のMCSの構成要素の全体（の形成）にどう影響
をおよぼすか，あるいはまたMCSの他の構成要素の間にいかに関連するか，
こうした関係の分析が基本となる。これらの分析は，Malmi and Brown
[2008] の指摘に記されるように，コントロール・パッケージ研究の展望の機
会，方向性に沿う課題として共通するものである。

　アメーバ経営では，既存のMCSの組織構造や管理会計システムなどの構成
要素が京セラフィロソフィによるコントロールに大きく影響される関係が効果
的に働いている。このもとで，組織文化によるコントロールが加わっても，既
存のMCSの構成要素全体あるいは形成，あるいは連携また配置に影響をおよ
ぼす可能性は少ないと見て取れよう。すくなくとも，それが，ポジティブな効
果をもたらさないコントロールとなることはないであろう。むしろ，現状の構
成要素の維持，連携によりポジティブな効果をもたらすコントロールとしての
可能性が高いものになるであろう。

　これに対して，問題は，組織文化によるコントロールと他の構成要素との間
の関係である。とりわけ京セラフィロソフィとの関係は，双方が同一線上（の
両極）にあることを考慮するとき，その関係は重要な分析対象となるように思
われる。ここから，本節では，組織文化によるコントロールと既存のMCSの
構成要素のうち京セラフィロソフィによるコントロールとの双方の関係に議論
を絞りこむことにする。しかし，これに取り組んだ研究業績の実績はない。そ

こで，この問題について，Simons の LOC のモデルに依拠し，信念コント
ロール・システムと境界コントロール・システムによるコントロールを応用し
たいくつかの先行研究を手掛かりに検討を進めることにしたい。

　アメーバ経営の MIS の分析に Simons の LOC のモデルを採用した三矢
［2003］, 153 頁と Adler［2010］, 96 頁によれば，次のような説明が見られる。

　「京セラでは，稲盛氏の経営哲学をまとめた京セラフィロソフィがコント
ロールのための信条のシステムおよび事業倫理境界のシステムの両方の役割を
果たしている。」

　「京セラフィロソフィをサイモンズの唱える信念システム，また境界コント
ロール・システムと結びつけました。」[7]

　三矢［2010］と Adler［2010］はともに，京セラフィロソフィの役割を信念
コントロール・システムと境界コントロール・システムとの双方に係るものと
理解する。こうした両者の理解は，アメーバ経営が京セラフィロソフィにしっ
かり裏付けられる MCS の実践例であるというイメージからみて妥当と思われ
る。同時にここからは，組織文化をアメーバ経営における MCS のコントロー
ルの構成要素に含めることになると，京セラフィロソフィの対信念コントロー
ル・システムと境界コントロール・システムとの関連性は自から溶けることに
なる。代って，アメーバ経営における組織文化と京セラフィロソフィの双方が
Simons の信念コントロール・システムと境界コントロール・システムといか
に関係するものであるかという関心が浮上することになる。

　こうしてまず，先行研究に基づいて，アメーバ経営における組織文化による
コントロールと Simons の信念コントロール・システムとの間に，また同様に
京セラフィロソフィによるコントロールと境界コントロール・システムとの間
に親和性が存在することを導くことにしよう。

（1）信念コントロール・システムとアメーバ経営における組織文化によるコ
##　　 ントロールとの親和性

Simons［1995］, p.34 は，信念コントロール・システムを次のように定義す

る。

　「信念コントロール・システムは，組織の基本的なコア価値，目的，および方向性を与えるために，上級管理者が公式的に伝達し，体系的に強化するところの組織域を明示するものである。」

　Malmi and Brown［2008］は，この定義に基づいて，Simon は，信念コントロール・システムを通じて，すでに組織文化の一部となっている価値コントロールの概念を展開するものと理解する（Malmi and Brown［2008］, p.294）。既述されるように，Malmi and Brown では，文化はそれが人の行動に影響を与えるために用いられるとき，コントロール・システムとなるもので，具体的にMCS のパッケージ・タイポロジーの主要な構成要素に文化によるコントロールを含め，価値ベース・コントロール（value-based control）の視点を強調することになる。Malmi and Brown［2008］は，Simons の信念コントロール・システムを通じて運ばれるコアー価値が組織文化の一部となっている価値ベースのコントロールに相通じるものであると考える[8]。

　Heinicke et al.［2016］は，Bhimani［2003］や Henri［2006 a］の実証を踏まえて，MCS の設計において CVF（Competing Values Framework）に基づくことが鍵となるという。ここに，CVF とは，文化は一方の極に安定性，他方の極に弾力性を位置づける一本の連続体にそって変化し競合する価値集合の関数である[9]。

　具体的に Heinicke et al.［2016］は，中規模企業のトップ管理者へのアンケート調査に基づき，弾力性文化が支配する企業ほど管理者は信念コントロール・システムの利用を強調することを発見した。これは，信念コントロールが，弾力性文化に埋め込まれる価値に矛盾なく両立するためである。つまり，トップ管理者の信念コントロール・システムの利用に対する強調は，弾力性文化に価値を置く企業ほど当該組織の重要なコントロール・メカニズムをなすものにほかならないのである（Heinicke et al.［2016］, pp.27-28）。

　以上，2 つの先行研究を取り上げたが，ともに Simons の信念コントロール

が，定義にみられるように価値が積み上げられた（value-laden）あるいは価値が埋め込まれた概念の利用を通じて従業員の行動を鼓舞し，誘導し，動機づけることに役立つとみるのである。それは，Simons の信念コントロールと組織文化によるコントロールとの間に親和性が存在することをうかがせる。もとより，このことは，双方が同義であることを意味するものではない。くわえて，Simons の信念コントロールは，すべてのレバーがそうであるように公式的なコントロール・システムである。これに対して，組織文化によるコントロールは非公式として概念化されるものであり，Simons のコントロール・レバーと区別される（Simons［2000］, p.266）。この点は，Heinicke et al.［2016］p.27 でも極めて重要とされる。

　いずれにせよ，以上より，大まかではあるが，Simons の信念コントロール・システムはまた，アメーバ経営における組織文化によるコントロールとの間に同様に存在するであろう親和性を引き出すことができると考える。

　ちなみに，Adler［2010］は，アメーバ経営型の MCS を最も説明するのに Simons のモデルが最適と考えている。その理由に，アメーバ経営における企業家精神，カスタマー・サービスの精神，そして従業員へのコミットなどを裏付けるのが信念システムであり，信念システムを Simons モデルの中核に位置づける。そして，この信念システムが組織の文化の核をなすと明言している（Adler［2010］, 94 頁）。

(2) 境界コントロール・システムと
京セラフィロソフィによるコントロールとの親和性

　一方，境界コントロール・システムについては，後述されるように，機会探索に制約を与える負のシステムととらえられるように，回避するべきリスクを従業員に伝達することに重点をおく（Simons［1995］, p.41）。境界コントロール・システムは，通常否定的な言葉で表現されたり，最低限守るべき基準として提示される。従業員をして，立入禁止の領域を規定することで行動に手抜きがなく見落としの少ない意思決定を許容し，柔軟性と創造性を達成することを

可能にするのである。多くの面で，組織における自由と企業家精神豊かな行動を支える前提条件であるという。ここで，第8章にみてきたアメーバ経営の先行研究に指摘された京セラフィロソフィの役割を想い起こしたい。そこからは，境界コントロール・システムが京セラフィロソフィの役割に実に酷似するものであることがわかる。境界コントロール・システムは，その役割が近いという意味で京セラフィロソフィのコントロールと親和性があることになる。

　Adler［1010］もまた，境界コントロール・システムと京セラフィロソフィがともに，守るべき基準やルールが否定的形式をとる点に関心をはらっている。双方の親和性を唱えている。

　つぎに，Simonsは，以下に見られるように信念コントロール・システムと境界コントロール・システムとの関係を明確に示している。ここから，以上の信念コントロール・システムと組織文化，境界コントロール・システムと京セラフィロソフィとの間にある親和性関係に基づくとき，Simonsの示す信念コントロール・システムと境界コントロール・システムとの関係は，同時にアメーバ経営における組織文化と京セラフィロソフィの双方によるコントロールの関係を推し量る何らかのヒントを提供することが予想できる。

(3)　アメーバ経営における組織文化によるコントロールと
　　京セラフィロソフィによるコントロールの関係

　Simons［1995］，p.41によれば，LOCのモデルの信念コントロール・システムと境界コントロール・システムは，タンデムな（in tandem）関係，すなわち双方相候って作用する関係にある。信念システムは，価値や目的や方向性を従業員に伝達することで，無限の機会空間における従業員の機会探索を導き，動機づける。この意味において，正のシステムである。この信念システムの内にあって，境界コントロール・システムは，容認される機会探索の領域を伝達する。機会空間の部分集合として従業員がみずからのエネルギーを行使できる領域を定めるのである。機会探索に制約を与える意味で負のシステムである（Simons［1995］，p.41）。

　いま，この Simons に提示される信念コントロール・システムと境界コント
ロール・システムの関係から，アメーバ経営における組織文化と京セラフィロ
ソフィによるコントロールの関係を推し量ることにしよう。改めて，Simons
のタンデムな関係とは，信念コントロールと境界コントロールが互いに並行し
て連携して作用することを指す。ここから得られる決定的なヒントは，アメー
バ経営における組織文化と京セラフィロソフィによるコントロールの関係が，
Simons のいう双方の平行して携わって作用するものか，それとも上か下かあ
るいは表か裏かの重なって作用する部分の強いものであるかを見極めることに
なることであろう。結論を急ぐならば，その原点を京セラフィロソフィの「上
澄み」説にみることができる。京セラの機関誌『盛和塾』[2011] には，稲盛
氏とのインタビューにおいて，インタビューアーの「京セラフィロソフィは
『上澄み』である」という質問に，稲盛氏が「そうだ」と答える一コマが載っ
ている（加藤 [2011], 127 頁）[10]。したがって，ここからは，アメーバ経営に
あって，上澄みである京セラフィロソフィを支える下の部分，"沈殿" したも
のが存在するはずであるという示唆的な解釈が生まれる。それがアメーバ経営
における組織文化の存在であるとみることに異論はないように思われる。

　関連して，そうならば，「上澄み」説によれば，京セラフィロソフィは Siomons
の負のシステムではなく，むしろ表のコントロール・システムとしてイメージ
できるものではなかろうか。これに対して，組織文化は，Simons のいう正の
システムではなく，裏のコントロール・システムとしてイメージされることに
なるであろう。

　ちなみに，Adler [2010], 99 頁および Adler and Hiromoto [2012], p.88 から
は，つぎのような説明をみることができる。「おそらくアメーバ経営は，京セ
ラフィロソフィが非常に親和性をもって受け入れられる得の文化が背景にある
ところで実施がしやすいということです。」

　「アメーバ経営は，適当な支援的な組織文化とリーダーシップ・スタイルの
存在なしでは組織の成功を生み出すことは考えられない。」

　以上をまとめておこう。本節の議論は，アメーバ経営における MCS 実践の
オルタナティブな見方から，組織文化によるコントロールを含める前提に立
つ。ここから，組織文化によるコントロールが既存の MCS の京セラフィロソ
フィによるコントロールといかに関連するか，双方の関係に議論を絞りこむも
のであった。そのために，Simons の LOC のモデルにおける信念システムと
境界コントロール・システムを応用した先行研究を狩猟した。組織文化と信念
コントロール・システムとの間，および京セラフィロソフィと境界コントロー
ル・システムの間にそれぞれ親和性があることが発見できた。

　これに基づいて，つぎに，Simons によって提示される信念コントロール・
システムと境界コントロール・システムとの間の関係をヒントに，アメーバ経
営における組織文化と京セラフィロソフィの双方によるコントロールの関係を
推し量ることができた。すなわち，京セラフィロソフィの「上澄み」説に象徴
されるように，一方の組織文化によるコントロールが，既存の京セラフィロソ
フィによるコントロールをその背後で支える，互いに重なり合って作用する関
係にあることを導くことができるのである。より平たく言えば，アメーバ経営
において，組織文化によるコントロールが背後に存在することで，京セラフィ
ロソフィによるコントロールがより受け入れやすい環境が作られる可能性が強
くなる。また，組織文化によるコントロールが，京セラフィロソフィによるコ
ントロールの代替えや補完をおこなう可能性も視野に入るのである。

　こうして，本章のイシューであるアメーバ経営における MCS 実践のオルタ
ナティブな見方が見えてくる。オルタナティブな見方においても，京セラフィ
ロソフィが MCS のコントロールの構成要素，管理会計のシステム，アメーバ
組織，人材管理に具現化され，アメーバ経営の MCS 実践が作り上げられてい
くことに変わらない。違いは，この中で，幾度も繰り返されるように組織文化
によるコントロールが，既存の京セラフィロソフィによるコントロールをその
背後で支える，互いに重なり合って機能する関係にあることがイメージできる
ことである。

　以下に，オルタナティブな見方に基づく MCS 実践のダイナミズムをスケッ

チするものである。

第3節　オルタナティブな見方による MCS 実践のダイナミズム

　さて，スケッチにあたって，図表 10-3 に示されるように，既に京セラフィ
ロソフィがしっかりと各構成要素に具現化されていることが前提となる[11]。こ
の上で，オルタナティブな見方は，成員の共有物として組織文化を生成，伝承
していく MCS 実践のダイナミズムを描写するものでなければならない。そこ
で，まずここにいう京セラ（アメーバ経営）の組織文化の特徴について，以下
の2つの実証研究の結果を参考にすることにする。

(1) 京セラにおける組織文化
　図表 11-1 の前段は，石井他［1985］による適応類型が H 型企業の組織文化
の特徴として取り上げられるものである。ここでは，これを京セラの組織文化
の特徴として援用する[12]。
　図表 11-1 の後段は，三矢［2003］によるもので，「京セラフィロソフィの浸
透によって，メンバーに基本的な考え方が共有されている例」（三矢［2003］,
143 頁）として掲げられている。暗黙裡に京セラの組織文化の特徴を表すもの
と理解する。一方，石井他［1985］の組織文化は京セラに特化したものではな
いけれど，三矢［2003］に掲げられている組織文化とほぼ均一，同質の内容を
もつことが確認できよう。興味深いことは，石井他［1985］の組織文化は，
MCS の（シンボル要素である）構成要素の管理会計システムの時間当たり採算
を志向し，三矢［2003］では，PDCA サイクル志向に偏った傾向にあることで
ある。

(2) オルタナティブな見方に基づく MCS 実践のダイナミズム
　図表 11-2 に表わされるように，成員の共有物として組織文化を生成，伝承
していく MCS 実践のダイナミズムが描写可能になる。組織文化を維持あるい

図表 11-1　アメーバ経営の組織文化の特徴

・繰り返し強調される価値は，組織の一体感と人の尊重である。一体感から生みだされる心理的エネルギーと，人びとの知恵とアイデアの結集が企業の微調整能力を高めると信じられている。
・個人は集団との調和，集団への貢献を要求され，さまざまな情報を人びとと共有することも重要である。
・行動は弾力的でなければならず，役割や公式的な手続にこだわることは，融通がきかない行動だととらえうる。
・意思決定に際してはコンセンサスが重視され，コンフリクトが生じるのは事前の意思疎通と情報共有が不足しているためだと考えられる。
・営業や現場第一線の生の情報が重視され，ライン部門や現場の知恵が重視されるべきだと考えられている。

石井・奥村・加護野・野中［1985］，223 頁

・リーダーがアメーバの目標を立てているときに願望から発した高い目標を表明しなければならないこと。
・難しい課題にチャレンジして失敗しても結果はどうあれそのプロセスが評価されること。
・現場を重視してデータに頼らず自分の目で確認して経営判断を行うこと。
・時間当たり採算における利益は当該アメーバが独力で稼いだものではなくて周りの協力によって達成された企業への貢献としてとらえられるべきものであること。
・自分のアメーバの利益を優先するあまりに他のアメーバに迷惑をかけるような行為は絶対に許されないという認識も共有されていて，アメーバ間に不必要なコンフリクトが生じにくくなっている。

三矢［2003］，143 頁

は伝承しいく，そしてこの組織文化によるコントロールに支えられて京セラフィロソフィによるコントロールが機能する関係をイメージすることができるのである。最後に，具体的にどのような組織文化であったか，京セラフィロソフィの具現化されるMCSの構成要素ごとに説明しておこう[13]。

組織構造　　組織構造は，「全従業員の物心両面の幸福を追求すること（大家族主義）」というフィロソフィと「売上最大，経費最小」という原則に象徴されるものであった。この間には両立が困難な状況を想定できる。しかし，これらは共に，石井他［1985］に掲げられる「人の尊重である」（の一部）という組織文化を共有・伝承するものである。経費の最小化に関して，人件費は経費に算入されない。つまり，人件費は最小化の対象とはならない。根っこは「大家族主義」であり，「人の尊重」という組織文化に結び付く（上總［2007］）。

図表 11-2　オルタナティブな見方に基づく MCS 実践のダイナミズム

組織構造・管理会計システム・人材管理		京セラフィロソフィ	組織文化
組織構造	アメーバ組織	「全従業員の物心両面の幸福を追求すると同時に、人類、社会の進歩発展に貢献すること」「売上最大・経費最少」	「人の尊重」
管理会計システム（時間当たり採算）	棚卸資産設定しない仕掛品計上しない社内金利	「キャッシュ・ベースで経営する」	「行動は弾力的でなければならず、役割や公式的な手続きにこだわれることは、融通が利かない行動だととらえる」
	事業部内の間接部門費・工場共通費・研究開発費等の内部技術料・営業口銭および「時間」の振替	「受益者負担を原則とする」	「個人が集団との調和、集団への貢献を要求される」「時間当たり採算は当該アメーバが独力で稼いだものではなくて周りの協力によって達成された企業への貢献としてとらえられるべきものである」
	人件費経費不算入	「時間当たり付加価値をベースとする」	「人の尊重」
	社内売買	「値決めは経営である」	「営業や現場第一線の生の情報が重視され、ライン部門や現場の知恵が重視されるべきと考えられている」「意思決定に際してはコンセンサスが重視され、コンフリクトが生じるのは事前の目で確認や情報共有が不足しているためだと考えられる」
PDCAサイクル	月次の予定の立案・策定	「自分の能力を未来進行形で考えよ」「潜在意識にまで透徹する強い持続した顧客熱意をもつ」「現場主義である」	「リーダーがアメーバの目標を立てるときに願望を大きく示した高い目標を表明しなければならないこと」「現場を重視してデータに頼らず自分の目で確認して経営判断を行うこと」
	日次の実行	「競争意識が刺激される中で、自己のエゴを離れ、周りのアメーバとの調和を保つためのアメーバの枠を超えて全体を考える必要がある」	「自分のアメーバの利益を優先するあまり他のアメーバに迷惑をかけるような行為は絶対に許さないという認識も共有されていて、アメーバ間に不必要なコンフリクトが生じにくくなっている」
	日次のチェック	「日々採算をつくる」	「組織の一体感と人の尊重である。一体感から生み出される心理的エネルギーと、人の知恵の結果が企業の微調整能力を高めると信じられる」
	月次のアクション	未確認	未確認
人材管理	評価	「実力主義に徹する」「素晴らしい実績には、会社全体にたいして大きな貢献をしたということで、仲間の幸福のために報いるということで、信じ合える仲間の幸福のために貢献できることで、自分たちの部門の存在価値がある」	「難しい課題にチャレンジして失敗しても結果はどうあれそのプロセスが評価される」
	選抜、教育・訓練、退職など		「儀式、儀礼など基準が意識、無意識のうちに働き、組織文化を伝承・共有する機会となる」

管理会計システム―時間当たり採算　　時間当り採算という業績指標の計算構造に関して，棚卸資産という勘定はない，毎月末の仕掛品を計上しない，一方社内金利が存在する。以上の考え方は，「稲盛会計学　7つの会計原則」のうちの「キャッシュ・ベースで経営する」原則にもとづくものであり，その考え方の基本となるのが，「購入即経費」であった。ここから，「行動は弾力的でなければならず，フォーマルな手続きにこだわることは，融通が利かない行動だととらえられる」という組織文化を共有・伝承することになる。

　また，各アメーバは，アメーバが所属する事業部内の間接部門費，工場共通費，研究開発等の内部技術料や営業口銭，さらに「時間」を負担する。この上で，各アメーバはなお一定以上の採算目標を達成しょうと行動する。利己的行動にみえつつも，実は集団的行動をも内包しているのである（鈴木［2017］，217頁）。この点で，「受益者負担の原則」には，「個人が集団との調和，集団への貢献を要求される」という組織文化が関係する。また，「時間当たり採算における利益は当該アメーバが独力で稼いだものではなくて周りの協力によって達成された企業への貢献としてとらえられるべきもの」という組織文化を共有・伝承する。

　さらに，時間当り採算の計算構造は，アメーバ同志による中間生産物（半製品）の社内売買における値決めをベースにする。稲盛氏は，「経営12ヶ条」において「値決めは経営である」というフィロソフィを強調されてきた。値決めには，リーダーの才覚，フェアな判断が要求され，アメーバ間の納得，製造と営業との合意に達する決定を伴うとされる。ここから，組織文化としては，「営業や現場第一線の生の情報が重視され，ライン部門や現場の知恵が重視されるべきと考えられている」文化の共有・伝承につながる[14]。

管理会計システム― PDCA サイクル　　各アメーバのリーダーによる自部門のマスタープランには，稲盛氏によって創業以来，「自分の能力を未来進行形で考えよ」，「潜在意識にまで透徹するほどの強い持続した願望熱意をもつこと」とことあるごとに説かれてきた。「リーダーがアメーバの目標を立てるときに願望から発した高い目標を表明しなければならないこと」という組織文

を共有・伝承することに結び付く。

　月次予定の立案策定には，「現場主義に徹する」というフィロソフィが反映する。「現場を重視してデータに頼らず自分の目で確認して経営判断を行うこと」という組織文化の共有・伝承につながる。聞き取りでは，トップダウンとボトムアップをいかに融合して，トップの思いを現場の目標設定に反映させるか，すべての当事者が納得して着地点をさぐることが京セラの特徴であると補足された。

　日次の実行段階に入って，「競争意識が刺激されるなかで，自己のエゴを離れ，周りのアメーバとの調和を保つために，アメーバの枠を超えて全体を考える必要がある」というフィロソフィが採られる。「自分のアメーバの利益を優先するあまりに他のアメーバに迷惑をかけるような行為は絶対に許されないという認識も共有されていて，アメーバ間に不必要なコンフリクトが生じにくくなっている」という組織文化を共有・伝承することになる。聞き取りでは，「エゴによる部分最適のためのコンフリクトはノーであるが，全体最適のためのコンフリクトは歓迎される文化である」と補足された。また，これが，稲盛氏の「本音でぶつかれ」という考え方（稲盛［2014］, 168 頁）に現われるのであるとも説明を受けた。

　日次のチェックの段階では結果でチェックする考え方が重視される。これは，フィードバックが通常，採算の結果が出てから目標値と比較し検証するバッチの処理を指す，いわゆる結果のチェックではない。第 8 章でも議論されるように，アイデアが実施に移される段階で，実施の結果が素早くフィードバックされ，アメーバ間の相互作用を通じて知恵が注入され，アイデアが徐々に修正されていく。前述されたように，リアルタイムでフィードフォワードによる管理の効果でもある。石井他［1985］, 163 頁によれば，微調整能力と呼ばれるものがこれで，H 型企業の生存のカギであるとされる。

　日次のチェックでは，「日々採算をつくる」というフィロソフィが反映し，稲盛氏の思いが次のようなメッセージに込められる（稲盛［2017b］, 196 頁）。「全員が力を合わせて日々の実績を積み上げれば，月次予定を達成したときの

喜びも大きくなる。日々採算を作ることは組織の一体感をたかめるためにも欠かせないものである。」ここでの一体感は，強固な価値が注入されると，フォーマルな規則などで引き出せない力強い心理的エネルギーを生みだすことがある（石井他［1985］，154頁）。以上からは，この日次のチェックのコントロールでは，つぎのようなことのほか重い組織文化を伝承・共有することになろう。「組織の一体感と人の尊重である。一体感から生みだされる心理的エネルギーと，人びとの知恵の結集が企業の微調整能力を高めると信じられる。」

　最後に，月次のアクションの段階に対しては，フィロソフィがはっきりとは確認ず，また組織文化についても援用した石井他［1985］や三矢［2003］に見出すことが困難である。

人材管理　　人材管理のうち評価については，すでに記されるように短期的成果や時間当たり採算の実績だけをもって金銭報酬や昇進などのシステムに直接結びつけるものではない。こうした設計は，アメーバのリーダーに全体に向けた集団志向的行動をとるよう促す効果をもつものと理解されるのである（鈴木［2017］，228頁）。この点で，評価には，実力主義と大家族主義のフィロソフィが反映した。これは，全体のために，業績向上に向けて果敢にチャレンジする姿勢を評価する組織文化である。「難しい課題にチャレンジして失敗しても結果はどうあれそのプロセスが評価されること」という組織文化を共有・伝承することになる。

　一方，以上の評価は，選抜，教育・訓練などのコントロールと区別されている。すなわち，選抜の基準や儀式，また職務遂行に必要な知識や技能の教育・訓練を通じて，意識・無意識のうちに成員が企業の価値・規範・信念を身近に感じ，受容しやすくなり，これが組織文化を共有，伝承する機会ないし契機とみなされる。

　たとえば，かつての京セラでは，稲盛氏の発想によって，採用試験とは別に，一席を設けて経営方針や京セラフィロソフィを説明する儀式が重視されてきた。人間とは，働くことと覚えたり，という主旨であったという（青山［1987］，144頁）。この主旨に賛同したものは採用され，組織文化を受容しやす

くなるのである。この主旨に賛同できなければ，その場で採用がみおくられというわけである。

　また，結局組織文化に共感するものが残り，文化をどうしても受け入れることができない社員が去っていくことになるともいわれる[15]。

　ちなみに，Merchant and Van der Stede や Malmi and Brown [2008] のコントロール・パッケージにおいても，インセンティブ報酬が単独のコントロール（結果によるコントロール）の対象として，また単独のタイポロジー（報酬）として位置づけられており，他の選抜，教育・訓練などのコントロールとは明らかに区別されている[16]。

　また，以上の人材管理の評価以外のコントロールについては，組織文化によるコントロールが京セラフィロソフィによるコントロール（境界コントロール・システム）の果たす役割を代替ないし補完する関係にあることを映すものであるといえよう[17]。

（注）

（1）本書でのアメーバ経営は，京セラという組織において取り入れた経営のシステムを前提においている。

（2）ここに京セラに対する聞き取り調査の実施記録は，すでに第10章，（注）の(8) に記した通りである。

（3）聞き取りで，1959年創業の京セラの組織の発達段階を振り返って中年期という時期はどの年代なのか，なにをもってそう判断するのか，疑問視された。1994年辺りをもって中年期と呼ぶならばそういうこともできよう。しかし，それは，京セラ社員当事者の意識とは多分ことなるもので，社員は，今も京セラは2兆円の売り上げを目指して成長し続けてる企業という思いをもって一生懸命仕事に打ち込んでいる，と語られた。

（4）Deal and Kennedy [1982] も Schein [1985] も，価値観，基本仮定というそれぞれ組織文化の意味レベルに言及し，すでにある「意味」が組織から成員に一方的に，Schein の概念でいえば植え付けられていく。機能主義的なアプローチによる組織文化のマネジメントは，こうした一方的植え付け，つまり内面化ないし同化を通じてなされるのである（坂下 [2002], 26頁）。この点が，解釈主義的組織文化論との違いである。

（5）わが国でのアメーバ経営の学術研究会における研究文献では，京セラフィロソフィが経営哲学あるいは経営理念と同義語にあつかわれており，組織文化とは明確に区別して用いられているようである。これは，アメーバ経営のおける組織文化の存在を否定するものではなく，逆に

暗に認めているともとれるのである。

（6）京セラの長い歴史のなかで，企業経営にとって重要なことは，目に見えない従業員の意識であり，その集合体である組織風土や企業文化にこそあるとみなされてきた。創立者である稲盛氏の講演からも明白である。後述されるように，京セラフィロソフィの「上澄み」説からも伺いしることができよう。ただし，稲盛氏は，そのためには，従業員が共通の価値観，判断基準を持って日常の仕事にあたることが必要であると考えられた。これが，「京セラフィロソフィ」として積み上げられてきたものである。こうして，共有できる普遍的なフィロソフィ（経営哲学）が組織に浸透し，京セラに確固たる組織風土がうまれる土壌となるのである（稲盛［2015］，194-197 頁，［2017a］，12-16 頁）。稲盛氏は，組織風土の概念を重視されているように思える。この点，加護野［1984］，90 頁に従えば，稲盛氏の組織風土の概念には「組織内に浸透する価値観，規範が含まれている」ことから，稲盛氏の組織風土は組織文化に近いもの，あるいは組織文化を論じるものとみてとれる。

（7）三矢［2003］によれば，診断型のコントロール・システムとインターラクティブ・コントロール・システムがともに事後的な対応である。また，信念コントロール・システムと境界コントロール・システムによるコントロールはともに，リーダーに対して事前に正しい判断を行うための基準を示す。この点で，京セラフィロソフィとの共通点を見出す。

　　同様，Adler［2010］も，京セラフィロソフィが信念や境界コントロール・システムのコントロールの交わったもの，混合である点に着目する。

（8）もう少し加えると，Malmi and Brown［2008］は，組織文化をいち早く MCS の構成要素にとりあげた Flamholtz et al.［1985］の定義を引用している。「メンバーによって共有され，つぎにかれらの思考や行動に影響を及ぼすことになり，価値，信念および社会の規準の集合である。」Malmi and Brown［2008］は，この Flamholtz et al.［1985］の定義にみられる文化の見方が広く管理会計の研究領域で支持されてきたものと述べる。いずれにせよ，こうして，Malmi and Brown では，図表 8-1 に示される「文化によるコントロール」の（3つのうちの）価値（values）の視点が尊重されるのである。

（9）ここに弾力性文化は，分権化された組織構造をもち，戦略方向を変更しイノベーションに従事し事業の成長に適応しオープンである。また，人の重要性を認め，従業員を開発，社会的絆を通じてコンプライアンスを実現するために努力をおしまない。これによって，従業員は組織と一体化し，組織の信念と価値を受け入れるようになる。安定性，つまり指揮命令による統制の文化は，目標志向で，従業員へイニシァティブと指揮指示を伝達するために計画設定と目標の設定に従事する。また，ルールと契約の利用を通じてコンプライアンスを実現する。業務のタイトなコントロール，高く構造化されたコミュニケーション・チャンネルそして制限された情報のフローを促進する（Heinicke et al.［2016］，pp.21-26）。

　　この Heinicke et al.［2016］の CVF は，Henri［2006a］による統制／弾力性（control／flexibility）の連続体と同義で影響をうけるものである。Henri［2006a］では，統制を重視する統制価値企業は統制の強い文化のタイプを，弾力性を重視する弾力性価値企業は弾力性の強い文化のタイプをそれぞれ反映する。調査は，弾力性価値企業のトップ管理者は，統制価値企業

のトップと比べて，MCS の 1 つの要素である業績測定システムの利用を通じて測定の多様性（財務および非財務尺度の集合）や利用の特徴（戦略的意思決定への適合性）に直接間接の効果を一層期待する傾向にあることを発見した（Henri［2006a］, pp.76-80）。このエビデンスは，Heinicke et al.［2016］と一致するとみてとれるが，Henri［2006a］の調査は組織文化と業績測定システムの特質との相互関係を対象とするものであり，Simons の LOC のモデルのコントロール・レバーと関連づけるものではなかった。この点は，Heinicke et al.［2016］との違いの 1 つである。

(10)　インタビューアー，加藤氏によれば，「"沈殿"したもの，それが何であるかは，私とサシで話せばわかる」という稲盛氏の返答が紹介される。結果は，具体的に示されることはかなわなかったと述べられる（加藤［2010］, 127-128 頁）。

　なお，「上澄み」の概念は，京セラの聞き取り調査（2023 年 8 月 24 日）において井上友和氏（稲盛ライブラリー研究課責任者）より説明を受けたものである。

(11)　これらの構成要素は，Deal and Kennedy の概念では，価値観といった「意味」がすでにあり，それを象徴しているシンボル要素（シンボル体系）に，また Schein の概念でいえば，多くの場合二次的な強化メカニズムにおおよそ関わるものといえよう。アメーバ経営における京セラフィロソフィの具現化は，おおよそこれらのシンボル要素あるいは二次的な強化メカニズムを対象に行われるものとみることができよう。このようなコントロールの仕組みが，Deal and Kennedy の概念では，「シンボリック・マネジャー」が自らの価値観や仮定に合わせてこれらを操作することに通じるのである。Schein の概念で言えば，二次的な強化メカニズムにリーダーがメッセージを植えつけ，これらをコントロールするになると考えられるのである。

(12)　石井他［1885］では，京セラは，環境適応類型が V 型企業として分類されている。確かに，京セラは創業当初，ベンチャー志向の企業として，新製品開発に重点を置き飛躍的で革新的な変化を生み出すことで環境適応を図ってきた。しかし，1970 年代には，ゆるやかに集団内・集団間のインフォマルな相互作用，価値・情報の共有のもとに環境変化へと適応を図ってきたといわれる。組織文化は時間がたつにつれて変化する。V 型から H 型企業に見られる類型に適したモデルと分類することができよう。

　ちなみに，加護野他［1983］では，適応類型の特徴の 1 つであるトップのリーダーシップについて，H 型企業は宣教師型リーダーシップであると検証される。翻って加藤［1979］によれば，稲盛氏の哲学の伝道者という意味で，京セラのリーダーには，宣教師という役割も日々の仕事を通じて果していくことが要求されている（加藤［1979］, 348 頁）。それは，稲盛との間に結ばれた黙約契であり，それ故にビジネスライフな可視的な契約関係よりもはるかに両者を深く結ぶとされる。このことはまた，京セラが H 型企業に分類される証左でもある。

(13)　この作業は，図表 11-1 中の組織文化の特徴を単純に，組織構造，管理会計システムおよび人材管理の構成要素ごとに張り付けるものに等しい。したがって，これは，組織文化を一律に限定的なものにとらえ，かつ組織文化を恣意的にあてはめる部分を余儀なくする傾向にあるといえよう。組織文化が統一一化を重んじる点からも，これにより独善的な議論に陥っていることも否定できない。たとえば，「組織の一体感と人の尊重である。一体感から生みだされる心理的

エネルギーと，人びとの知恵の結集が企業の微調整能力を高める」といった組織文化は，日次のチェックのコントロールを通じて共有・伝承するというより，より戦略や環境に適応するための PDCA サイクル全体の統一のために存在するものであろう。石井他［1985］によれば，こうした組織文化は，H 型企業で常に繰り返し強調される価値で，存続のカギとなると信じられるものである（石井他［1985］，163 頁）。本稿の抱える限界の１つである。

(14) また，「意思決定に際してはコンセンサスが重視され，コンフリクトが生じるのは事前の意思疎通と情報共有が不足しているためだと考えられる」文化でもある。

(15) 青山［1987］，576 頁には，工場長として赴任にあたり，つぎのような指示を受けた社員の回想が載せられている。（イ）フィロソフィをもっていなければならないこと，（ロ）宣教師になってほしいこと，である。これも，赴任の儀式を通じた組織文化によるコントロールといえよう。

(16) Malmi and Brown［2008］では，選抜は，その視点が価値ベースの文化によるコントロールに含まれている。また，訓練は，執行統制の方針や手続を順守するよう従業員を教育するコントロールに含まれるが，それが組織の文化を一貫してマネージする方法としてみなされるようなとき，同様に文化によるコントロールに委ねられることになる（Malmi and Brown［2008］，p.295）。組織文化によるコントロールが選抜や訓練などに役立つことが明かにされる。

(17) Simons の LOC のモデルでは，境界コントロール・システムが信念コントロール・システムの役割を代替えする可能性が含まれている。この点に限っていえば，双方は真逆に近い形で作用する関係にあるといえるかもしれない。

第12章　アメーバ経営の MCS 実践と両利きの経営

　以上，アメーバ経営のシステムは，Anthony を起点とする MCS の拡張化の方向を取り込む，オルタナティブな見方を含む具体的な MCS 実践例としてイメージすることができた。経営戦略論や組織文化などの多様な研究領域における経験的研究，実証的研究の知見の蓄積が新たな MCS の知識の地層を形成することになる。アメーバ経営は，これらをうまく MCS 実践に生かしたものであるということができよう。そして，このことは，アメーバ経営がさらに多様なリサーチを行う対象となる十分な理論を秘めたシステムであることを確信させることになる。近年では，MCS が組織学習に影響を与え，イノベーションの創出ないし実現に関係する点に関心が寄せられている。さらに，このモードから MCS と「両利きの経営」との関係性にまで議論が及んできている[1]。

　以下，本章は，アメーバ経営の MCS 実践が，両利きの経営の実現にいかに関係性をもつものであるか検討を試みる。第2部の最後のイシューであり，つぎの3つの順序で進められる。

　・探索と活用と両利きの経営
　・MCS の学習とイノベーションのモードの利用―両利きの経営まで
　・アメーバ経営の MCS 実践と両利きの経営の関係―その分析

第1節　探索と活用と両利きの経営

　以下では，議論を進めるうえで探索と活用と両利きの経営を中心に概念的な

整理を行う。

　まず，本章は，March［1991］に基づいて組織学習を「探索」と「活用」とに二分する。探索と活用は，March によって 2 つのタイプに区分された組織学習のタイポロジーとして出現したものをいう。活用の本質は，既存のコンピテンシー，技術およびパラダイムの拡張である。探索の本質は，新しいオルタナティブの実験である（March［1991］, p.85）。

　Levinthal and March［1993］によれば，探索は，探査，実験，イノベーション，発見などの手段によってとらえられるもので，組織がこれまで経験していない「新しい知識の追求」の活動である。活用ないし深化は，実施，改善，能率などといった組織の「既存の知識の利用」の活動である（Levinthal and March［1993］, p.105）。

　March［1991］は，このように双方は異質な組織学習の活動であると考える。それゆえ，活用を犠牲に探索に偏ると便益の獲得なしで実験などによって生じるコストを負担する可能性がある。当初から蓄積された利点でもある適切なコンピタンスを発展することに失敗する。一方，活用にこだわり活用を増大し探索を削減する傾向は，長期にみれば適応のプロセスを潜在的に自滅に追いやるものであると考えられる。すなわち，環境がシフトするとき部分最適なポジションに堕ちいるリスクを負う（March［1991］, pp.71-73）。ここから，組織適応，長期存続のためには探索と活用との間の適切なバランスを維持することが重要な課題となるのである（March［1991］, p.71）。

　この課題の解決に答える研究が 2 つある。「両利きの経営」（ambidexterity）であり（Benner and Tushman［2003］），もう 1 つが「断続的平衡経営」（punctuated equilibrium）の提唱である（Burgelman［2002］）。このうち，M.L.Tushman（や C.A.O'Reilly）を中心とする研究グループによって，両利きの経営の組織による革新的なイノベーションが断続的平衡経営と比べて優れた企業成長を果した研究報告が発表される。

　こうした一般的な理解の中で，概念的な整理として，March の組織学習による探索と活用のタイポロジーが，「学習」のみならず学習とは本質的に異な

る「イノベーション」のモードを表現する点は見逃すことができない。2000
年に入って，こうした探索と活用の双方が学習とイノベーションに関連するア
イデアや思考を導く研究が登場する。

　活用は，現場でのサーチ，経験に培かわれ，既存のルーチンの選択と再利用
から得られる学習をさす。探究は，変化への支援プロセス，計画された実験，
そしてプレイを通じて得られる学習をさす（Baum et al. [2000]，p.768）。

　活用イノベーションは，既存の構成要素の改善をともない，その既存の技術
上の軌道を構築する一方，探索イノベーションは種々の技術上の軌道へのシフ
トを伴う（Benner and Tushman [2002]，p.679）。

　また，活用イノベーションは，既存の製品市場のドメインの改善を目指す技
術的なすイノベーションで，探索イノベーションは新たな製品市場のドメイン
への参入を目指す同様の技術的なイノベーションである（He and Wong [2004]，
p.483）。

　このうち，後の 2 つの研究は，探索と活用がそれぞれタイプの違うイノベー
ションの実現に関連することを明示的に定義する。これらの定義が，すでに記
される研究グループの O'Reilly and Tushman [2004] に取り入れられ両利き
の経営の組織に向けた構築が描かれる。これが，O'Reilly et al. [2009]，O'Reilly
and Tushman [2013]，[2016] に引き継がれ「両利きの経営」を目指すことが
イノベーションの本質となると考えられる。こうして，学習とイノベーション
のモード（modes of learning and innovation））に基づくことが，「探索」と「活
用」をコンセプトとする「両利きの経営」の視点につながるのである。

　この間，先行研究では，Gupta et al. [2006] によって両利きの経営と断続的
平衡経営の分析上の特徴が議論される。両利きの経営は，ルーズに結び付くド
メイン（loosely connected domain）による探索と活用の双方の同時的な追求を
さす[2]。ここでドメインは，探索あるいは活用のいずれかに特化，専門化して
いることが前提となる（Gupta et al. [2006]，p.693）。一方，断続的平衡経営は，
探索と活用の双方の同時的な追求よりも，長期間の活用があって短期の突発的
探究が続く断続的間隔（temporal cycling）を目指すというものである（Gupta

et al.［2006］, pp.693-694）。

Gupta et al.［2006］によれば，両利きの経営と断続的平衡経営は，探索と活用の相互の関係の分析が，単一の（single）ドメインか，多様な複数のルーズに結び付くドメインに焦点を当てるかに依存する。分析が単一のドメインに限られるとき，つまり一人の個人や1つのサブ・ユニットにおける探索と活用は相互に排他的である。探索の高いレベルは，活用の低いレベルを意味することになる。ここで，探索と活用は，連続体の両極として概念づけられる。このようなとき，断続的平衡経営が，探索と活用の双方の要求をバランスするための適切な適応メカニズムとみなされる（Gupta et al.［2006］, pp.694-698）。

これに対して，分析が多様でルーズに結び付くドメインにおける活動に関係するとき，探索と活用は一般に互いに直交的（orthogonal）である。1つのドメインでの探索あるいは活用の高いレベルは，他のドメインでの探索あるいは活用の高いレベルと共存する。このようなとき，両利きの経営が，探索と活用の双方の要求をバランスするための適切な適応メカニズムとみなされる。ここでは，個人やサブ・ユニットのレベルにおける分析より，チーム，グループ，組織レベルでの達成が容易となる（Gupta et al.［2006］pp.695-697.）[3]。

下表は，以上の双方の分析の要約である。

	両利きの経営	断続平衡経営
範囲	多様なルーズなドメイン	単一のドメイン
前提	探索と活用が互いに直交的	探索と活用が連続体の両極
レベル	グループ，組織レベル	個人，ユニット・レベル

ここで，アメーバ経営にみれば，探索と活用は，連続体の両極なのか（断続的平衡経営）あるいは互いに直交するか（両利きの経営），そのいずれであろうか。京セラの何千というアメーバがあり，個々の単位が分裂，統合を受ける。各単位は独立して業務をおこなう中で，利益の拡大成長を実現するために，他のアメーバと一緒に仕事をおこなうために自身のやり方や方法を展開するよう期待される。京セラでは，こうした多種多様でルーズに結び付くドメインにおける探索と活用を分析することになり，双方は互いに直交することが考えられ

る。ここから，京セラの組織にたとえば，探索と活用の間のバランスは，両利きの経営によって達成され，その追求が組織全体から実現可能であるとみてとれるのである。

　いずれにせよ，再び O'Reilly et al. [2009]，O'Reilly and Tushman [2013]，[2016] に戻ってみよう。これらの研究では，既存事業による成長と新規事業によるイノベーション開発に焦点があたる。そしてこの両立を目指すモデルが両利きの経営の組織ととらえられる。すなわち，両利きの経営の組織は，既存の製品，サービスおよびプロセスを能率的に活用する。一方でこの組織は，重要なブレークスルー，革新的なイノベーションを事業戦略のプロセス，技術，製品やサービスなどに投入する機会を探索するものである。

　ちなみに，Adler and Hiromoto [2012] は O'Reilly et al. [2009]，また伊藤 [2019b] は，O'Reilly and Tushman [2013]，[2016] の議論をふまえる。このうち，Adler and Hiromoto [2012] によれば，アメーバ経営は，両利きの経営の組織型のマネジメントの概念と多くの共通性，類似性を共有する。アメーバ経営も，京セラの既存の製品多角化，ファインセラミック材料の半導体パッケージ部品事業への資産活用を能率的に促進する一方，新たな飛躍的なブレークスルーに向けた技術結集の探索機会の拡大にとりくんでいると述べられる（Adler and Hiromoto [2012], p.84）。

　さてこうして，今日の MC 理論においても，MCS の設計や利用がいかに組織学習とイノベーションに影響を与え，その実現に関係するかを明らかにする研究が登場することになる。MCS と組織学習との関係から，MCS のイノベーションの創出ないし実現を通じて，さらにこのモードから MCS と「両利きの経営」との関係にまで議論の関心が及ぶのである。以下，第 2 節で MCS の学習とイノベーションのモードの利用を軸に，両利きの経営までの議論を代表的な実証研究を中心に整理し，第 3 節においてアメーバ経営の MCS 実践と両利きの経営との関係性を明らかにする。

第2節　MCS の学習とイノベーションのモードの利用
— 両利きの経営 まで

　まず，MCS と組織学習との関係から始めよう[4]。ここに MCS というとき，どのようなものをもって考えればよいか，明らかではない。以下に見られるように，先行研究は，Simons［1995］の LOC のモデルを MCS として採用し，4つのコントロール・レバーが組織学習に与える影響について経験的，実証的研究を行うものである。

（1）MCS と組織学習の関係

　Simons［1995］の信念コントロール・システムは，価値観や方向性を組織成員に伝達することで，機会探索を奨励，正しい方向へ導く。ただし，信念コントロールに許容される価値観や方向性が組織成員が組織にとって望ましいと考え知覚するその状況が強調される（Davila et al.［2006］，訳書 342 頁）。ここから，福田［2013］，97-98 頁は，価値観や方向性が組織成員によって知覚される余地が広い時，探索が促進，その余地が低いとき抑制され，活用が促進される可能性があると述べる。

　境界コントロール・システムは，組織の基盤となる価値や目的に反する行動を慎むこと，つまりリスクの高い行動に対して制約を設けるものであった。この点で，信念コントロールが探索を促進するのに対して，境界コントロールは探索を制約し，活用を促進する。境界コントロールでは事前の一定の枠組みが既存の戦略との関連で設定される。境界コントロールは，既存の戦略のもとで培われてきたコンピタンスの活用を促進する。他方これまで培われてきたコンピタンスとは異なるアイデアの探究には抑制的に機能することになる（福田［2013］，98-99 頁）。

　診断的コントロール・システムは，事前に設定された目標値からの逸脱を問うもので，いかに最小化するかに焦点が当てる（Widener［2007］，pp.759-760, Chenhall and Morris［1995］，p.486）。機械的なコントロールを特徴とし，既存の

情報や知識には効率的に機能する。半面，新しいアイデアに対してはネガティブに作用する（Henri［2006b］, p.536）。ここから，福田［2013］, 99-100頁によれば，MCSの診断的利用は探索を抑制する一方，活用を促進する可能性がある。

ICSは，有機的なコントロールの特徴をもち，トップ主導による管理者間の対面的な議論や対話を媒体に組織成員間の情報交換を特徴とする（Widener［2007］, p.760, Henri［2006b］, pp.538-539）。また，こうした戦略的な不確実性に関するアジェンダだけでなく，診断的コントロールによる問題発見が組織成員間のインターラクションにつながり，探索志向のイノベーションを創造する可能性が生じる（Davila et al.［2009］, p.288）。

以上，MCSと組織学習との関係について整理した。しかし，それは，MCSとイノベーションとの関係にまで深く踏み込んだものではなかったといえよう。MCSとイノベーションとの関係に本格的に取り組んだ研究として，以下，Bedford［2015］の所説を軸に，窪田他［2019］,［2022］を取り上げることにする[5]。

（2）MCSとイノベーションの関係

Bedford［2015］は，MCSが探索イノベーションと活用イノベーションのいずれか，あるいは双方を両立する企業（両利きの経営）組織のトップ・マネジメントによっていかに用いられるかという観点からの検証を試みる（Bedford［2015］, p.13）。具体的に，「活用イノベーションと探索イノベーションのためのMCS」から「両利きの経営のためのMCS」へと段階を踏む議論の展開が行われる。ここでは，前節の概念上の整理で記されるように，両利きの経営における活用と探索の分析のドメインが探索あるいは活用のいずれかに特化，専門化していることが前提となっている。

①活用と探索のイノベーション企業とMCSの関係

Bedford［2015］は，Simons［1995］の4つのコントロール・レバーとイノ

ベーション・モードの企業業績との間に期待される関係（仮説）を導く。

仮説 1：診断的コントロール・システムへの強調は，活用イノベーション企業の業績とポジティブな関係をもつ。

仮説 2：ICS への強調は，探索イノベーション企業の業績とポジティブな関係をもつ。

仮説 3：境界コントロール・システムへの強調は，活用イノベーション企業の業績とポジティブな関係をもつ。

仮説 4：信念コントロール・システムへの強調は，探索イノベーション企業の業績とポジティブな関係をもつ。

Bedford［2015］によれば，仮説 1，仮説 2 の結果は確認されるものであった。補足的効果（supplementary effects）とされる。いずれにせよ，これらの 4 つの仮説は，上述される MCS と組織学習との間に形成される影響関係にほぼ一致することがわかる。このことは，イノベーションが，そのモードは異なるけれども学習を本質的に必須の要素とすることを裏づける。

また，Bedford［2015］が仮説の導出に参考とした文献には，MCS と組織学習の関係を実証する先行研究の多くが含まれている。Simons［1995］に始まり，診断的コントロールとインターラクティブ・コントロールの関係を主にとりあげる Chenhall and Morris［1995］，Simons［2000］，Henri［2006b］，Widner［2007］，Mundy［2010］を中心に，Chapman［1997］，Benner and Tushman［2003］，Chenhall［2004］，Bisbe and Otley［2004］，Davila et al.［2006］，［2009］，Gupta et al.［2006］，Bisbe et al.［2007］，Ferreria and Otley［2009］，Frow et al.［2010］，Adler and Chen［2011］などである。

ところで，Bedford［2015］は，Simons の各レバーを，イノベーション・モードの企業業績を高めるために単独で利用するかあるい結合して用いるかについて区別する。以上の仮説は，各レバーを単独で利用するケースである。Simons［1995］は，各レバーのパワーは，これらを単独で利用するかではなく，これらを一緒に利用するときいかに互いが補完し合うかであると述べる（Simons［1995］，p.301）。Bedford［2015］は，この Simons の指摘に従って，各

レバーが結合して利用されるケースを採用する（Bedford［2015］, pp.16-17）。

　これによって，補足的効果より，むしろコントロール間の補完的効果（complementay effects）が期待できる。すなわち，1 つのコントロール・レバーへの大きい強調ほど，他のレバーの利用から受けとるリターンも増加する。このことはまた，単独で用いられるコントロール・レバーは，業績を強化するためには不十分であることを意味する。むしろ，コントロール・レバーを結合した利用により生じる補強効果（reinforcing effects）によって著しい業績の達成が期待できるのである（Bedford［2015］, p.16）。

　例えば，活用イノベーション企業にとって，診断的コントロール・システムは一定の明示された範囲内での業績改善に向けたリサーチを部下に促すことで，境界コントロール・システムと決定的なリンクを提供する。Bedford［2015］, p.17 によれば，これは，活用がうまく成功するための基本である[6]。また，探索イノベーション企業には，信念コントロールと ICS とが補完し合うシステムとして，より効果的な機会リサーチと創発的なイニシァティブの実現を可能にするために働くことになる（Bedford［2015］, p.17）。

　以上の MCS 利用のパターンあるいは設計に関連して，Bedford［2015］, p.17 は，次のような仮説を設定する。

　仮説 5：活用イノベーション企業にとって，診断的（境界）コントロール・システムの利用は，境界（診断的）コントロール・システムへの強調が大きい高いほど，業績と一層ポジティブな関係をもつ。

　仮説 6：探索イノベーション企業にとって，インターラクティブ（信念）コントロール・システムの利用は，信念（インターラクティブ）コントロール・システムへの強調が大きい高いほど，業績と一層よりポジティブな関係をもつ。

　同様に，窪田他［2019］, 86-87 頁は，Simons のコントロール・レバーとイノベーション戦略（活用・探索の戦略志向）との関係について分析を試みている。つぎの 2 つの命題を設定する。

　P1a：活用志向が強いほど，境界や診断型のコントロールが利用される可能性が高い

　P1b：探索志向が強いほど，信条やインターラクティブ型のコントロールが利用される可能性が高い

　この命題は一見，各レバーを単独で利用するケースに基づくようにみえる。しかし，窪田他［2019］からは，各レバーを結合する利用に重きを置くと思われる検証結果が報告されている。そこで，以下，P1a は Bedford［2015］の仮説 5，P1b は仮説 6 と同じカテゴリーとして理解する。

②両利きの経営の企業と MCS の関係

　以上の活用と探索の各イノベーション企業と MCS の関係からは，MCS 利用パターンが検証される。Bedford［2015］によれば，探索イノベーション企業と活用イノベーション企業に対して，それぞれ Simons［1995］，p.80 によって指摘されるポジティブなコントロール（ICS と信念コントロール・システム）とネガティブなコントロール（診断的と境界コントロール・システムと）が関連づけられる（Bedford［2015］，pp.17-18）。

　しかし，Bedford［2015］は，これでは，「両利きの経営のための MCS」の設計，すなわち両利きの経営の企業と MCS の関係をもとめるためには適さないと主張する（Bedford［2015］，p.18）。両利きの経営の企業組織にとって必要とされるコントロールの要諦は，活用と探索の各イノベーションにおいて互いに対立する，反対する力（フォース）を象徴する各レバーを結合して利用することであると考えられる。Bedford［2015］によれば，これが，両利きの経営のための企業にとって必要とされるコントロールの要件である（Bedford［2015］，p.18）。上記の仮説 5 と仮説 6 からも明らかなように，活用と探索のイノベーション企業との間のコントロール・レバーは互いに矛盾し，対立するものであることが解る。診断的と ICS，また境界と信念コントロール・システムがそれである。

　ここで，Bedford［2015］，p.18 は，診断的と ICS の同時的かつインテンシブ

な利用について，Chenhall［2004］や Henri［2006b］の研究に注目する。この
うち，Henri［2006b］よれば，診断とインターラクティブ・コントロールの間
に生じるダイナミックなテンション（dynamic tension）が組織のケイパビリ
ティ（capability）に影響を与えることになる（Henri［2006b］, p.538）。ダイナ
ミックなテンションは，創造性を刺激し，デベートを促進する。これによっ
て，インターラクティブ・コントロールは組織のケイパビリティ効果を増すこ
とになる。また，こうしたインターラクションは，競合する要求や対立する意
見を明るみに表に出すのに役立つ。そうする中で，組織成員は，共存するテン
ションの理解や意識をより高め，競合する要求や優先間のいずれかあるいはト
レードオフをもとめる傾向がすくなくなる。結果，対立するポジションの統合
とインテグレーションを導くのである（Henri［2006b］, p.538）[7]。

　一方の境界と信念コントロール・システムの同時的利用については，
Simons のタンデムな関係をベースに，Frow et al.［2010］や Mundy［2010］
の主張をとり入れ，機会探索のための適切な範囲を囲むテンションを起こすた
めに互いに平行して携わって作用すると考える。双方の同時的応用は，活用的
なルーチンの妨害を防ぐために避けねばならないリスクを認知しながら，組織
成員に探索的サーチを拡張することをうながすことになるのである（Bedford
［2015］, p.18）。

　以上より，Bedford［2015］, p.18 は，つぎのような仮説を導く。

　仮説 7　診断的と ICS の同時的な利用は，両利き経営の企業業績とポジティ
ブな関係をもつ。

　仮説 8　境界と信念コントロール・システムの同時的な利用は，両利き経営
の企業業績とポジティブな関係をもつ。

　この仮説の検証結果からは，探索と活用（深化）を追求する両利きの経営の
企業の業績向上に，ダイナミックなテンションを創造するために診断的とイン
ターラクティブなコントロールの双方のバランスのとれた，かつ組み合わせた
利用パターン，仮説 7 が確認されたという（Bedford［2015］, p.26）。

　以上の Bedford ［2015］と同様に，窪田他［2022］の実証研究は，両利き経営のイノベーション企業と MCS の関係を検証する。活用と探索は，互いに対立するコントロール・レバーを用いる。そのために，活用と探索との間のコンフリクトをマネージする必要が生じる。すなわち，Simons のポジティブなコントロールとネガティブなコントロールの相反する力の間での相互作用やバランスをとることが重要となると主張する（窪田他［2022］, 6-7 頁）。ここから，両利きの経営の企業では，4 つのレバーすべてが不可欠と考え，レバーのすべてを重視して利用するパターン（全高パターン）が両利き経営の成果に最もつながりやすくなると推測できる（窪田他［2022］, 7 頁）。これにより，次の仮説設定が検証される。

　仮説 H：両利き戦略は，全高パターンであるときに，両利き経営の成果につながる。

　検証の結果からは，両利き経営の企業にとって，すべてのコントロール・レバーを重視する全高パターンが 1 つの重要な成功要因であることが示唆される。すなわち，経営理念や行動規範を定め，管理会計システムを適宜利用して PDCA サイクルを回すことが両利き経営にとって必要となるのである（窪田他［2022］, 15 頁）。

　以上，Bedford ［2015］を軸に，窪田他［2019］, ［2022］による実証的研究（の結果）を通して，どのような MCS の設計，MCS 利用パターンがイノベーション・モードの企業業績を高めるものであったか，双方の間に期待される関係が明らかとなった。それは，以下のように 3 つのフェイズにまとめることができよう。ここでは，MCS 利用パターンを表わす変数として，Bedford ［2015］の仮説，窪田他［2019］, ［2022］のそれぞれの命題と仮説をそのまま当てている。

　フェイズ 1：仮説 1, 仮説 3, 仮説 5, P1a　→　活用イノベーションの企業
　フェイズ 2：仮説 2, 仮説 4, 仮説 6, P1b　→　探索イノベーションの企業および
　フェイズ 3：仮説 7, 仮説 8, 仮説 H　→　両利きの経営の企業

第 3 節　アメーバ経営の MCS 実践と両利きの経営の関係
　　　　　—その分析

　さて，アメーバ経営の MCS 実践がいかに「両利きの経営」の実現に関係性
をもつか，検討をおこなうことになる。以下では，以上の 3 つのフェイズを前
提に，これらをアメーバ経営の MCS 実践と照合する分析アプローチを採用し
たいと思う。分析対象は具体的なイノベーション・モードの企業を京セラに特
定するものでなければならない。このもとで，MCS 設計あるいは利用パタ
ーンを構成する要素である各コントロール・レバーをアメーバ経営の MCS の構
成要素に対応づけておくことが先決となる[8]。いうまでもなく，MCS 設計や利
用パターンはすべて，Simons の 4 つのコントロール・レバーをフルに応用す
るもとで展開されているからである。

(1) コントロール・レバーとアメーバ経営の MCS の構成要素

　アメーバ経営の MCS のコントロール手段は，京セラフィロソフィ，管理会
計システム，組織構造および人材管理の要素から構成される。オルタナティブ
な見方は，これに組織文化を含むことになる。これらを Simons の 4 つのコン
トロール・レバーに対比するとき，とりあえず組織構造と人材管理の要素は考
察の埒外に置くことができよう。このもとでまず，前章からの議論を踏まえる
とき，以下の展開を，京セラフィロソフについては境界コントロール・システ
ム，組織文化は信念コントロール・システムとそれぞれ同じ次元でとらえて進
めることが許されるであろう。

　残るアメーバ経営の管理会計システムは，PDCA サイクルの運用として扱
われる。第 9 章で検討されるように，アメーバ経営では，PDCA サイクルの
運用を通じてインターラクティブな利用が実施されるイメージから PDCA サ
イクルの運用は，トップあるいは上司から与えられた目標や業務を効果的に遂
行することを目的とする診断的コントロールからの離脱が考えられた。このこ
とが，管理会計システムの要素は，PDCA サイクルの運用を通じて診断的だ

図表 12-1　Simons とアメーバ経営の対比

Simons の コントロール・レバー	アメーバ経営の MCS の 構成要素
信念コントロール ・システム	組織文化
境界コントロール ・システム	京セラフィロソフィ
診断的コントロール ・システム	管理会計システム
ICS	

けでなくインターラクティブに利用する，双方のコントロールを可能とすると
いうイメージにつながるのである。

　以上より，アメーバ経営の MCS の構成要素は，Simons の LOC のモデルの
4 つのコントロール・レバーに対比できよう。図表 12-1 に示されるごとくで
ある。

(2) 3 つのフェイズとアメーバ経営の MCS 実践

　石井他 [1985] によれば，京セラは，その創立発足時より適応類型の理論範
疇では，V 型のベンチャー企業に位置ずけられている。V 型や H 型企業に
とって典型な戦略は，個人や集団による自律性や独創的行動の累積結果である
とされる（石井他 [1985], 164 頁）。個人の自律性や独創性に価値がおかれ，V
型は，ここから生じるイノベーションこそが存続のカギであるとみられる。

　京セラでは，その創立発足時から稲盛氏自身が体験されたように，個人や集
団から常時新しいアイデアがうみだされる。アイデアは一種の実験あるいは経
験といわれ，探索活動はこの実験をともなうのである。京セラが，創立発足時
から探索の活動に比重をおくものであったことに疑いはない。そして，ここで
のアイデア，また実験や試行錯誤を経験する中で自立的な探索活動のいくつか
が，PDCA サイクルのインターラクティブなあるいはそれに近い運用，利用
によって促進されてきたと想像される（**仮説 2**）[9]。

　実際，ここでのインターラクティブな利用の概念の展開やその操作にはかなりの範囲が存在するように思える。営業アメーバからの現場の顧客要請に対応に答えるための問題点が発覚，それが組織成員間のインターアクションにつながる。さらに海外の競争市場の環境変化，あるいは市場の要求に対応するためのさらなる技術開発がもとめられる。PDCA サイクルのインターラクティブな利用を取り巻く多様な情報の交換，ネットワークによる組織成員間のインターラクションが探索の活動を促進してきたといえよう。

　また，京セラは，イノベーション企業として発足以来，稲盛氏による京セラの組織文化に率いれられて成長をとげてきた（石井他［1996］，152 頁）。オルタナティブな見方は，幾度も述べられるように MCS 実践に（京セラフィロソフと重なり合う関係にある）組織文化によるコントロールを取り入れるものであった。稲盛氏は，組織文化より組織風土の概念を好んで用いられている。普遍的な京セラフィロソフが組織内に浸透し，京セラに共有できる確固たる組織風土が生まれる土壌に着目される。ここからも，京セラフィロソフィの「上澄み」説が説得性をもつことになろう。

　京セラでは，こうした組織文化（価値観ないし規範である土壌，組織風土）によるコントロールが背後にあってこそ，個人の自律性や独創性を促す探索行動を促進し，組織としての統一性を維持することができたのではなかろうか（**仮説 4**）。ちなみに，その典型が「組織の一体感や人の尊重が，心理的なエネルギーをうみだすことにつながり，成員の知恵やアイデアに結集される」という組織文化に反映される。

　同時に，京セラにおいて，無意識にせよ組織文化によるコントロールへの強調が，PDCA サイクルのインターラクティブな利用による業績効果を一層生むのである（**仮説 6** および **P1b**）。双方の間に補完効果が期待されるのであり，京セラがその発足時より探索イノベーション・モードの企業として急速に成長をみてきた要因であるといえるかもしれない。

　一方，実際に探索活動でのいくつかの実験がアイデアに結び付く。ここから，選択されたアイデアにこれまで培われてきたノウハウや技術資源などの資

源を動員する活用活動の決定がおこなわれる。同様に，アメーバ経営において
も，PDCA サイクルを当初に高く設定された目標を達成すべく診断的コント
ロールに利用することは，経営資源の効率的な活用活動を大きく促進するもの
であったとイメージできよう。これまで培われてきたファインセラミック材料
のノウハウや技術資源などの経営資源を効率的に機能させる，すなわち経営効
率の追求が組織に大きなリターンをもたらすことになったといえよう（**仮説 1**）。

　また，目標の達成にむけた努力範囲を定め，やってはならない行動を慎み，
避けなければなうないリスクを伝える必要がある。ここに，こうした行動の枠
組み（戦略的なドメイン）に対して，京セラフィロソフィーによるコントロー
ルが強調される（**仮説 3**）。

　加えて，京セラの発達段階の中年期には，文化的特徴として京セラフィロソ
フィによる強力なコントロールが発信された背景がある。京セラの中年期は，
70 年代ファインセラミック材料の半導体パッケージ部品の製品化がめざまし
く，TV 電子銃，セラミック真空管，精密研磨と切削工具などが量産，これら
の市場が比較的安定し，かつ予測可能な環境にあった。既存の技術の効果的な
キャピタル化，これまで培われてきたコンピタンス経営資源の活用に集中する
ことになる。上述されるように，ストレッチな目標の達成の達成にむけた努力
範囲を定め，やってはならない行動を慎み，避けなければならない行動やリス
クを伝える京セラフィロソフィの役割は一層増大するのである。

　March［1991］によれば，探索と活用とでは，学習行動の影響がリターンに
結びつく時間的かつ空間的近接の大きさを異にする点が強調される（March
［1991］, p.85）。すなわち，活用のケースは，探索のケースと比べて学習行動の
影響がリターンに結びつくのが時間的にもまた空間的にも近接する。探索の
ケースと比べて，より迅速かつより正確に，また効率性をもってリターンの結
果に結びつくのが特徴である。

　こうして，京セラフィロソフィによる強力なコントロールの発信，つまり京
セラフィロソフィへの強調が，迅速かつより正確に，当初に高く設定された目
標を達成すべき PDCA サイクルの診断的コントロールの利用に影響を及ぼし，

図表 12-2　イノベーション・モードの表象

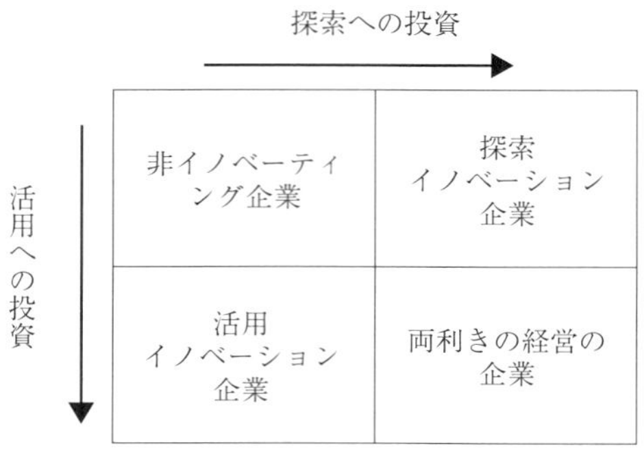

探索への投資

非イノベーティング企業	探索イノベーション企業
活用イノベーション企業	両利きの経営の企業

活用への投資

Bedford［2015］, p.14

　経営効率，つまりベスト・プラクティスの追求が京セラを大きく飛躍させることにつながったと考えられる（**仮説 5** および **P1a**）。

　以上，アメーバ経営の MCS 実践は，探索イノベーションの企業と活用イノベーションの企業に関連するイノベーションの創出ないし実現に関係することがイメージできよう。それは，フェイズ 1 とフェイズ 2 とを前提におく分析に基づくのである。

　つぎに，ここからのインプリケーションは，イノベーション・モードの企業としての京セラのポジションを特徴づけることが可能となることである。図表 12-2 は，イノベーション・モードの企業の表象として表わされるものである。探索イノベーション企業と活用イノベーション企業の双方のポジションが両利きの経営の実現につながることを示している。京セラにたとえば，こうした探索イノベーション企業と活用イノベーション企業の双方のポジションをとるものとして位置づけられるのであり，両利きの経営の実現や業績の向上につながる可能性の高いことが推測できるのである。以下のように，フェイズ 3 を前提とする分析が可能となる。

　すなわち，アメーバ経営の（MCS 実践の）オルタナティブな見方では，組織文化と京セラフィロソフィーによるコントロールの両者が互いに重なりあって

作用する関係にある。このことは，アメーバ経営にあっても，組織文化と京セラフィロソフィーによるコントロールの同時的な利用が両利き，あるいは両利きの経営の企業業績にポジティブに働くことに通じるとイメージできるのである（**仮説8と仮説H**）。Bedford［2015］によれば，仮説8は確認されなかったが，窪田他［2022］の仮説Hでは全体的に支持されたとされる。窪田他［2022］の仮説Hによるとき，「両利きの経営」では4つのレバーすべてが不可欠となる。このうち，前述される仮説Hの前段に該当する経営理念や行動規範の同時的な利用が当てはまるのである。

　なお，窪田他［2022］，7頁によれば，経営理念や行動規範をもって，ビジョン（コアバリュー）や戦略ドメイン（避けるべきリスク）の伝達とされる。これは，暗にSimonsの信念と境界コントロール・システムを意識下におくものである[10]。

　一方，アメーバ経営における管理会計システムは，PDCAサイクルの運用より明らかなように両利き，あるいは両利きの経営の企業業績にポジティブに作用することを物語るといえよう（**仮説7と仮説H**）。

　Bedford［2015］では，仮説7は確認され，窪田他［2022］では，仮説Hの後段部分に示唆されるように両利き経営にとって診断的かつインターラクティブに経営管理システムを（管理会計システム）を適宜利用していくことが支持される。すなわち，探索により選ばれたアイデアに資源を動員，投入することがうまく実施に移されて，当該年度の業績の向上につながらなければならない。探索を重視しながら，活用を効率的に確保できるよう，双方をバランスよく実現させる仕組みが必要となる（窪田他［2022］，13頁）[11]。これらが，管理会計システム（経営管理システム）をうまく，適宜に利用することにほかならない[12]。

　以上，アメーバ経営におけるMCS実践が，両利きの経営の実現に効果的に働く可能性をイメージすることができるのではないだろうか[13]。京セラを分析対象に特定するそのイメージは，発足時からの探索努力（への投資）が，京セラ組織のもつ潜在的な活用ケイパビリティに一層ポジティブな効果をもたら

す，あるいはもたらしてきたことに相応するのである。近年の京セラにおける新事業発案の特徴は，M&A（合併・買収）により牽引されるものが目立つ。ここには，京セラにおける探索的な努力投資が，京セラ組織がもつ要素技術を柔軟に活用するケイパビリティに流れ込み影響を与えることが念頭にある。例えば，レーザー光源に使われる密化ガリウム（GaN）の技術を持つ米国企業の買収は，京セラのもつ技術を応用すれば，新たなビジネスを生み出せる可能性があると判断されるのである（日本経済新聞, 2022 年 3 月 10 日付）。Bedford [2015], p.14 の表現を借りるならば，京セラでは，双方の資源を結びつけたいわば補完的資源（complementary resources）がうまくコントロールされているのである。

第 4 節　結びに代えて

　最後に，2020 年に入ってから，京セラにおいてアメーバ経営を見直そうという気運が高まってきたという記事に触れておこう

　アメーバの規模が大きくなると，現場の工夫やコミュニケーションにも限界が生じることは避けられない。すなわち，現状は，トップダウンで言われることしかやらない，またトップダウンでしかできない。これまでのように採算表でアメーバが競うのではなく，自分たちの改善が会社の貢献していることが実感できる新たな指標をつくりたい（日本経済新聞, 2021 年 12 月 25 日付）。

　また，全自動化ラインでの 10 人規模のアメーバでは，売上高を増やしてコストを減らすという目標設定は難しくなる（日本経済新聞, 2022 年 3 月 9 日付）。コンデンサーのような同じ製品を何十億もの大量生産に，アメーバごとの独立採算の計算は機能しなくなった（日本経済新聞, 2022 年 3 月 11 日付）。

　既述されるように，Adler and Hiromoto [2010] によれば，アメーバ経営は，両利きの経営のマネジメントの考え方との間で親近性をもつ。この意味においても，双方は日常の経営活動のなかで矛盾せず共存する可能性が高いように思われる。この上で，Adler and Hiromoto [2010] によれば，アメーバ経営

と両利きの経営との間には重要な相違がある。両利きの経営にとって，主要ド
ライバーは上級管理者である。これに対して，アメーバ経営では，それは共有
される責任（shared responsibility）であると信じられる（Adler and Hiromoto
[2010], p.84)。ここに共有される責任とは，全従業員が経営に参画する「全員
参加経営」に通じる意味合いをもつもので，著しい成長の原点となるもので
あった。

　以上，Adler and Hiromoto [2010] にこだわれば，アメーバ経営は，これま
で軸足を置いてきた全員参加経営を残しながら，一方でトップ主導による合理
的な判断と事前計画のトップダウンを一層強化するという（MCS 実践上の）可
能性を目指すことになるかもしれない。これによって，両利きの経営との共存
による相互補完の効果を得ることが現実となるように思われる。

（注）

（1）たとえば，Simons [1995] も March が提示した「探索」と「活用」に区分する組織学習のタ
　　イポロジーに影響を受けている。信念コントロール・システムは新しい発見やアイデアを見つ
　　ける組織学習の「探索」のタイプに影響を及ぼす。境界コントロール・システムは組織内で培
　　われた既存の経営ノウハウ，コンピタンスや人員などを動員する組織学習の「活用」のタイプ
　　に影響を及ぼすという具合である。

　　　本書は，信念コントロール・システムはアメーバ経営における組織文化，境界コントロー
　　ル・システムは京セラフィロソフィと，アメーバ経営のコントロール・システムとの間に親和
　　性が存在するという理解に立っている。この意味において，アメーバ経営における組織文化と
　　京セラフィロソフィもまた，同様の組織学習やイノベーション研究に影響を受け，その視界に
　　認知や学習という関連する側面をさらに取り込む，あるいはこれらを発現しやすい状況にある
　　という解釈が可能となると考えられる。アメーバ経営は，こうした研究の対象領域として十分
　　な理論をもつ経営システムでもあるのである。

（2）Benner and Tushman [2003], p.252 では，両利きの経営は，タイトに結び付くシステムには
　　実行可能な選択ではないと述べられる。

（3）Gupta et al. [2006] は次のように述べている。

　　　われわれは，組織レベルを分析の単位としてあつかう。たとえば，エンジニアがある製品を
　　生産するための新たな方法を発見するリサーチや実験をおこなう。しかし，彼らを雇用してい
　　る組織はこの新たなイノベーションを利益に向けて次に活用する。同様に，活用の反復的ルー
　　チンは個人レベルでの多くの学習を伴わないといえる。機械オペレーターは毎日同じものを生
　　産する。しかし，このような学習の欠除は，グループや組織レベルで起こる可能性は少ない。

なぜなら，個人間を横断するスキル，知識，経験における多様性のためである。こうした経験からの学習は，チームあるいはマクロな組織レベルにおいて起こる可能性が大きいのである（Gupta et al.［2006］, p.695）

（4）以下では，関連する先行研究の成果を取りまとめ，一連の仮説に表した福田［2013］が参考になる。

（5）近年の Bedford et al.［2019］の研究は，両利きの経営の実現を考えている企業において認知的コンフリクト（cognitive conflict）を生むジェネレータとしての業績測定システムの役割について実証する。

（6）逆に，境界コントロール・システムがまた，診断的コントロールの効果を改善する可能性もある。診断的コントロールにより業績目標が伝えられる。ここで明示的な境界コントロールをもたなかったなら，その目標達成のために部下が既存のルーチンの著しい変更をおこなう，あるいは過度な調査や実験に従事するという態度をとり，その結果リスクを増すことになり，また業務の中止や資源を無駄にする（Bedford［2015］, p. 17）。

（7）ちなみに，Simons［1995］, p.157 によるとき，診断的コントロールとインターラクティブ・コントロールは，戦略の実施と策定を導くために結合して作用するという思考にたつ。

（8）Simons の MC 観における MCS は，コントロール・パッケージ志向である。同様にアメーバ経営も，MCS 実践の具体例としてコントロール・パッケージ志向のシステムである。

（9）第 10 章で見たように，アメーバ経営の管理会計システムは，PDCA サイクルの運用という「道具」を使って新たな戦略の展開，すなわち組織学習を促す「場」を現出させるよう工夫されているというイメージが可能である。このサイクルが探索のタイプの学習の機会を促進することに通じるのであり，探索の組織学習のプロセスが極めて効果的に働くのである。

（10）また，窪田他［2019］, 90 頁にも「信条境界」は相対的に経営理念や行動規範の利用である，という説明がある。

（11）両コントロールにより，会計数字を用いて多くの組織メンバーに経済的合理性を示したり，数字を用いて組織的対話を行ったりすることが，両利きイノベーションの実現に有用であると述べられる（窪田他［2022］, 14 頁）。

（12）窪田他［2022］において，管理会計システム（経営管理システム）の適宜な利用という表現は，診断的コントロールとインターラクティブ・コントロールが，管理会計システムの使い方による分類であるという指摘（Tessier and Otley［2012］）に根拠をおく（窪田他［2022］, 6 頁）。この点，アメーバ経営に想定される管理会計システムにみる利用の仕方に類似するとみることができよう。

（13）稲盛和夫研究会／アメーバ経営学術研究会主催のシンポジウム（2023 年 8 月 26 日）は，本章でとり上げている以上の 窪田他［2022］の実証結果がアメーバ経営に投げかける現代的意義について，これをつぎのようなメッセージに込めている。「アメーバ経営とフィロソフィを補完的に利用することで，両利き経営の実現につながるという結果が得られた。両利き経営を行いたいと考える企業にとって，アメーバ経営とフィロソフィは一つのオプションになるのではないだろうか？」

参 考 文 献

Abernethy, M. A. and W. F. Chua [1996], "A field study of control system redesign: the impact of institutional processes on strategic choice", *Contemporary Accounting Research*, 13 (2), pp.569-606.

Adler, P. S. and C.X. Chen [2011], "Combining creativity and control: understanding individual motivation in large-scale collaborative creativity", *Accounting, Organizations and Society*, 36 (1), pp.63-85.

Adler, R. W. [2010], 「Amoeba management theory meets practice」アメーバ経営学術研究会『アメーバ経営学術研究会シンポジュウム講演録』KCCS マネジメントコンサルティング, 89-99 頁。

Adler, R. W. and T. Hiromoto [2012], "Amoeba management: lessons from japan's kyocera", *MIT Sloan Management Review*, 54 (1), pp.83-89.

Anthony, R. N. [1965], *Planning and Control Systems: A Framework for Analysis*, Harvard Business School Press (高橋吉之助訳 [1968]『経営管理システムの基礎』ダイヤモンド社).

Anthony, R. N. [1988], *Management Control Function*. Harvard Business School Press.

Anthony, R. N. and J. Dearden and R. F. Vancil [1965], *Management Control Systems: Cases Readings*, Richard D. Irwin Inc.

Anthony, R. N. and J. Dearden and R. F. Vancil [1972], *Management Control Systems: Text, Cases and Readings*, 2nd ed., Richard D. Irwin, Inc.

Anthony, R. N. and J. Dearden [1976], *Management Control Systems: Text and Cases*, 3rd ed., Richard D. Irwin, Inc.

Anthony, R. N. and J. Dearden [1980], *Management Control Systems*, 4th ed., Richard D. Irwin Inc.

Anthony, R. N. and J. Dearden and D. Bedford [1985], *Management Control Systems: Cases and Readings*, 5th ed., Richard D. Irwin Inc.

Anthony, R. N. and J. Dearden [1989], *Management Control Systems: Cases and Readings*, 6th ed., Richard D. Irwin Inc.

Anthony. R. N. and J. Dearden and V. Govindarajan [1992], *Management Control Systems*. 7th ed., Richard D. Irwin Inc.

Anthony, R. N. and V. Govindarajan [1995], *Management Control Systems.* 8th ed., Richard D. Irwin Inc.

Anthony, R. N. and V. Govindarajan [1998], *Management Control Systems*, 9th ed., Irwin / McGraw - Hill Inc.

Anthony, R. N. and V. Govindarajan [2000], *Management Control Systems.* 10th ed., Irwin / McGraw - Hill Inc.

Anthony, R. N. and V. Govindarajan [2007], *Management Control Systems* 12th ed., Irwin / McGraw - Hill Inc.

Baum, J. A., S. X. Li and J. M. Usher [2000], "Making the next move: How experimential and vicarious learning shape the locations of chain's acquisition", *Administrative Science Quarterly*, 45 (4), pp.776-801.

Bedford, P. S. [2015], "Management control systems across different modes of innovation: implications for firm performance", *Management Accounting Research*, 28, pp.12-30.

Bedford, P. S., J. Bishe and B. Sweeney [2019], " Performance measurement as generators of cognitive conflict in ambidextrous firms", *Accounting ,Organizations and Society*, 72, pp.21-37.

Benner, M. J. and M. L. Tushman [2002], "Process mamagement and technological innovation: a longtitudinal study of the photography and paints industries", *Administrative Science Quarterly*, 47, pp.676-706.

Benner, M. J. and M. L. Tushman [2003], "Exploitation, exploration, and process management: the productivity dilemma revisited", *Academy of Management Review*, 28, pp.238-256.

Bennett, R. E. and J. A. Hendricks [1987], "Justifying the acquisition of Automated Equipment", Management Accounting, 69 (1), pp.38-52.

Bhimani, A. [2003], "A study of the emergency of management accounting system ethos and its influence on perceived systems", *Accounting, Organizations and Society*, 28 (6), pp.523-548.

Bisbe, J. and D. Otley [2004], "The effects of the interactive use of management control systems on product innovation", *Accounting, Organizations and Society*, 29 (8), pp.709-737.

Bisbe, J., J. Batista-Foguet and R. Chenhall [2007], "Defining management accounting constructs: a methodological note on the risks of conceptual misspecification", *Accounting, Organizations and Society*, 32 (7/8), pp.789-820.

Bleeker, R. [2001], "Key features of activity-based budgeting", *Journal of Cost Management*, 15 (4), pp.5-19.

Brownell, P. [1982], "The role of accounting data in performance evaluation, budgetary participation, and organizational effectiveness", *Journal of Accounting Research*, 20, pp.12-27.

Brownell, P. [1985], "Budgetary systems and the control of functionally differentiated organizational activities", *Journal of Accounting Research*, 23 (2), pp.502-512.

Brownell, P. and M. Hirst [1986], "Reliance on accounting information, budgetary participation and task uncertainty: tests of a three-way interaction", *Journal of Accounting Research*, 24 (2), pp.241-249.

Brownell, P. [1987], "The use of accounting information in management control", In Ferris, K. R. and J. L. Livingstone (Eds.), *Management planning and control: the behavioral foundations*, Ohio: Century VII, pp.177-196.

Brownell, P. and A. S. Dunk [1991], "Task uncertainty and interaction with budgetary emphasis: some methodological issues and empirical investigation", *Accounting, Organizations and Society*, 8, pp.693-703.

Bruns, W. J. and J. H. Waterhouse [1975], "Budgetary control and organizational structure", *Journal of Accounting Research*, 13 (2), pp.177-203.

Burgelman, R. A. [2002], "Strategy as vector and the inertia of coevolutionary lock-in", *Administrative Science Quarterly*, 47, pp.325-357.

Burns, T. and G. Stalker [1961], *The management of Innovation*, London: Tavistock.

Chandler, A. D. [1962], *Strategy and structure: chapters in the history of the American Industrial Enterprise*, MIT press.

Chapman, C. S. [1997], "Reflections on a contingent view of accounting," *Accounting, Organizations and Society*, 22 (2), pp.189-205.

Chenhall, R. H. [1979], "Some elements of organizational control in Australian divisionalized firms", *Australian Journal of Management*, 4 (to Supplement), pp.1-36

Chenhall, R. H. and D. Morris [1995], "Organic decision and communication processes and management accounting systems in entrepreneurial and conservative business organizations", *Omega: international journal of management science*, 23 (5), pp.485-497.

Chenhall, R. H. [1997], "Reliance on manufacturing performance measure, total quality management and organizational performance", *Management Accounting Research*, 8, pp.187-206

Chenhall, R. H. [2003], "Management control systems design within its organizational context: findings from contingency-based research and directions for the future", *Accounting, Organizations and Society*, 28, pp.127-168.

Chenhall, R. H. [2004], "The role of cognitive and affective conflict in early implementation of activity-based cost mamagement", *Behavioural Research in Accounting*, 16, pp.19-44.

Chenhall, R. H. [2007], "Theorizing contingencies in management control systems research", In Chapman, C.S. A. G. Hopwood and M.D. Shields (Eds.), *Handbook of Management Accounting Research*, 1, Elsevier, pp.163-205.

Cooper, R. [1990], "Cost classifications in unit-based and activity-based manufacturing cost systems", *Journal of Cost Management*, 4 (3), pp.4-13.

Cooper, R. and R. S. Kaplan [1991], "Activity-based cost systems for manufacturing expenses", In Cooper, R. and R. S. Kaplan (Eds.), *The Design of Cost Management: text, cases, and readings*, Prentice Hall, pp.267-395.

Cooper, R. and R. S. Kaplan [1992], "Activity-based costing: measuring the costs of resource usage", *Accounting Horizons*, pp.1-12.

Cooper, R., R. S. Kaplan, L. S. Maisel, E. Morrissey and R. M. Oehm [1992], *Implementing activity-based cost management: moving from analysis to action*, Institute of Management Accountants (KPMG ピート・マーウイック／センチュリー監査法人訳 [1995]『マネジメント革命』日本経済新聞出版社).

Cooper, R. [1994], "Activity based costing: theory and practices", In Brinke, A. and B. J. Warren (Eds.), *Hand book of Cost Management*, Gorham & Lamont, pp. B1-1-B1-12.

Daft, R. L. and N. B. MacIntosh [1978], "A new approach to design and use of management information", *California Management Review*, 21 (1), pp.82-92.

Davila, A., M. L. Epstein and P. Shelton [2006], *Making innovation work: how to manage it, measure it, and profit it*, Wharton School Publishing (スカイラインコンサルティング訳 [2007]『イノベーションマネジメント—成功を持続させる組織の構築』英治出版).

Davila, A., G. Foster and D. Oyon [2009], "Accounting and control, entrepreneur ship and innovation: venturing into new research opportunities", *European Accounting Review*, 18 (2), pp.281-311.

Deal, T. E and A. Kennedy [1982], *Corporate Cultures: The Rites and Ritual of Corporate Life*, Addison-Wesley (城山三郎訳 [1987]『シンボリック・マネジャー』新潮文庫).

Dearden, J [1987], "Measuring profit center managers", *Harvard Business Review*, 65 (5), pp.84-88.

DeCoster, D. T. and J. P. Fertakis [1968], "Budget-induced pressures and its relationship to supervisory behavior", *Journal of Accounting Research*, 6 (2), pp. 237-246.

DeCoster, D. T. and E. L. Schafer [1982], *Management accounting: a decision empha-*

sis, 3rd ed., John Wiley & Sons, Inc.

Dent, J. F. [1990], "Strategy, organization and control: some possibilities for accounting research", *Accounting, Organizations and Society*, 15 (1/2), pp.3−25.

Dent, J. F. [1991], "Accounting and organizational cultures: a field study of the emergence of a new organizational reality", *Accounting, Organizations and Society*, 16 (8), pp.705−732.

Donaldson, L. [1987], "Strategy and structural adjustment to regain fit and performance: in defense of contingency theory", *The Journal of Management Studies*, 24 (1), pp.1−24.

Ferreira, A. and D. Otley [2009], "The design and use of performance management systems: an extended framework for analysis", *Management Accounting Research*, 20, pp.263−282.

Fisher, J. and V. Govindarajan [1993], "Incentive compensation design, strategic business unit mission, and competitive strategy", *Journal of Management Accounting Research*, 5, pp.129−145.

Fisher, J. G. [1995], "Contingency-based research on management control systems: categorization by level of complexity", *Journal of Accounting Literature*, 14, pp.24−53.

Fisher, J. G. [1998], "Theory, management control systems and firm outcomes: past results and future directions", *Behavioural Research in Accounting*, 10 (Supplement), pp.47−37.

Flamholtz, E. G. [1983], "Accounting, budgeting and control systems in their organizational context: theoretical perspectives", *Accounting, Organizations and Society*, 8 (2/3), pp.153−169.

Flamholtz, E. G., T. Das and A. Tsui [1985], "Toward an intergrative framework of organization control", *Accounting, Organizations and Society*, 10 (1), pp.153−169.

Frow, N., D. Marginson and S. Ogden [2010], "Continuous budgeting: reconciling budget flexibility with budgetary control", *Accounting, Organizations and Society*, 35, pp.444−461.

Galbraith, J. [1973], *Designing complex organizations*, Addison Wesley Publishing Company.

Gordon, L. A. and D. Miller [1976], "A contingency framework for the design of accounting information system", *Accounting, Organizational and Society*, 1 (1), pp.56−69

Govindarajan, V. [1984], "Appropriateness of accounting data in performance evaluation: an empirical examination of environmental uncertainty as an intervening variable," *Accounting, Organizations and Society*, 9, pp.125-135.

Govindarajan, V. and A. k. Gupta [1985], "Linking control systems to business unit strategy: impact on performance", *Accounting, Organizational and Society*, 10 (1), pp.51-66.

Govindarajan, V. [1988], "A contingency approach to strategy implementation at the business-unit level-integrating administrative mechanisms with strategy." *Academy of Management Journal*, 31, pp.826-853.

Govindarajan, V. [1989], "Implementing competitive strategies at the business unit Level: implications of matching managers to strategies", *Strategic Management Journal*, 10, pp.251-269.

Govindarajan, V. and J. Fisher [1990], "Strategy, control systems, and resource sharing: effects on business-unit performance", *Academy of Management Journal*, 33 (2), pp.259-285.

Govindarajan, V. and J. K. Shank [1992], "Strategic cost management: tailoring controls to strategies", *Cost Management*, 6 (3), pp.14-24.

Gresov, C. [1989], "Exploring fit and misfit with multiple contingencies", *Administrative Science Quarterly*, 34 (3), pp.431-453.

Gupta, A. k. and V. Govindarajan [1984a], "Business unit strategy, managerial characteristics, and business unit effectiveness at strategy implementation", *Academy of Management Journal*, 27 (1), pp.25-41.

Gupta, A. K. and V. Govindarajan [1984b], "Build, hold, harvest: converting strategic intentions into reality", *Journal of Business Strategy*, 4 (3), pp.34-47.

Gupta, A. K. and V. Govindarajan [1986], "Resource sharing among SBU: strategic antecedents and administrative implications", *Academy of Management Journal*, 29, pp.695-714.

Gupta, A. K., K. G. Smith and C. E. Shalley [2006], "The interplay between exploration and exploitation", *Academy of Management Journal*, 49, pp.693-706.

Hamel, G. E. and C. K. Prahalad [1994], *Competing for the future*, Harvard Business School Press（一条和生訳 [1995]『コア・コンピタンス経営』日本経済新聞社）.

Hansen, D. R. and M. M. Mowen [1994], *Management accounting*, 3rd ed., South-Western, Publishing Co.

Harrisen, G. L. [1992], "The cross-cultural generalizability of the relation between participation ,budget emphasis and job-relation attitude", *Accounting, Organizations and Society*, 17, pp. 1-15.

Harrisen, G. L. [1993], "Reliance on accounting performance measure in superior evaluation style- the influence of national culture and personality", *Accounting, Organizations and Society*, 18, pp.319-339.

Hartmann, F. [2000], "The appropriateness of RAPM: toward the further development of theory", *Accounting, Organizations and Society*, 25 (4/5), pp.451-482.

Hayes, D. [1977], "The contingency theory of management accounting", *Accounting Review*, 52 (1), pp.23-29.

Hayes, R. and W. Abernathy [1980], "Managing our way to economic decline", *Harvard Business Review*, 58 (4), pp.60-70.

Hayes, R. and D. A. Garvin [1982], "Managing as if tomorrow mattered", *Harvard Business Review*, 60 (3), pp.70-87.

Heinicke, A., T. W. Guenther and S. K. Widener [2016], "An examination of the relationship between the extent of a flexible culture and the levers of control system: The key role of beliefs control", *Management Accounting Research*, 33, pp.25-41.

Henri, J-F. [2006a], "Organizational culture and performance measurement systems", *Accounting, Organizations and Society*, 31 (1), pp.77-103.

Henri, J-F. [2006b], "Management control systems and strategy: a resource-based perspective", *Accounting, Organizations and Society*, 31 (6), pp.529-558.

He, Z. L. and P. K. Wong [2004], "Exploration vs. exploitation: an empirical test of the ambidexterity. hypothesis", *Organization Science*, 15 (4), pp.481-494.

Hirst, M. [1981], "Accounting information and the evaluation of subordinate performance: a situational approach", *The Accounting Review*, 56 (4), pp.771-784.

Hirst, M. [1983], "Reliance on accounting performance measures, task uncertainty and dysfunctional behavior", *Journal of Accounting Research*, 21 (3), pp.596-605.

Hofstede, G. H. [1968], *The Game of budget control*, NY: Barns & Npble.

Hopwood, A. G. [1972], "An empirical study of the role of accounting data in performance evaluation; empirical research in accounting", *Journal of Accounting Research*, 10 (Supplement), pp.156-182.

Hopwood, A. G. [1974], "Leadership climate and the use of accounting data in performance evaluation", *The Accounting Review*, 49 (3), pp.485-495.

Horngren, C. T., G. Foster and S. M. Datar [1994], *Cost accounting: a managerial emphasis*, 8th ed., Prentice Hall.

Kaplan, R. S. and A. Atkinson [1989], *Advanced management accounting*, 2nd ed., Prentice Hall (浅田孝幸・小倉昇監訳 [1996]『キャプラン管理会計［下］』中央経済社).

Kaplan, R. S. [1986], "Must CIM be justified by faith alone?" *Harvard Business Review*, 64 (2), pp.81-95.

Kaplan, R. and D. Norton [1992], "The balanced scorecard: measures that drive performance", *Harvard Business Review*, 70（1）, pp.71-79.

Kaplan, R. and D. Norton [1993], "Putting the balanced scorecard to work", *Harvard Business Review*, 71（59）, pp.134-147.

Kaplan, R. and D. Norton [1996], *Balanced scorecard: translating strategy into action*, Harvard Business School Press.

Kaplan, R. and R. Cooper [1998], *Cost & effect :using integrated cost system to drive profitability and performance*, Harvard Business School Press.

Kaplan, R. and D. Norton [2001], *The Strategy-focused organization: how balanced scorecard companies thrive in the new business environment*, Harvard Business School press（櫻井通晴監訳 [2001]『キャプランとノートンの戦略バランスト・スコアカード』東洋経済新聞社）.

Khandwalla, P. N. [1972], "The effect of different types of competition on the use of management controls", *Journal of Accounting Research*, 10（2）, pp.272-285.

King, A. M. [1991], "The current status of activity-based costing: an interview with Robin Cooper and Robert Kaplan", *Management Accounting*, 73（3）, pp.22-26.

Kruis, A-M, R. Spekle and S. Widener [2016], "The Levers of Control Framework: An exploratory analysis of Balance", *Management Accounting Research*, 32, pp.22-44.

Langfield-Smith, K. [1997], "Management control systems and strategy: a critical review." *Accounting, Organizations and Society*, 22（2）, pp.207-232.

Langfield-Smith, K. [2007], "A review of quantitative research in management control systems and strategy", In Chapman, C. S., A. G. Hopwood and M. D. Shields（Eds.）, *Handbook of Management Accounting Research*, 2, Elsevier, pp.753-784.

Lawrence. P. and J. Lorsch [1976], *Organization and environment*, Homewood, Irwin.

Levinthal, D. A. and J. G. March [1993], "The myopia learning", *Strategic Management Journal*, 14, pp.95-112.

Malmi, T. and D. A. Brown [2008], "Management control systems as a package: opportunities, challenges and research directions", *Management Accounting Research*, 19（4）, pp.287-300.

March, J. G. [1991], "Exploration and exploitation in organizational learning", *Organizations Science*, 2（1）, pp.71-87.

Merchant, K. A. and D. Otley [2007], "A review of the literature on control and accountability", In Chapman, C. S., A. G. Hopwood and M. D. Shields（Eds.）, *Handbook of Management Accounting Research*, 2, Elsevier, pp.785-802.

Merchant, K. A. [1981], "The design of the corporate budgeting system: influences on managerial behavior and performance", *The Accounting Review*, 56（4）, pp.813-829

Merchant, K. A. [1983], "Leadership style and use of budgeting", Working Paper, no.83-49, Harvard University Graduate School of Business Administration.

Merchant, K. A. [1985a], *Control in business organizations*. Boston: Pitman.

Merchant, K. A. [1985b], "Organizational controls and discretionary program decision making: a field study", *Accounting, Organizations and Society*, 10 (1), pp.67-85.

Merchant, K. A., and J. Manzoni [1989], "The achievability of budget targets in profit centers: a field study." *The Accounting Review*, 64 (3), pp.539-558.

Merchant, K. and W. A. Van der Stede [2003], *Management control systems*, Pearson Education Limited, U.K.

Merchant, K. A. and W. A. Van der Stede [2007], *Management Control Systems: Performance. Measurement, Evolution and Incentives*, 2nd ed., Pearson Education Limited, U.K.

Merchant, K. A. and W. A. Van der Stede [2012], *Management Control Systems: Performance Measurement, Evolution and Incentives*, 3rd ed., Pearson Education Limited, U.K.

Merchant, K. A. and W. A. Van der Stede [2017], *Management Control Systems: Performance Measurement, Evolution and Incentives*, 4th ed., Pearson Education Limited, U.K.

Miles, R. E. and C. C. Snow [1978], *Organizational Strategy, Structure and Process*. McGraw-Hill, New York NY.

Miller, D. and P. H. Friesen [1982], "Innovation in conservative and entrepreneurial firms: two models of strategic momentum." *Strategic Management Journal*, 3 (1), pp.1-25.

Mintzberg, H. [1978], "Patterns in strategy formation", *Management Science*, 24 (9), pp.934-948.

Mintzberg, H. [1987], "Crating strategy," *Harvard Business Review*, 65 (4), pp.66-75 (編集部訳 [2003]「戦略は体現的に計画されない戦略クラフティング」『Diamond ハーバード・ビジネス・レビュウ』28 (1)，pp.72-85).

Mundy, J. [2010], "Creating dynamic tensions through a balanced use of management control systems", *Accounting, Organizations and. Society*, 35, pp.499-523.

O'Reilly, C. A., and M. L. Tushman [2004], "The ambidextrous organization", *Harvard Business Review*, 82 (4), pp.74-81 (酒井泰介訳 [2004]「既存事業と新規事業の並立を目指す『双面型』組織の構築」『Diamond ハーバード・ビジネス・レビュウ』29 (12), pp.22-31).

O'Reilly, C. A., J. E. Harrold and M. L. Tushman [2009], "Organizational ambidexterity, IBM and emerging business opportunities", *California Management Review*, 51 (4), pp.75-99.

O'Reilly, C. A. and M. L. Tushman [2013], "Organizational. ambidexterity: past. present and future", *Academy of Management Perspectives*, 27 (4), pp.324-338.

O'Reilly, C. A. and M. L. Tushman [2016], *Lead and disrupt: how to solve the innovator's dilemma*, Stanford Business Books（入由章訳 [2019] 『両利きの経営：「二兎を追う」戦略が未来を切り拓く』東洋経済新報社）．

Ostrenga, M. R., R. O. Terrence, R. D. Mcllhattan and M. D. Harwood [1992], *The ernst & young guide to total cost mamagement*, John Wiley & Sons.

Otley, D. T. [1978], "Budget Use and Managerial Performance", Journal of Accounting Research, 16 (1), pp.122-149.

Otley, D. [1980], "The contingency theory of management accounting: achievement and prognosis." *Accounting, Organizations and Society*, 5 (4), pp.413-428.

Otley, D. [1999], "Performance management: a framework for of management control systems", *Management Accounting Research*, 10 (4), pp.363-382.

Otley, D. and A. Fakiolas [2000], "Reliance on accounting performance measures: dead end or new beginning." *Accounting, Organizations and Society*, 25 (4-5), pp.497-510.

Otley, D. [1994], "Management control in contemporary organizations: a wider perspective", *Management Accounting Research*, 5, pp.289-299.

Otley, D. [2016], "The contingency theory of management accounting and control: 1980-2014", *Management Accounting Research*, 31, pp.45-62.

Ouchi, W. G. [1977], "The relationship between organizational structure and organizational control", *Administrative Science Quarterly*, 22, pp.95-112

Ouchi, W. G. [1979], "A conceptual framework for the designs of organizational control mechanisms" *Management Science*, 25 (9), pp.833-848.

Perrow, C. [1970], *Organizational analysis: a sociological view*, Wadsworth Publishing Company.

Peters, T. J. and R. H. Waterman [1982], *In search of excellence*, Haper Collins.

Porter, M. E. [1980], *Competitive strategy: Techniques for analyzing industries and competitive*, NY: The Free Press.

Porter, M. E. [1985], *Competitive advantage:creating and sustainin superior peformanceg*, NY: The Free Press.

Porter, M. E. [1996], "What is strategy?" *Harvard Business Review*, 74 (6), pp.61-78

Prahalad, C. K. and G. Hamel [1990], "The core competence of the corporation", *Harvard Business Review*, 68 (3), pp.79-91（坂本義実訳「競争力分析と戦略的

組織構造によるコア競争力の発見と開発」『Diamond ハーバード・ビジネス』15 (5)，pp.4-18。

Reece, J. S. and W. A. Cool [1978], "Measuring investment center Performance", *Harvard Business Review*, 56 (3), pp.28-49.

Schein E. H. [1985], *Organizational culture and leadership*, Jossey-Bass（清水紀彦・浜田幸雄訳 [1989]『組織文化とリーダーシップ』ダイヤモンド社）.

Schein, E. H. [1999], *The corporate culture survival guide*, Jossey-Bass Inc.（金井壽宏監訳・尾川丈一・片山佳代子訳 [2009]『企業文化／生き残りの指針』白桃書房）.

Shank, J. K. and V. Govindarajan [1989], *Strategic cost analysis: the evolution from managerial to strategic accounting*, Richard Irwin.

Shank, J. K. and V. Govindarajan [1991], *Strategic cost management: the value chain concept*, In Brinker, A. and B. J. Warren (Eds.), *Handbook of Cost Management*, Gorham & Lamont, pp.15-20.

Shank. J. K. and V. Govindarajan [1992a], "Strategic cost analysis of technological investment", *Sloan Management Review*, 34 (1), pp.39-51.

Shank. J. K. and V. Govindarajan [1992b], "Strategic cost management and the value chain , *Journal of Cost Management*, 5 (4), pp.5-21.

Shank. J. K. and V. Govindarajan [1993], *Strategic cost management: the new tool for competitive advantage*, The Free Pass（種本廣之訳 [1995]『戦略コストマネジエント』日本経済新聞出版社）

Shillinglaw, G. [1959], "Divisionalization, decentralization and return on investment", *NAA Bulletin*, 41 (4), pp.19-38

Shillinglaw, G. [1961], "Problems in divisional profit measurement", *NAA Bulletin*, 42 (7), pp.33-43.

Simons, R. [1987], "Planning, control, and uncertainty: a process view", In Bruns, W. J. and R. S. Kaplan (Eds.), *Accounting & Management: Field study Perspective*, Harvard Business Schol Press, pp.339-362.

Simons, R. [1990], "The role of management control systems in creating competitive advantage: new perspective." *Accounting, Organizations and Society*, 15 (1/2) pp.127-143.

Simons, R. [1991], "Strategic orientation and top management attention to control systems", *Strategic Management Journal*, 12 (1) pp.49-62.

Simons, R. [1994], "How new top managers use control systems as levers of strategic renewal", *Strategic Management Journal*, 15 (2), pp.169-189.

Simons, R. [1995], *Levers of Control: How Managers Use Innovative Control Systems to Drive Strategic Renewal*, Harvard Business School Press.

Simons, R. [2000], *Performance Measurement and Control Systems for Implementing Strategy*, Upper Saddle River, Prentice-Hall.

Sloan, A. P. [1963], *My Years with General Motors*, New York: Doubleday（有賀裕子訳［2003］『GMとともに』ダイヤモンド社）.

Solomons, D. [1968], *Divisional performance: measurement and control*, Richard D. Irwin.

Solomons, D. [1983], *Divisional performance: measurement and control*, Markus Wiener Publishing, Inc.（櫻井通晴・島居宏史監訳［2005］『事業部制の業績評価』東洋経済新報社）.

Stewart Ⅲ, G. B. [1991], *The quest for value*, N.Y: Harper Business（河田剛・長掛良介・須藤亜里訳［1998］『EVA創造の経営』東洋経済新聞社）.

Tessier, S. and D. T. Otley [2012], "A conceptual development of simon's levers of control framework", *Management Accounting Research*, 23, pp.171–185.

Thompson, J. D. [1967], *Organizations in action*, McGraw-Hill.

Waterhouse, J. H. and P. Tiessen [1978], "A contingency framework for management accounting system research", *Accounting, Organizational and Society*, 3 (1), pp.65–76.

Widener, S. K. [2007], "An empirical analysis of the levers of control framework", *Accounting, Organizational and Society*, 32 (7/8), pp.757–788.

Woodward, J. [1965], *Industrial Organization; Theory and Practice*, Oxford Univ. Press.

青山政次［1987］『心の京セラ二十年』非売品。

浅沼萬里［1982a］「設備投資決定のプロセスと基準（1）)―日本の大手電機メーカーの事例」『経済論業』第130巻第3・4号，1–27頁

浅沼萬里［1982b］「設備投資決定のプロセスと基準（2）―日本の大手電機メーカーの事例［続］」『経済論叢』第130巻第5・6号，1–51頁。

石井淳蔵・奥村昭博・加護野忠男・野中郁次郎［1985］『経営戦略論』有斐閣。

石井淳蔵・奥村明博・加護野忠男・野中郁次郎［1996］『経営戦略論【新版】』有斐閣。

石田秀樹［2018］「会計で人の心を動かす」『情報誌アメーバ経営』，28号，21–22頁。

伊藤克容［2019a］『組織を創るマネジメント・コントロール』中央経済社。

伊藤克容［2019b］「『脱成熟化問題』に対するマネジメント・コントロールの貢献可能性」『産業経理』第79巻3号，124–133頁。

伊藤知憲［2007］「バランスト・スコアカードと戦略予算」『専修経営学論集』第84号，53–70頁。

伊藤嘉博・清水孝・長谷川惠一［2002］『バランスト・スコアカード―理論を導入』

ダイヤモンド社。

伊藤嘉博［2005］「戦略志向組織における予算管理：BSC との関係を軸とした検討」『原価計算研』第 29 巻第 1 号，25-34 頁。

伊藤嘉博［2011］「バランスト・スコアカード」浅田孝幸・伊藤嘉博責任編集『戦略管理会計』中央経済社，267-296 頁。

伊丹敬之［1999］『場の論理とマネジメント』NTT 出版。

稲盛和夫［1998］『稲盛和夫の実学——経営と会計』日本経済新聞出版社。

稲盛和夫［2000］「なぜアメーバ経営が必要か」『盛和塾』37 号，64-83 頁。

稲盛和夫［2006］『アメーバ経営：ひとりひとりの社員が主役』日本経済新聞出版社。

稲盛和夫［2008］「『ひらめき』を大事にする——無限の可能性を信じ，実現させる 3 つの技術開発——」『盛和塾』88 号，2-21 頁。

稲盛和夫［2010］『アメーバ経営一ひとりひとりの社員が主役』日経ビジネス文庫。

稲盛和夫［2014］『京セラフィロソフィ』サンマーク出版。

稲盛和夫［2015］『私心なき経営哲学』ダイヤモンド社。

稲盛和夫［2017a］「日本航空の再建——フィロソフィの基づく経営」アメーバ経営学術研究会編著『アメーバ経営の進化：理論と実践』中央経済社，1-18 頁。

稲盛和夫［2017b］『稲盛和夫の実践アメーバ経営』日本経済新聞出版社。

今西伸二［1988］『事業部制の解明』マネジメント社。

岡本清［1994］『原価計算［五訂版］』国元書房。

岡本清［2003］「予算編成と予算統制」岡本清・廣本敏郎・尾畑裕・挽文子著『管理会計』中央経済社，104-129 頁。

岡本康雄［1979］『日立と松下［上］』中央公論社。

小倉昇［1996］「事業部制管理会計の新しい流れ」『JCPA ジャーナル』第 8 巻第 1 号，67-75 頁。

小倉昇［2010］「業績管理会計と組織構造」谷武幸・小林啓孝・小倉昇責任編集『業績管理会計』中央経済社，31-62 頁。

庵谷治男［2017］「マネジメント・コントロール・システムの分析フレームワークとして Levers of Control を採用することの意義と課題：Simons の所説を中心に」『経営と経済』第 96 巻第 4 号，43-80 頁。

乙政佐吉［2005］「わが国企業のバランス・スコアカード導入における促進・阻害要因に関する研究：A 社のケースのケースを通じて」『原価計算研究』第 29 巻 1 号．58-73 頁。

加護野忠男［1981］「SBU 管理」『国民経済雑誌』第 143 巻第 2 号，22-46 頁。

加護野忠男・野中郁次郎・榊原清則・奥村昭博［1983］『日米企業の経営比較』日本経済新聞出版社。

加護野忠男［1984］「組織文化の測定」『国民経済雑誌』第 146 巻 2 号，82-97 頁。

上總康行［2007］「京セラの大家族主義経営と管理会計」『管理会計学』第 15 巻第 2

号，3-17 頁。

加藤勝美［1979］『ある少年の夢―京セラの奇蹟』現代創造社。

加藤勝美［2011］「濃密な取材のなかで触れた稲盛和夫氏の魅力―『ある少年の夢』
　　執筆を通して―」『盛和塾』109 号，114-133 頁。

窪田祐一・劉　美玲・三矢裕［2022］「イノベーション戦略とマネジメントコントロー
　　ルの有効性―両利き経営のための示唆」『管理会計学』第 30 巻第 1 号，3-19
　　頁。

窪田祐一・三矢裕・劉　美玲・在間英之［2019］「イノベーション戦略とマネジメン
　　ト・コントロール・パッケージの選択」『會計』第 196 巻第 6 号，640-652 頁。

窪田祐一・三矢裕・谷武幸［2017］「アメーバ経営は企業に成果をもたらすか」アメ
　　ーバ経営学術研究会編著『アメーバ経営の進化：理論と実践』中央経済社，223
　　-261 頁。

國部克彦・西谷公孝・北田皓嗣・安藤光展著［2019］『創発型責任経営―新しいつな
　　がりの経営モデル』日本経済新聞出版社。

國領二郎・プラットフォームデザインラボ著［2011］『創発経営のプラットフォーム
　　―協働の情報基盤づくり』日本経済新聞出版社。

小菅正伸［1987］「ホーフステッドの予算管理論」『商学論究』第 35 巻第 2 号，43-
　　80 頁。

小林健吾［1983］「経営計画のための原価と利益概念」岡本清編著『管理会計基礎知
　　識』中央経済社。

小林健吾［1996］『体系予算管理』東京経済情報出版。

小林健吾［1997］『予算管理講義』東京経済情報出版。

小林哲夫［1993］『現代原価計算論―戦略コスト・マネジメントへのアプローチ』中
　　央経済社。

小林哲夫［1996］「戦略的コスト・マネジメント論の展開」『企業会計』第 48 巻第 6
　　号，5-17 頁。

小林哲夫［1988］「インターアクティブなコントロール・システムと会計情報の役割」
　　『産業経理』第 48 巻第 2 号，10-18 頁。

近藤恭正［1977］「マネジメント・コントロール・プロセスの関する一考察」『同志社
　　商學』第 29 巻第 1 号，104-134 頁。

近藤恭正［1978］「マネジメント・コントロールの諸見解」『同志社商學』第 30 巻第
　　3 号，81-90 頁。

近藤恭正［1979］「環境要因，組織構造，予算関連行動および業績との関係について
　　の実証研究（1）」『同志社商學』第 31 巻第 2 号，79-94 頁。

坂下昭宣［2001］「二つの組織文化論：機能主義と解釈主義」『国民経済雑誌』第 184
　　巻 6 号，15-31 頁。

坂下昭宣［2002］「組織文化はマネジメント可能か」『国民経済雑誌』第 186 巻 6 号，

17-28 頁。

坂本和一［1989］『GE の組織革新』法律文化社。

佐藤紘光［1973］「予算統制システム理論の研究— Budgetee 行動との接合を求めて—」『早稲田社会科学研究』12 号，31-56 頁。

佐藤康男［1993］『ケーススタディ/日本型管理会計システム』中央経済社。

佐藤康男［1994］「日本企業の管理会計—その現状と問題点—」『JICPA ジャーナル』第 6 巻 4 号，14-18 頁。

澤邊紀生［2010］「賢慮を生み出すアメーバ経営—経営理念を体現した管理会計の仕組み」アメーバ経営学術研究会編著『アメーバ経営学—理論と実証』KCCS マネジメントコンサルティング，89-114 頁。

澤邊紀生・庵谷治男［2017］「部門別採算制度が経営理念の発現に及ぼす影響」アメーバ経営学術研究会編著『アメーバ経営の進化：理論と実践』中央経済社，61-100 頁。

潮清孝［2006］「調査からみた京セラのアメーバ経営—京セラフィロソフィの役割を中心に」上総康行・澤邊紀生編著『次世代管理会計の構想』中央経済社，193-216 頁。

潮清孝［2013］『アメーバ経営の管理会計システム』中央経済社。

島吉伸・河合隆治・橋元理恵・朴鏡杓［2007］「業績評価と報酬制度研究の回顧と展望」『国民経済雑誌』第 198 巻第 1 号，43-60 頁。

清水孝［2007］「日本企業における事業の業績管理に関する調査（上）」『企業会計』第 59 巻第 8 号，1146-1154 頁。

尻無濱芳崇［2011］「Anthony の計画・統制理論がマネジメント・コントロール文献に与えた影響の研究」『一橋商学論叢』第 6 巻第 1 号，63-76 頁。

杉山善浩［2002］『投資効率を高める資本予算』中央経済社。

鈴木寛之［2017］「京セラアメーバ経営と経営環境の変化」アメーバ経営学術研究会編著『アメーバ経営の進化：理論と実践』中央経済社，211-232 頁。

清水伸匡・田村晶子［2010］「日本企業の設備投資マネジメント」『企業会計』第 62 巻 11 号，91-105 頁。

田中隆雄［1991］『フィールド・スタディ—現代の管理会計システム』中央経済社。

田中隆雄［1997］『管理会計の知見』森山書店。

谷武幸［1983］「組織構造と本部費の配賦」『會計』第 124 巻第 2 号，181-194 頁。

谷武幸［1987］『事業部業績の測定と管理』税務経理協会。

谷武幸［1991］「業績管理会計の課題—インターアクティブ・コントロールの実証研究—」『企業会計』第 43 巻第 11 号，1498-1504 頁。

谷武幸［1992］「インターラクティブ・コントロールの実証研究」『国民経済雑誌』第 165 号第 6 号，27-40 頁。

谷武幸［2009］『エッセンシャル管理会計』中央経済社。

谷武幸［2010］「事業部の業績管理会計の意義」谷武幸・小林啓孝・小倉昇責任編集
　　『業績管理会計』中央経済社，3-30 頁。

谷武幸・窪田祐一［2017］『アメーバ経営が組織の結束力を高める』中央経済社。

津曲直躬・松本譲治［1972］『わが国の企業予算―実体調査と今後の課題』日本生産
　　性本部。

豊島義一［1972］「管理会計とマネジメント・コントロール・システム：R. N. アンソ
　　ニイのフレームワークを中心として」『會計』第 102 巻第 6 号，41-56 頁。

豊島義一［1994］「計画・統制システムと管理会計とマネジメント・コントロール・
　　システム機能の拡大：R. N. アンソニイのフレームワークをめぐって」『同志社商
　　學』第 46 巻第 2 号，48-70 頁。

西居豪［2012］「インターラクィブ・コントロール概念に関する一考察」『専修商学論
　　集』第 96 号，171-193 頁。

西澤脩［1978］「行動会計におけるモチベーション会計の研究」『早稲田商学』第 269
　　巻第 70 号，29-58 頁。

沼上幹［2010］『経営戦略の思考法』日本経済新聞出版社。

長谷川惠一・清水孝［2001］「バランスト・スコアカード経営における戦略マップの
　　意義」『企業会計』第 53 巻第 2 号，41-49 頁。

長谷川惠一［2002］「バランスト・スコアカードと予算管理」『會計』161 巻 5 号，
　　pp.774-788。

長谷川惠一［2011］「戦略マップ」淺田孝幸・伊藤嘉博責任編集『戦略管理会計』中
　　央経済社，297-324 頁。

挽文子［2003］「事業部の業績測定」岡本清・廣本敏郎・尾畑裕・挽文子著『管理会
　　計』中央経済社，130-154 頁。

挽文子［2007］『管理会計の進化：日本企業にみる進化の過程』森山書店。

挽文子［2010］「事業部の業績管理」谷武幸・小林啓孝・小倉昇責任編集『業績管理
　　会計』中央経済社，227-254 頁。

久富玄理［1992］『業績管理会計の基礎研究』神戸学院大学経済学研究叢書 7。

福嶋誠宣［2012］「コントロール・パッケージ概念の検討」『管理会計学』第 20 巻 2
　　号，79-96 頁。

福田淳児［2013］「マネジメント・コントロール・システムと探索ならびに活用」『経
　　営志林』第 49 巻 4 号，91-112 頁。

古田隆紀［1997］『現代管理会計論』中央経済社。

古田隆紀［2007］『管理会計』森山書店。

古田隆紀［2015］『ABC のコア』森山書店。

三矢裕・谷武幸・加護野忠男［1999］『アメーバ経営が会社を変える』ダイヤモンド
　　社。

三矢裕［2003］『アメーバ経営論』東洋経済新報社。

門田安弘［1976a］「多階層のコントロール・システムとしての管理会計」『大阪府立経済研究』第 21 巻第 1 号，71-92 頁。

門田安弘［1976b］「情報システムとしての管理会計の体系（二）」『會計』第 110 巻第 1 号，83-96 頁。

門田安弘［2001］『管理会計―戦略的ファイナンスと分権的組織管理』税務経理協会。

安酸建二・乙政佐吉・福田直樹［2008］「非財務指標研究の回顧と展望」『国民経済雑誌』第 198 巻第 1 号，79-94 頁。

横田絵理［1993］「ケース積水化学の事業部制マネジメント（A）― 1970 年代までの変遷」慶応義塾大学ビジネススクール。

横田絵理［1998］『フラット化組織の管理と心理』慶応義塾大学出版会。

横田絵理［2004］「日本企業の業績評価システムに影響を与えるコンテクストについての一考察」『管理会計学』第 13 巻第 1, 2 号，55-66 頁。

横田絵理［2010］「業績管理会計と組織行動」谷武幸・小林啓孝・小倉昇責任編集『業績管理会計』中央経済社，63-85 頁。

横田絵理［2018］「マネジメント・コントロールのフレームワーク再考」『三田商学研究』，第 61 巻第 1 号，163-180 頁。

横田絵理［2022］『日本企業のマネジメント・コントロール―自律・信頼・イノベーション』中央経済社。

吉原英樹・佐久間昭光・伊丹敬之・加護野忠男［1981］『日本企業の多角化戦略』日本経済新聞社。

渡辺康夫［1998］「事業部の相互依存性と社内資本金制度」『産業経理』第 58 巻第 3 号，93-100 頁。

索　　引

著 者 略 歴

古田　隆紀（ふるた　たかのり）

神戸商科大学大学院経営学研究科修了
現在　大阪学院大学名誉教授
博士（経営学：神戸大学）
公認会計士試験委員（2009 年～2012 年）

マネジメント・コントロール・システムとアメーバ経営

2024 年 10 月 29 日　初版第 1 刷発行

著　者　Ⓒ古　田　隆　紀

発行者　菅　田　直　文

発行所　有限会社　森山書店　東京都千代田区神田司町 2-17
　　　　　　　　　　　　　　上田司町ビル（〒101-0048）
　　　　TEL 03-3293-7061 FAX 03-3293-7063　振替口座 00180-9-32919

落丁・乱丁本はお取りかえ致します　　　印刷／製本・シナノ書籍印刷

ISBN 978-4-8394-2204-2